中财传媒版 2024年注册会计师全国统一考试辅导系列丛书·注定会赢

税法五年真题详解

财政部中国财经出版传媒集团 组编

中国财经出版传媒集团
中国财政经济出版社
·北京·

图书在版编目（CIP）数据

税法五年真题详解／财政部中国财经出版传媒集团组编 . -- 北京：中国财政经济出版社，2024.2

（中财传媒版2024年注册会计师全国统一考试辅导系列丛书．注定会赢）

ISBN 978-7-5223-2858-4

Ⅰ.①税… Ⅱ.①财… Ⅲ.①税法—中国—资格考试—题解 Ⅳ.①D922.22-44

中国国家版本馆 CIP 数据核字（2024）第022932号

责任编辑：汪娟娟　　　　　　　责任校对：徐艳丽
责任设计：卜建辰　　　　　　　责任印制：党　辉

税法五年真题详解
SHUIFA WUNIAN ZHENTI XIANGJIE

中国财政经济出版社 出版

URL：http://www.cfeph.cn

E-mail：cfeph@cfemg.cn

（版权所有　翻印必究）

社址：北京市海淀区阜成路甲28号　邮政编码：100142
营销中心电话：010-88191522
天猫网店：中国财政经济出版社旗舰店
网址：https://zgczjjcbs.tmall.com
北京鑫海金澳胶印有限公司印刷　各地新华书店经销
成品尺寸：185mm×260mm　16开　16.5印张　313 000字
2024年2月第1版　2024年2月北京第1次印刷
定价：75.00元
ISBN 978-7-5223-2858-4
（图书出现印装问题，本社负责调换，电话：010-88190548）
本社图书质量投诉电话：010-88190744
打击盗版举报热线：010-88191661　QQ：2242791300

前　言

为帮助广大考生全面理解2024年注册会计师考试大纲和考试辅导教材内容，在有限的复习时间内掌握教材知识和考点，顺利通过考试，中国财经出版传媒集团组织多年从事注册会计师考试辅导的名师、专家编写了"中财传媒版2024年注册会计师全国统一考试辅导系列丛书·注定会赢"。该套丛书紧扣2024年考试大纲和考试教材内容，包括"通关题库""五年真题详解""要点随身记""全真模拟试题"四个系列，涵盖了专业阶段考试的六个科目，即会计、审计、财务成本管理、经济法、税法和公司战略与风险管理。

"通关题库"系列：由"考点列示及通关演练""跨章节主观题演练"组成，逐章精炼历年考试中的高频考点和考试难点，精选通关演练题目，从而形成高质量题库合集，针对易错点、易混点、重难点，帮助考生夯实基础、举一反三、快速提分。

"五年真题详解"系列：甄选五年真题，审题要点、思维拓展、坑点提示、抢分秘籍、历年考情五维详解，搭建真题考点地图，构建真题深度解析体系，帮助考生练真题、析真题、懂真题。

"要点随身记"系列：是记忆锦囊的口袋书，以要点和表格的形式，总结、提炼教材中的知识点，便于考生利用碎片化时间，随时随地温故知新、高效学习。

"全真模拟试题"系列：以真题为依托，全书包括6套模拟试题，力求达到"全真模拟"，检验学习成果，把握答题技巧，提高实战能力，以更高的标准备考。

中财传媒版"注定会赢"系列注册会计师考试辅导丛书，具有各科知识点全面覆盖、重点难点精准掌握、基础知识稳扎稳打、题目题型针对贴切等特点，与注册会计师全国统一考试辅导教材相得益彰，四个系列图书助力读者不同复习阶段的备考。

希望这套图书能帮助您攻克每一个学习难关，衷心祝愿各位考生顺利通过注册会计师考试。

目 录

第一部分 近5年真题命题规律及学习指导

一、近5年真题考点地图 …………………………………………………… 1
二、近5年真题命题规律 …………………………………………………… 11
三、学习指导 ………………………………………………………………… 13

第二部分 5套真题卷详解

2023年注册会计师全国统一考试《税法》真题详解 …………………… 16
2022年注册会计师全国统一考试《税法》真题详解 …………………… 67
2021年注册会计师全国统一考试《税法》真题详解 …………………… 119
2020年注册会计师全国统一考试《税法》真题详解 …………………… 162
2019年注册会计师全国统一考试《税法》真题详解 …………………… 201

第三部分 税法必背考点

第一部分　近5年真题命题规律及学习指导

一、近5年真题考点地图

章节	考点	近5年考查频次	2023年	2022年	2021年	2020年	2019年
第一章税法总论	税收法律关系	1		多选1：税收法律关系的要素			
	涉税专业服务机构的涉税服务内容	1					多选1：涉税专业服务机构的涉税服务内容
	税种要素	1	单选1：征税对象				
	税法的原则	2			多选1：税法适用原则		单选1：税法适用原则
	税收收入的划分	3	多选1：税收收入的划分		单选1：税收收入的划分	单选1：税收收入的划分	
	税收立法的分类	2		单选1：税收立法的分类		多选1：税收立法的分类	
第二章增值税法	征税范围	6	单选2：生活服务	单选2：金融服务	单选2：其他现代服务；多选2：征税范围	单选3：租赁服务	单选2：陆路运输服务
	增值税混合销售	1					单选3：增值税混合销售
	征收率	2	单选3：二手车经销	单选3：二手车经销			
	税率	1				单选2：6%税率	
	计税依据	1	多选2：计税依据				
	增值税差额计税	1		多选2：增值税差额计税			
	增值税免抵退税	2	单选4：留抵退税与增值税免抵退税		计算1：增值税免抵退税		

续表

章节	考点	近5年考查频次	2023年	2022年	2021年	2020年	2019年
第二章增值税	一般计税方法	7	计算3：增值税纳税义务发生时间和进项税额抵扣；综合1：增值税应纳税额计算	综合1：增值税应纳税额计算	计算1：增值税应纳税额计算；综合1：增值税应纳税额计算	综合1：增值税应纳税额计算	综合1：增值税应纳税额计算
	简易计税方法	3		多选3：简易计税范围	单选4：一般纳税人销售自己使用过的固定资产		计算3：简易计税方法
	非居民企业代扣代缴增值税	3		计算4：非居民企业代扣代缴增值税	计算4：非居民企业代扣代缴增值税	计算4：非居民企业代扣代缴增值税	
	增值税免税优惠	3		单选4：增值税免税优惠	单选3：增值税免税优惠		多选2：增值税免税优惠
	增值税专用发票的开具	3		多选3：增值税专用发票的开具	多选3：增值税专用发票的开具	多选2：列入异常凭证范围的增值税专用发票	
第三章消费税法	消费税税目	3	单选5：成品油			单选5：消费税税目	单选5：消费税税目
	消费税计税环节	4	多选4：计税环节	单选5：计税环节	单选5：计税环节		多选3：计税环节
	消费税税额的计算	3		多选4：消费税视同销售	计算3：消费税税额的计算与税收征收管理	计算1：消费税税额的计算	计算1：消费税税额的计算
	消费税计税方法	2	单选6：从量定额计征		多选5：从量定额计征		
	消费税计税依据	1				多选3：消费税计税依据	
	外购消费品已纳消费税的扣除	1				单选4：外购消费品已纳消费税的扣除	
	消费税出口退（免）税	3		多选6：消费税出口退（免）税	计算1：消费税出口退（免）税		单选4：消费税出口退（免）税
	纳税义务发生时间	3	单选7：进口应税消费品		单选6：纳税义务发生时间	计算1：纳税义务发生时间	
	纳税义务发生地点	1			多选4：纳税义务发生地点		

续表

章节	考点	近5年考查频次	2023年	2022年	2021年	2020年	2019年
第四章 企业所得税法	所得来源地的确定	1					多选4：所得来源地的确定
	收入总额	1				多选4：收入总额	
	企业所得税扣除项目	1					单选6：企业所得税扣除项目
	所得额的计算	9	单选8：投资转让所得的计算；多选5：企业收入确认时间；综合2：不征税收入、劳务派遣费用、研发费用加计扣除、职工三项经费、劳务派遣费用	综合2：不征税收入、业务招待费的扣除、广告费和业务宣传费扣除、职工三项经费、公益捐赠的扣除	单选7：投资转让所得的计算；单选8：企业收入金额的确认；综合2：不征税收入、业务招待费的扣除、广告费和业务宣传费扣除、职工三项经费的扣除	综合2：不征税收入、业务招待费的扣除、广告费和业务宣传费扣除、职工三项经费的扣除、以前年度亏损的弥补	综合2：业务招待费的扣除、广告费和业务宣传费扣除、职工三项经费、劳务派遣费用、研发费用加计扣除、不得扣除项目
	一般性税务处理	1			多选7：一般性税务处理		
	特殊性税务处理	3	多选6：特殊性税务处理的必备条件；单选9：非股权支付部分的资产转让所得			综合2：接受无偿划转设备的计税基础	
	资产的计税基础	3	单选10：固定资产改造后的计税基础；综合2：债务重组取得资产的计税基础		单选7：固定资产计税基础		
	计提折旧的税前扣除	1			单选8：计提折旧的税前扣除		
	坏账损失的扣除	1			多选6：坏账损失的扣除		

续表

章节	考点	近5年考查频次	2023年	2022年	2021年	2020年	2019年
第四章企业所得税法	企业所得税税收优惠	5		单选9："三免三减半"优惠；多选6：海南自贸港的企业所得税优惠；综合2："三免三减半"优惠	单选9："三免三减半"优惠	多选5：研发费用加计扣除	
	小微企业所得税税收优惠	2				单选6：小微企业所得税税收优惠；单选7：小微企业认定标准	
	总分机构间预缴税款的分摊	1		多选5：总分机构间预缴税款的分摊			
	非居民企业代扣代缴企业所得税	5		计算4：非居民企业代扣代缴企业所得税	计算4：非居民企业代扣代缴企业所得税	计算4：非居民企业代扣代缴企业所得税	单选7：非居民企业代扣代缴企业所得税；计算4：非居民企业代扣代缴企业所得税
第五章个人所得税法	税目	6	单选11：特许权使用费所得		多选8：偶然所得；多选9：工资、薪金所得	多选6：经营所得	单选10：综合所得；多选5：劳务报酬所得
	征税范围	2	多选7：个人所得来源地	多选7：个人所得来源地			
	个人所得税的征收方法	1	单选12：经营所得的核定征收				
	个人所得税的征税方法	2			单选10：个人所得税的按年计征；单选2：个人所得税的按月计征		

续表

章节	考点	近5年考查频次	2023年	2022年	2021年	2020年	2019年
第五章个人所得税法	专项附加扣除	3		多选8：专项附加扣除的计算时间		单选9：专项附加扣除的适用范围	单选9：专项附加扣除的计算时间
	应纳税额计算	8	计算1：稿酬所得计算、财产转让所得计算、个税税收优惠；计算4：非居民个人应纳税额计算和税收征管	计算1：财产转让所得的计算、综合所得的计算、年终奖个税的计算	单选10：个体工商户职工福利费限额的计算；单选11：股息代扣代缴个人所得税的计算；计算2：综合所得的计算、年终奖个税的计算	计算2：财产租赁所得的计算、综合所得的计算和汇算清缴	计算2：工资薪金、劳务报酬预扣预缴个税的计算、综合所得的计算、年终奖个税的计算
	股票期权的个人所得税	1			单选11：股票期权的个人所得税		
	个人所得税税收优惠	3			单选12：个人所得税税收优惠	单选8：利息的个人所得税税收优惠	单选8：利息的个人所得税税收优惠
第六章城市维护建设税法和烟叶税法	城市维护建设税、教育费附加和地方教育附加的计算	8	综合1：城市维护建设税、教育费附加和地方教育附加的计算	综合1：城市维护建设税、教育费附加和地方教育附加的计算	综合1：城市维护建设税、教育费附加和地方教育附加的计算	单选10：城市维护建设税的计税依据；多选7：城市维护建设税的纳税地点；综合1：城市维护建设税、教育费附加和地方教育附加的计算	单选11：城市维护建设税的计算；计算3、综合1：城市维护建设税、教育费附加和地方教育附加的计算
	烟叶税的计算和征收管理	1					多选6：烟叶税的计算和征收管理
第七章关税法和船舶吨税法	关税纳税义务人	1	多选8：关税纳税义务人				
	关税税率	1					单选12：滑准税
	关税完税价格	4	单选13：关税完税价格的估价方法	单选13：关税完税价格的估价方法	单选13：关税完税价格的估价方法	单选12：关税完税价格的估价方法	

续表

章节	考点	近5年考查频次	2023年	2022年	2021年	2020年	2019年
第七章关税法和船舶吨税法	进口环节关税的计算	4	综合1：进口环节关税、增值税和消费税	综合1：进口环节关税、增值税和消费税			单选13：进口环节关税的计算；综合1：进口环节关税、增值税和车辆购置税
	关税税收优惠	2		多选9：关税税收优惠			多选7：关税税收优惠
	关税的追征与补征	1				单选11：关税的追征与补征	
	吨税执照期限	2			多选10：吨税执照期限	多选8：批注延长吨税执照期限	
第八章资源税法和环境保护税法	资源税税目	2	单选14：水资源税的征税范围		多选11：资源税的征税范围		
	资源税纳税人	1			单选14：资源税纳税人		
	资源税税率	1		多选9：资源税税率			
	资源税税额计算	2	计算2：资源税纳税义务发生时间和税额计算		单选15：资源税税额的计算		
	资源税税收优惠	2		多选10：资源税税收优惠		单选13：资源税税收优惠	
	环境保护税税目	2	单选15：不缴纳环境保护税的情形			多选9：环境保护税税目	
	环境保护税计税依据	3		单选15：环境保护税计税依据			单选14：环境保护税计税依据；多选8：环境保护税计税依据
	环境保护税税额计算	2	计算2：环境保护税税税额计算和征管方式	计算2：环境保护税的计算依据、税额计算和征收管理			
	环境保护税的税收优惠	1			单选14：环境保护税的税收优惠		

续表

章节	考点	近5年考查频次	2023年	2022年	2021年	2020年	2019年
第九章城镇土地使用税法和耕地占用税法	城镇土地使用税征税范围	1	多选10：城镇土地使用税征税范围				
	城镇土地使用税的纳税人	1		单选16：城镇土地使用税的纳税人			
	城镇土地使用税的计税依据	2	单选16：城镇土地使用税的计税依据		单选17：城镇土地使用税的计税依据		
	城镇土地使用税的计算	2	综合1：城镇土地使用税的计算				单选16：城镇土地使用税的计税依据
	城镇土地使用税的征收方法	1				单选14：城镇土地使用税的征收方法	
	城镇土地使用税税收优惠	2		多选11：城镇土地使用税税收优惠	单选16：城镇土地使用税税收优惠		
	城镇土地使用税纳税义务发生时间	1					多选9：城镇土地使用税纳税义务发生时间
	耕地占用税征税范围	1			多选12：耕地占用税征税范围		
	耕地占用税税收优惠	2		单选17：耕地占用税税收优惠		单选15：耕地占用税税收优惠	
	耕地占用税纳税义务发生时间	1		单选17：经批准改变耕地原占地用途			
第十章房产税法、契税法和土地增值税法	房产税纳税义务人	2		单选18：房产税纳税义务人	单选19：房产税纳税义务人		
	房产税征税范围	1				单选15：房产税征税范围	
	房产税计税依据	4	单选19：从租计征房产税	单选19：从租计征房产税		多选10：房产税计税依据	单选17：从价计征房产税

续表

章节	考点	近5年考查频次	2023年	2022年	2021年	2020年	2019年
第十章房产税法、契税法和土地增值税法	房产税税额计算	3	计算3、综合2：房产税税额计算			综合2：房产税税额计算	
	契税征税范围	2	多选11：契税征税范围		多选13：契税征税范围		
	契税税额的计算	3	综合1：契税税额的计算			单选16：契税税额的计算	多选10：契税的计税依据和契税税收优惠
	契税税收优惠	2		单选18：契税税收优惠			单选18：契税税收优惠
	土地增值税的征税范围	2			单选18：土地增值税的征税范围	单选17：土地增值税的征税范围	
	土地增值税扣除项目	3	多选12：土地增值税扣除项目	多选12：土地增值税扣除项目		计算3：土地增值税扣除项目	
	土地增值税税额计算	4	综合2：土地增值税税额计算	计算3：土地增值税税额计算和征收管理		计算3：土地增值税税额计算	计算3：土地增值税税额计算
第十一章车辆购置税法、车船税法和印花税	车辆购置税征税范围	3	单选20：车辆购置税征税范围		单选20：车辆购置税征税范围	多选11：车辆购置税征税范围	
	车辆购置税的计算	4		单选20：车辆购置税退税额的计算	单选21：车辆购置税退税额的计算；综合1：车辆购置税的计算		单选19：车辆购置税计税依据
	车船税征税范围	2			多选14：车船税征税范围		多选11：车船税征税范围
	车船税纳税地点	1	单选21：扣缴义务人纳税地点				
	车船税的计算	1			综合1：车船税的计算		
	车船税税收优惠	2		单选21：车船税税收优惠		单选18：车船税税收优惠	

续表

章节	考点	近5年考查频次	2023年	2022年	2021年	2020年	2019年
第十一章车辆购置税法、车船税法和印花税	印花税的计税依据	2				单选19：印花税的计税依据	单选20：印花税的计税依据
	印花税税额计算	1			综合2：印花税税额计算		
	印花税税收优惠	2	多选13：印花税税收优惠	多选13：印花税税收优惠			
第十二章国际税收税务管理实务	常设机构的判定标准	2		单选22：常设机构的判定标准	单选22：常设机构的判定标准		
	受益所有人	2	多选14：受益所有人		单选22：受益所有人		
	预约定价安排	1				单选20：预约定价安排	
	转让定价调整方法	2			单选23：转让定价调整方法	多选12：转让定价调整方法	
	间接转让境内应税财产和间接转让股权的申报	1				多选12：间接转让境内应税财产和间接转让股权的申报	
	对外付汇的税务备案	4	单选23：对外付汇的税务备案	多选14：对外付汇的税务备案		计算5：对外付汇的税务备案	单选21：对外付汇的税务备案
	境外亏损的弥补	1				单选21：境外亏损的弥补	
	可抵免的境外税额	2		单选23：可抵免境外税额的适用汇率			单选22：可抵免境外税额
第十三章税收征收管理法	延期缴纳税款	1	单选24：延期缴纳税款制度				
	纳税申报方式	1		单选24：纳税申报方式			
	核定征收	1		多选15：核定征收的情形			
	纳税抵押	1		单选25：纳税抵押			

9

续表

章节	考点	近5年考查频次	2023年	2022年	2021年	2020年	2019年
第十三章税收征收管理法	责令限期缴纳	1			计算3：责令限期缴纳		
	税收保全措施	2			多选15：税收保全措施	单选23：税收保全措施	
	关联企业纳税调整	1			单选24：关联企业纳税调整		
	强制执行措施	1			计算3：强制执行措施		
	企业破产清算时税款债权的申报	1				多选13：企业破产清算时税款债权的申报	
	"承诺制"容缺办理税务注销	2	多选15："承诺制"容缺办理税务注销				多选13："承诺制"容缺办理税务注销
	纳税信用管理	2				单选22：纳税信用修复	单选23：纳税信用管理
	税收违法案件检举	1	单选25：税收违法案件检举				
	企业破产清算的税收征管	1			单选25：企业破产清算的税收征管		
第十四章税务行政法制	税务行政处罚的设定	2	单选26：税务行政处罚的设定			单选24：税务行政处罚的设定	
	税务行政处罚事项告知	1	多选16：税务行政处罚事项告知				
	税务行政处罚	2		多选16：从轻处罚的情形	单选26：税务行政罚款		
	税务复议前置	2	单选26：税务复议前置				多选14：税务复议前置
	税务行政复议的申请人	1					单选24：税务行政复议的申请人
	税务行政复议的申请期限	1					多选14：税务行政复议的申请期限
	税务行政复议调解	1			多选16：税务行政复议调解		

二、近5年真题命题规律

《税法》科目考试命题充分体现了"全面考核、突出重点"的命题原则。从近5年《税法》科目的命题看,试题内容基本涵盖了辅导教材的所有章节,同时在计算问答题和综合题中突出《税法》学科的重难点。结合"近5年真题考点地图",《税法》科目考试对于每个章节的知识均有涉及,每一章的重点知识和考核题型、分值整理如下:

第一章　税法总论

本章以往年度命题的形式,是单纯性的客观题,分值2分,考点散乱。命题主要集中在税法原则、税收法律关系、税种构成要素、税收立法、纳税人权利与义务等方面的内容。

第二章　增值税法

在最近5年的考试中,本章的平均分值约为17分,考虑到有英文答题加分的因素,本章的分数甚至能突破20分,属于非常重要的一章。作为历年考试的重点,本章可以出各种题型,尤其是计算问答题、综合题,既可能单独出题,也可能与消费税、关税、车辆购置税、城市维护建设税与教育费附加等税种混合出题,考生在复习中应对此特别重视。

第三章　消费税法

消费税法是CPA税法考试中比较重要的一章,平均分值大约是10分。消费税可以命制各种题型。计算问答题一直是消费税考核分值比重最大的题型。消费税与增值税、关税、城市维护建设税与教育费附加的混合计算是本章命题几率最高组合。

第四章　企业所得税法

企业所得税的关联面广,与会计核算和其他税种的计算关系密切,自身的综合性强,政策难度大,既可以单独出题,也可以与会计处理的判别与调整、其他税种、税收征收管理法、国际税收等混合出题。本章分值大约为20分。

第五章　个人所得税法

本章是CPA税法考试中比较重要的一章,平均分值为8~9分。本章可命制各种题型。在主观题方面,近5年每年都会出1道计算问答题,该章节知识点可以与税收征收管理法、国际税收等混合出题。

第六章　城市维护建设税法和烟叶税法

本章在最近5年的考试中平均分值为3分,属于CPA税法考试的非重点章。本章考试易出单选、多选题型,也容易与增值税、消费税、土地增值税、企业所得税混合出综合题。

第七章　关税法和船舶吨税法

本章包括关税和船舶吨税的政策法规内容，最近5年本章的平均分值为4分，分值不高，但关税的政策规定在CPA考试中具有重要的战略地位，其重要性在于关税是计算进口增值税和进口消费税的基础。本章通常可命制客观题型，但是也可以与进口增值税、进口消费税混合出计算问答题。

第八章　资源税法和环境保护税法

本章包括资源税和环境保护税的政策法规内容，最近几年本章出题的平均分值为6分，分值较高。本章的环境保护税属于近2年新增内容，因此在CPA考试中具有重要地位。本章既可以命制客观题型，也可以单独命制计算问答题。

第九章　城镇土地使用税法和耕地占用税法

本章收录了城镇土地使用税和耕地占用税两个税种的政策法规，这两个税种的征税对象都与土地资源的占用相关。在最近5年的考试中，本章分值在5分左右，其中城镇土地使用税一般为2~3分，耕地占用税一般为1~2分。

第十章　房产税法、契税法和土地增值税法

本章收录了房产税、契税和土地增值税的政策规定，其中契税和土地增值税都与房地产权属转移有关。本章考试命题分值9分左右，其中房产税的分值能达到3分左右，土地增值税在5分左右。本章可以命制各种题型，单选、多选题型较为常见，需要注意的是房产税可以与企业所得税混合命制综合题；土地增值税也容易与增值税、城市维护建设税与教育费附加、印花税混合命制计算问答题。

第十一章　车辆购置税法、车船税法和印花税法

本章包括车辆购置税、车船税、印花税，在最近5年的考试中平均分值为6分，属于CPA考试的非重点章。本章可以命制各种题型，以客观题型为主，经常性考点往往出自税收优惠和税额计算结合，也可与所得税等税种混合出计算问答题或综合题型。

第十二章　国际税收税务管理实务

本章分值在5分左右。本章主要以客观题型为主，但是近5年真题中也与企业所得税、个人所得税混合出计算问答题或综合题。

第十三章　税收征收管理法

本章是CPA考试的非重点章节，在最近5年的考试中的平均分值约为2分，题型主要以客观题型为主。

第十四章　税务行政法制

本章在最近5年税法考试中的平均分值约为2分，单纯命制客观题，是CPA考试的非重点章。

《税法》科目的重难点内容主要通过主观题来考核，每年主观题的分值约占

50%，每年出题都集中在增值税、企业所得税、个人所得税、消费税这四大税种，也会结合城市维护建设税、教育费附加、资源税、环境保护税、税收征收管理等进行考核。近5年主观题命题的出题点统计如下：

2019—2023年《税法》主观题出题点统计表

年份	计算问答题1出题点	计算问答题2出题点	计算问答题3出题点	计算问答题4出题点	综合题1出题点	综合题2出题点
2023	个人所得税的计算	资源税、环境保护税的计算和征收管理	房产税的计算	非居民个人应纳税额计算和税收征管	进口关税、增值税、消费税、城市维护建设税、教育费附加和地方教育附加、契税、城镇土地使用税的计算	企业所得税、房产税、土地增值税的计算
2022	个人所得税的计算	环境保护税的计算和征收管理	土地增值税计算和征收管理	非居民企业代扣代缴增值税	进口关税、增值税、消费税、城市维护建设税、教育费附加和地方教育附加的计算	企业所得税税额的计算
2021	消费税的计算	个人所得税的计算	消费税计算和征收管理	非居民企业代扣代缴增值税	增值税、车辆购置税、城市维护建设税、教育费附加和地方教育附加的计算	企业所得税、房产税、印花税的计算
2020	消费税的计算	个人所得税的计算	土地增值税的计算	非居民企业代扣代缴增值税	增值税、城市维护建设税、教育费附加和地方教育附加、印花税的计算	企业所得税税额的计算
2019	消费税的计算	个人所得税的计算	土地增值税的计算	非居民企业代扣代缴增值税	进口关税、增值税、消费税、城市维护建设税、教育费附加和地方教育附加、车辆购置税的计算	企业所得税税额的计算

三、学习指导

建议大家在注册会计师《税法》的学习备考中坚持全面学习、紧抓重点、归纳总结、反复演练。

第一、全面学习、不漏考点。

《税法》科目考试题型有四种，包括单项选择题、多项选择题、计算问答题和综合题等。其中单项选择题和多项选择题称为客观题，计算问答题和综合题称为主观题。2023年《税法》的题型和题量如下表所示：

2023年《税法》试题题型和题量

题型	题量	分值
单项选择题	26题×1分	26分
多项选择题	16题×1.5分	24分
客观题小计	42题	50分
计算问答题	4题×5分	20分
综合题	1题14分+1题16分	30分
主观题小计	6题	50分
合计	48题	100分

根据往年出题情况，2024年《税法》考试总题量预计为48道题，这些题目会分布在全书各章的内容中，足以反映"全面考核，章章见题"的出题思路。对此，大家要深入、全面掌握教材内容，避免存在猜题、押题的侥幸心理。《税法》考试的命题范围在较长时间相对稳定，但值得注意的是，2020年以后，主观题的命题风格突变，文字回答的问题明显增多，要求考生能够表述相关税收政策、提高综合分析判断能力，这也要求大家在复习备考时除了关注各个税种的计算，也需要准确记忆相关税收征收管理、税收优惠政策的知识要点。

第二、重点复习，用好真题。

《税法》考试不仅体现全面考核的原则，还突出重点，反复考核重点知识，并不会回避以往年度已经考核的重点内容，尤其反映在与注册会计师执业密切相关、实际应用较多的内容上。这些内容在教材中所占篇幅较大，涉及考点多、题量也大，所占分值也相对较高。对于这些重点知识，每年的考题都会出题进行考核，因此用好历年真题，通过做以往年度出现的一些有代表性的题目，有助于帮助大家更快更准地把握《税法》教材的重难点知识。

第三、循序渐进、归纳总结。

《税法》科目中既有考核基本概念的题目，也有将多个税种知识融合应用的题型，甚至涉及与《会计》《财务管理》等科目知识相结合的题目。因此，建议大家由易到难、由简单到复杂，循序渐进地学习《税法》。在基础学习阶段，大家可以以章为单位进行简单的客观题训练，注重知识学习的全面性。随着学习内容的增多，大家再挑战较难的计算问答题和综合题。另外，做题时也要注意总结各个税种之间的逻辑关系，特别是要将各个税种中的特殊处理事项整理出来，反复背诵。为了提高大家的学习效率，对于需要归纳总结的题目，本书在题后增加了"思维拓展""坑点提示""抢分秘籍"等内容，将相关的知识要点、出题陷阱、解题方法进行了归纳整理，以便大家在使用本书的过程中达到事半功倍的效果。

第四、反复演练、提高速度。

《税法》科目试卷总分100分（不考虑英文附加题），考试时间120分钟，总题量有48题，考试答题的强度比较大，导致以往年度有很多考生无法在既定的考试时间内完成全部答题任务。因此，大家在平时学习中需要通过演练真题和模拟题，来掌握答题的技巧、提高答题的熟练度。

对于客观题，需要大家尽可能地控制答题时间，给计算问答题和综合题留出足够的时间，优先把自己会的题做对。对于拿不准的客观题，可以通过排除法、猜测法、比较法找出最正确的答案。太绝对的说法一般是错误的，比如选项中出现了"一定""全部""必须"等词语，那么这个选项很可能就是错误的，需要谨慎选择。

对于主观题，建议大家答题前先大概浏览一下计算问答题和综合题，看看哪些题目是自己会的，先做自己最有把握的考题。虽然综合题的关联性比较强，涉税处理复杂，涉及的税种多，一般而言，每个综合题都有10小问左右。但综合题的已知条件和所问的问题都是先易后难、循序渐进的，建议大家应该先看答题要求，知道考什么，再看已知条件。综合题的前几问大多比较简单，力争得分，最后几问，有时间、有把握就答，否则可以选择战略放弃，不必强求都对。另外，对于主观题，需要注意解题步骤，写出每一步的计算公式。有些计算问答题不要求文字叙述，答题时只要列示答题步骤和计算结果，并保证计算结果的正确性即可。此外，需要大家至少在考前1个月进行机考系统的模拟演练，特别是要加强计算问答题和综合题的演练，达到能够用好机考系统的试题浏览、试题标注功能，能够熟练进行文字的输入、用好数学公式和符号。

最后，祝大家顺利通过2024年注册会计师考试！

第二部分 5套真题卷详解

2023年注册会计师全国统一考试《税法》真题详解

一、单项选择题（本题型共26小题，每小题1分，共26分。每小题只有一个正确答案，请从每小题的备选答案中选出一个你认为正确的答案，用鼠标点击相应的选项。）

> **审题要点**
> 本题考核的是税种基本要素。征税对象即征税客体，是指税法规定对什么征税，是征纳税双方权利义务共同指向的客体或标的物。征税对象是"区别一种税与另一种税"的重要标志。

1.下列税法要素中，能够<u>区别一种税与另一种税</u>的基本要素是（　　）。

A.计税依据　　　　　　　　B.征税对象
C.纳税环节　　　　　　　　D.纳税地点

【本题答案】B

【本题解析】征税对象即征税客体，是指税法规定对什么征税，是征纳税双方权利义务共同指向的客体或标的物。征税对象是区别一种税与另一种税的重要标志。

📖 思维拓展

本题涉及征税对象的意义这一考点。征税对象是区别一种税与另一种税的重要标志。按征税对象性质的不同，可以将征税对象分为流转额、所得额、财产、资源、特定行为五大类，相应地将税收分为五大类：流转税（商品和劳务税）、所得税、财产税、资源税、特定行为税。

2.纳税人发生的下列应税行为中，按"生活服务"计征增值税的是（　　）。

A.银行兑换货币　　　　　　B.物流公司收派快件
C.餐馆销售外卖食品　　　　D.专业机构提供鉴证服务

【本题答案】C

【本题解析】选项C当选，餐馆销售外卖食品属于"生活服务"。选项A不当选，银行兑换货币属于"金融服务——直接收费金融服务"。选项B不当选，物流公司收派快件属于"现代服务——物流辅助服务"。选项D不当选，专业机构提供鉴证服务属于"现代服务——鉴证咨询服务"。

📖 历年考情

2022年单项选择题第2题考查过"金融服务"、2021年单项选择题第2题考查过"其他现代服务"、2021年多项选择题第2题考查过"征税范围"、2020年单项选择题第3题考查过"租赁服务"、2019年单项选择题第2题考查过"陆路运输服务"的相关知识点，请考生注意对比联合学习。

3. 2023年1月，某从事二手车经销业务的一般纳税人销售一台回收的二手车，若购买方要求开具增值税专用发票，适用的增值税征收率为（　　）。

A. 0.5%　　　　　　　　B. 2%
C. 3%　　　　　　　　　D. 13%

【本题答案】A

【本题解析】对从事二手车经销业务的纳税人销售其收购的二手车，自2020年5月1日至2023年12月31日减按0.5%征收率征收增值税。计算公式为：

应纳增值税=含税销售额÷（1+0.5%）×0.5%

纳税人应当开具二手车销售统一发票。购买方索取增值税专用发票的，应当再开具征收率为0.5%的增值税专用发票。

📖 思维拓展

本题涉及销售自己使用过的固定资产、旧货和二手车的税务处理。为了方便考生更好地掌握该考点，将相关知识要点归纳如下：

情形	纳税人类型		税务处理
销售自己使用过的固定资产	小规模纳税人		（1）未放弃减税（开具增值税普通发票）： 应纳税额=含税销售额÷（1+3%）×2% （2）放弃减税（开具增值税专用发票）： 应纳税额=含税销售额÷（1+3%）×3%
销售自己使用过的固定资产	一般纳税人	不得抵扣且未抵扣过进项税额	（1）未放弃减税（开具增值税普通发票）： 应纳税额=含税销售额÷（1+3%）×2% （2）放弃减税（开具增值税专用发票）： 应纳税额=含税销售额÷（1+3%）×3%
		其他	销项税额=含税销售额÷（1+13%）×13%
销售固定资产以外的其他物品	小规模纳税人		应纳税额=含税销售额÷（1+3%）×3%
	一般纳税人		销项税额=含税销售额÷（1+13%或9%）×13%或9%

续表

情形	纳税人类型	税务处理
销售旧货	小规模纳税人	应纳税额＝含税销售额÷（1+3%）×2%（开具增值税普通发票，不得放弃减税）
销售旧货	一般纳税人	应纳税额＝含税销售额÷（1+3%）×2%（开具增值税普通发票，不得放弃减税）
二手车经销	二手车经销商	应纳税额＝含税销售额÷（1+0.5%）×0.5%

注：自2023年1月1日至2023年12月31日，增值税小规模纳税人适用3%征收率的应税销售收入，减按1%征收率征收增值税。

历年考情

2022年单项选择题第3题考查过"二手车经销适用的增值税征收率"的相关知识点，请考生注意对比联合学习。

审题要点

本题考核的是增值税退税业务，需要注意增值税退税包括留抵退税与出口免抵退税，两种退税方式有各自不同的适用条件。

4.下列有关**增值税退税**业务的表述中，符合现行税法规定的是（　　）。

A.纳税人已取得留抵退税款的，可以同时申请即征即退

B.纳税人已取得留抵退税款的，可以同时申请先征后退

C.纳税人应优先办理免抵退税后再根据条件申请留抵退税

D.增值税即征即退项目可以参与出口项目免抵退税的计算

【本题答案】C

【本题解析】选项AB不当选，已取得留抵退税款的纳税人，不得同时享受即征即退、先征后返（退）。选项D不当选，出口项目免抵退税适用于生产企业出口自产货物和视同自产货物，以及列名的生产企业出口非自产货物、对外提供加工修理修配劳务、适用零税率的跨境服务和无形资产，不包括增值税即征即退项目。

思维拓展

本题涉及增值税留抵退税与增值税免抵退税的适用条件这一知识点。为了方便考生更好地掌握该考点，将相关知识要点归纳如下：

（1）增量留抵税额退还的一般纳税人，要同时符合以下条件：

①自2019年4月税款所属期起，连续六个月增量留抵税额均大于零，且第六个月增量留抵税额不低于50万元；

②纳税信用等级为A级或者B级；

③申请退税前36个月未发生骗取留抵退税、出口退税或虚开增值税专用发票情形；

④申请退税前36个月未因偷税被税务机关处罚两次及以上；

⑤自2019年4月1日起未享受即征即退、先征后返（退）。

（2）增值税免抵退税的适用条件如下：

方法	含义	适用范围
免抵退税办法	出口零税率，相应的进项税额抵减应纳增值税额，未抵减完的部分予以退还	①生产企业出口自产货物和视同自产货物，以及列名的生产企业出口非自产货物。②对外提供加工修理修配劳务。③适用零税率的跨境服务和无形资产。
免退税办法	出口零税率，相应的进项税额予以退还	①不具有生产能力的出口企业或其他单位出口货物劳务——外贸企业出口货物或劳务。②外贸企业外购的研发服务和设计服务出口。（直接将服务或自行研发的无形资产出口，实行免抵退税办法）

历年考情

2021年计算问答题第1题考查过"增量留抵退税与增值税免抵退税"的相关知识点，请考生注意对比联合学习。

5.下列产品中，暂缓征收消费税的是（　　）。

A.甲醇汽油　　　　　B.乙醇汽油

C.生物柴油　　　　　D.航空煤油

【本题答案】D

【本题解析】应征收消费税的成品油包括汽油（含甲醇汽油、乙醇汽油）、柴油（含生物柴油）、石脑油、溶剂油、航空煤油、润滑油、燃料油7个子目。航空煤油暂缓征收消费税。因此，选项ABC不当选，选项D当选。

思维拓展

除了上述对成品油的特殊规定外，变压器油、导热类油等绝缘油类产品不征收消费税。纳税人利用废矿物油为原料生产的润滑油基础油、汽油、柴油等工业油料免征消费税。

历年考情

2020年单项选择题第5题考查过"消费税税目"、2019年单项选择题第5题考查过"消费税税目"的相关知识点，请考生注意对比联合学习。

6.采用从量定额方法计征消费税时，纳税人委托加工应税消费品的，其据以计算应纳税额的销售数量确定标准是（　　）。

A.收回的应税消费品数量

B.最终销售的应税消费品数量

C.合同约定的应税消费品数量

D.发出原材料预计可生产的消费品数量

【本题答案】A

【本题解析】委托加工应税消费品的,为纳税人收回的应税消费品数量。因此,选项A当选。

思维拓展

本题涉及从量定额方法计征消费税这一知识点。为了方便考生更好地掌握该考点,将相关知识要点归纳如下:

从量定额计税的应税消费品有啤酒、黄酒、成品油。采用从量定额方法计征消费税时,纳税人据以计算应纳税额的数量确定标准为:

（1）销售应税消费品的,为应税消费品的销售数量。

（2）自产自用应税消费品的,为应税消费品的移送使用数量。

（3）委托加工应税消费品的,为纳税人收回的应税消费品数量。

（4）进口的应税消费品,为海关核定的应税消费品的进口数量。

历年考情

2021年多项选择题第5题考查过"从量定额计征消费税"的相关知识点,请考生注意对比联合学习。

7.纳税人进口应税消费品的,其消费税纳税义务发生时间是（　　）。

A.签收货物的当天　　　　B.报关进口的当天

C.支付货款的当天　　　　D.签订合同的当天

【本题答案】B

【本题解析】纳税人进口应税消费品的,其消费税纳税义务发生时间是报关进口的当天。因此,选项B当选。

思维拓展

本题涉及消费税纳税义务发生时间这一知识点。消费税纳税义务发生时间的规定与增值税基本相同。为了方便考生更好地掌握该考点,将相关知识要点归纳如下:

（1）赊销和分期收款结算方式:书面合同约定的收款日期的当天。书面合同没有约定收款日期或者无书面合同的,为发出应税消费品的当天。

（2）预收货款结算方式:发出应税消费品的当天。

（3）托收承付和委托银行收款方式：发出应税消费品并办妥托收手续的当天。

（4）其他结算方式：收讫销售款或取得索取销售款凭据的当天。

（5）委托加工的应税消费品：纳税人提货的当天。

（6）自产自用的应税消费品：移送使用的当天。

（7）进口的应税消费品：报关进口的当天。

历年考情

2021年单项选择题第6题考查过"消费税纳税义务发生时间"、2020年计算问答题第7题考查过"消费税纳税义务发生时间"的相关知识点，请考生注意对比联合学习。

8.甲公司2020年5月以500万元直接投资于乙公司，占有乙公司15%的股权。2022年乙公司因故被清算，清算前账面累计未分配利润和累计盈余公积合计为400万元，甲公司分得剩余资产金额600万元。甲公司申报企业所得税时应确认的投资转让所得为（　　）。

A. 40万元　　　　　　　B. 60万元
C. 100万元　　　　　　 D. 600万元

【本题答案】A

【本题解析】本题"2022年乙公司因故被清算，清算前账面累计未分配利润和累计盈余公积合计为400万元"，甲公司按占有乙公司15%的股权比例计算的部分属于股息所得，如果甲公司与乙公司属于居民企业，那么该股息所得属于免税所得。

因此，甲公司申报企业所得税时应确认的投资转让所得=投资转让的收入600-投资成本500-股息所得400×15%=40（万元）

因此，选项A当选。

> **审题要点**
>
> 本题明确要求计算的是"甲公司申报企业所得税时应确认的投资转让所得"，由于题目告知"甲公司分得剩余资产金额600万元"属于投资转让的收入额，应扣除相应的投资成本和免税项目。

思维拓展

本题涉及股息所得和投资转让所得的区分。为了方便考生更好地掌握该考点，将相关知识要点归纳如下：

收回项目	具体内容	税务处理
投资收回	相当于初始出资的部分	不属于应税收入
财产转让	（1）股息所得：相当于被投资企业累计未分配利润和累计盈余公积按减少实收资本比例计算的部分	属于应税收入，但符合条件的免税——纳税调减
	（2）转让所得：扣除上面两项后的余额，确认为转让所得（或损失）	属于应税收入——不做纳税调整

坑点提示

本题要求计算"甲公司申报企业所得税时应确认的投资转让所得",注意此处要求只计算"投资转让所得",因此需要把股息所得项目减掉。

思维拓展

股权转让所得和撤资减资的辨析:投资企业从被投资企业撤回或减少投资,其取得的资产中,相当于初始出资的部分,应确认为投资收回;相当于被投资企业累计未分配利润和累计盈余公积按减少实收资本比例计算的部分,应确认为股息所得(符合条件可以免税);其余部分确认为投资资产转让所得。

历年考情

2021年单项选择题第7题考查过"企业投资转让所得的计算"的相关知识点,请考生注意对比联合学习。

9. 2022年5月甲公司以公允价值2 200万元的股权和200万元的货币资金为对价,收购乙公司60%股权,收购日乙公司全部股权的计税基础为3 500万元、公允价值为4 000万元。各方选择特殊性税务处理,乙公司取得非股权支付部分对应的资产转让所得为(　　)。

A. 25万元　　　　　　　　B. 200万元
C. 275万元　　　　　　　 D. 300万元

【本题答案】A

【本题解析】在特殊性税务处理中,一方取得非股权支付,应当按非股权支付比例确认所得或损失,缴纳企业所得税。另一方按公允价值确认资产或负债的计税基础。

非股权支付对应的资产转让所得或损失=(被转让资产的公允价值-被转让资产的计税基础)×(非股权支付金额÷被转让资产的公允价值)

本题中,乙公司取得股权转让的收入=公允价值2 200万元的股权+200万元的货币资金=2400(万元)

乙公司股权转让的成本=乙公司全部股权的计税基础3 500万元×60%=2100(万元)

非股权支付的比例=非股权支付金额200÷被转让资产的公允价值2400=1/12

> **审题要点**
> 本题明确要求计算的是"乙公司取得非股权支付部分对应的资产转让所得",在特殊性税务处理中,一方取得的非股权支付部分,应当按非股权支付所占比例确认所得或损失,并计算缴纳企业所得税。

因此，乙公司取得非股权支付部分对应的资产转让所得
=（2 200+200–3 500×60%）×200÷（2 200+200）=25（万元），选项A当选。

> 📖 **思维拓展**

本题涉及特殊性税务处理这一知识点。为了方便考生更好地掌握该考点，将相关知识要点归纳如下：

重组方式	特殊性税务处理条件	特殊性税务处理
股权收购 资产收购	（1）购买的股权（收购的资产）不低于被收购企业全部股权（转让企业全部资产）的50%； （2）股权支付金额不低于其交易支付总额的85%。 【提示】同时也应满足其他三个定性条件	（1）一方取得股权支付：暂不确认有关资产的转让所得或损失，不纳所得税；另一方按原计税基础确认新资产或负债的计税基础； （2）一方取得非股权支付：按比例确认所得或损失，缴纳企业所得税。另一方按公允价值确认资产或负债的计税基础。 非股权支付对应的资产转让所得或损失=（被转让资产的公允价值–被转让资产的计税基础）×（非股权支付金额÷被转让资产的公允价值）
合并	（1）股权支付金额不低于其交易支付总额的85%（同时也满足其他定性条件）； （2）同一控制下且不需要支付对价	合并中的亏损弥补： 被合并企业合并前的亏损可由合并企业弥补，补亏限额=被合并企业净资产公允价值×截至合并业务发生当年年末国家发行的最长期限的国债利率
分立	（1）股权支付金额不低于其交易支付总额的85%（同时也满足其他定性条件）； （2）被分立企业所有股东按原持股比例取得分立企业的股权，分立企业和被分立企业均不改变原来的实质经营活动	分立中的亏损弥补： 被分立企业未超过法定弥补期限的亏损额，可按分立资产占全部资产的比例进行分配，由分立企业继续弥补

10.企业对计税基础为1 000万元的设备类固定资产进行改造，领用了一批自产产品，成本350万元，不含增值税售价400万元；改造工程另发生人工费用支出150万元。该<u>固定资产改造后的计税基础</u>为（　　）。

A.1 350万元　　　　　　B.1 400万元
C.1 500万元　　　　　　D.1 550万元

审题要点
对于改扩建的固定资产，计税基础=原计税基础+改扩建过程中发生的支出。

【本题答案】C

【本题解析】改扩建的固定资产，计税基础为改扩建过程中发生的支出。本题中对企业已有的固定资产进行改扩建，可以参照会计处理掌握该固定资产改造后的计税基础。

第一步,企业对计税基础为1 000万元的设备类固定资产进行改造,需要把该1 000万元固定资产转入"在建工程";

第二步,企业领用了一批自产产品,成本350万元,不含增值税售价400万元,需要把该自产产品按照成本350万元转入"在建工程"。由于将企业自产产品用于企业的在建工程,在增值税上不属于视同销售,不需要确认增值税销项税额,而根据会计收入准则的规定,将企业自产产品用于企业的在建工程,该批产品的所有权和风险也没有发生转移,因此在会计上不用确认收入,只能按照成本350万元转入"在建工程"。

第三步,改造工程另发生人工费用支出150万元,需要把人工费用150万元转入"在建工程"。

第四步,在该固定资产改造完成后,需要将所有计入"在建工程"的金额[1 000+350+150=1 500(万元)]转到"固定资产"。

因此,本题该固定资产改造后的计税基础=1 000+350+150=1 500(万元),选项C当选。

思维拓展

本题涉及固定资产的计税基础的确定这一知识点。为了方便考生更好地掌握该考点,将相关知识要点归纳如下:

固定资产来源	计税基础
外购	买价+相关税费+直接归属于使该资产达到预定用途的其他支出
自行建造	竣工结算前发生的支出
融资租入(租赁合同)	(1)约定付款总额的:约定的付款总额+签订租赁合同过程中发生的相关费用; (2)未约定付款总额的:该资产的公允价值+签订租赁合同过程中发生的相关费用
盘盈	同类固定资产的重置完全价值
捐赠、投资、非货币性资产交换、债务重组等	公允价值+支付的相关税费
改扩建(已提足折旧、租入的固定资产除外)	改扩建过程中发生的支出

11.个人转让本人作品著作权取得的所得,适用的个人所得税应税项目是( )。

A.稿酬所得 B.经营所得
C.劳务报酬所得 D.特许权使用费所得

【本题答案】D

【本题解析】个人提供著作权的使用权（版权）所得，属于特许权使用费所得。选项 D 当选。

思维拓展

本题涉及特许权使用费所得与稿酬所得的区分这一知识点：

（1）特许权使用费所得，是指个人（包括权利继承人）提供专利权、商标权、著作权、非专利技术以及其他特许权的使用权取得的所得。注意，特许权使用费所得强调将著作权转让或授予他人使用。因此，作者将自己的文字作品手稿原件或复印件拍卖取得的所得，实际上是将著作权转让或授予他人使用，因此也属于特许权使用费所得。

（2）稿酬所得是指个人作品以图书、报刊形式出版、发表取得的所得。注意，稿酬所得强调作者个人出版、发表作品获得的所得。

此外，需要注意与图书、报刊相关的翻译、审稿、书画所得，不属于出版、发表作品，因此属于劳务报酬所得。

历年考情

2021年多项选择题第8题考查过"个人所得税税目——偶然所得"、2021年多项选择题第9题考查过"个人所得税税目——工资、薪金所得"、2020年多项选择题第6题考查过"个人所得税税目——经营所得"、2019年单项选择题第10题考查过"个人所得税税目——综合所得"、2019年多项选择题第5题考查过"个人所得税税目——劳务报酬所得"的相关知识点，请考生注意对比联合学习。

12.下列关于对个人独资企业经营所得**核定征收**个人所得税的表述中，符合税法规定的是（　　）。

A.企业经营多业的，应根据其各自业务板块分别确定其适用的应税所得率

B.实行核定征收的投资者，不能享受个人所得税经营所得的相关优惠政策

C.由查账征收改为适用核定征收后，查账征收下未弥补的亏损可继续弥补

D.当前持有权益性投资的个人独资企业，可选择适用查账征收或核定征收

【本题答案】B

【本题解析】对个人独资企业经营所得，有查账征收和核定征收两

> **审题要点**
> 核定征收适用于个人独资企业没有账簿或者账簿记录不规范的情形，因此一旦采用核定征收方式，该个人独资企业无法适用查账征收的规则，也无法享受查账征收时的所得税优惠。

种方式。核定征收适用于个人独资企业没有账簿或者账簿记录不规范的情形，因此一旦采用核定征收，企业经营多业的，也就无法通过查账分别确定其适用的应税所得率，选项A不当选。

对于选项C，核定征收计算税额的公式为：

应纳税额＝应纳税所得额×适用税率

应纳所得额＝收入总额×应税所得率

或＝成本费用支出额÷（1–应税所得率）×应税所得率

以上公式不再考虑未弥补的亏损。因此，由查账征收改为适用核定征收后，查账征收下未弥补的亏损不得继续弥补。选项C不当选。

对持有股权、股票、合伙企业财产份额等权益性投资的个人独资企业、合伙企业，一律适用查账征收方式计征个人所得税，选项D不当选。

实行核定征税的投资者，不能享受个人所得税优惠政策，选项B当选。

> 思维拓展

本题涉及核定征收的范围这一知识点。为了方便考生更好地掌握该考点，将核定征收的适用范围相关知识要点归纳如下：

（1）依照法律、行政法规规定可以不设置账簿的；

（2）依照法律、行政法规规定应当设置但未设置账簿的；

（3）擅自销毁账簿或者拒不提供纳税资料的；

（4）虽设置账簿，但账目混乱或成本资料、收入凭证、费用凭证残缺不全，难以查账的；

（5）发生纳税义务，未按照规定的期限办理纳税申报，经税务机关责令限期申报，逾期仍不申报的；

（6）纳税人申报的计税依据明显偏低，又无正当理由的。

13.海关采用估价方法确定进口货物关税完税价格时，经纳税人申请，可与倒扣价格估价方法颠倒适用次序的是（　　）。

A.合理估价方法

B.计算价格估价方法

C.类似货物成交价格估价方法

D.相同货物成交价格估价方法

【本题答案】B

【本题解析】进口货物的成交价格不符合规定条件或者成交价格不

能确定的，海关经了解有关情况，并且与纳税义务人进行价格磋商后，依次以相同货物成交价格估价方法、类似货物成交价格估价方法、倒扣价格估价方法、计算价格估价方法及其他合理方法审查确定该货物的完税价格。纳税义务人向海关提供有关资料后，可以提出申请，颠倒倒扣价格估价方法和计算价格估价方法的适用次序。选项B当选。

历年考情

2022年单项选择题第13题考查过"关税完税价格的估价方法"、2021年单项选择题第13题考查过"关税完税价格的估价方法"、2020年单项选择题第12题考查过"关税完税价格的估价方法"的相关知识点，请考生注意对比联合学习。

14.根据《扩大水资源税改革试点实施办法》的规定，应按实际取用水量征收水资源税的是（　　）。

A.水力发电取用水

B.家庭生活取用水

C.家庭圈养畜禽饮用取用水

D.火力发电循环式冷却取用水

【本题答案】D

【本题解析】水资源税的纳税义务人包括直接取用地表水、地下水的单位和个人，包括直接从江、河、湖泊（含水库）和地下取用水资源的单位和个人。但是下列情形，不缴纳水资源税：

（1）农村集体经济组织及其成员从本集体经济组织的水塘、水库中取用水。

（2）家庭生活和零星散养、圈养畜禽饮用等少量取用水（选项BC不当选）。

（3）水利工程管理单位为配置或者调度水资源取水（选项A不当选）。

（4）为保障矿井等地下工程施工安全和生产安全必须进行临时应急取用（排）水。

（5）为消除对公共安全或者公共利益的危害临时应急取水。

（6）为农业抗旱和维护生态与环境必须临时应急取水。

历年考情

2021年多项选择题第11题考查过"资源税的征税范围"的相关知

识点，请考生注意对比联合学习。

15.下列情形中，属于直接向环境排放环境保护税应税污染物的是（　　）。

A.企业进行规模化养殖排放的水污染物

B.企业按国家标准排放的建筑施工场界环境噪声

C.企业向依法设立的生活垃圾集中处理场所排放污染物

D.企业在符合国家和地方环境保护标准的场所处置固体废物

【本题答案】A

【本题解析】有下列情形之一的，不属于直接向环境排放污染物，不缴纳相应污染物的环境保护税：

（1）企业事业单位和其他生产经营者向依法设立的污水集中处理、生活垃圾集中处理场所排放应税污染物的（选项C不当选）。

（2）企业事业单位和其他生产经营者在符合国家和地方环境保护标准的设施、场所贮存或者处置固体废物的（选项D不当选）。

（3）达到省级人民政府确定的规模标准并且有污染物排放口的畜禽养殖场，应当依法缴纳环境保护税（选项A当选），但依法对畜禽养殖废弃物进行综合利用和无害化处理的。

（4）企业事业单位和其他生产经营者按国家标准排放的建筑施工场界环境噪声（选项B不当选）。

> **审题要点**
>
> 本题要求计算的是"甲就该宗土地全年应缴纳的城镇土地使用税"，因此不用考虑乙实际使用800平方米的城镇土地使用税。

16.甲和乙共同拥有一宗位于县城的土地的使用权，面积为2 000平方米，甲实际使用1 200平方米，乙实际使用800平方米，当地城镇土地使用税年适用税额为10元/平方米，<u>甲就该宗土地全年应缴纳的城镇土地使用税</u>为（　　）。

A.8 000元　　　　　　　　B.10 000元

C.12 000元　　　　　　　　D.20 000元

【本题答案】C

【本题解析】城镇土地使用税法的计税依据为纳税人实际占用的土地面积。本题要求计算的是"甲就该宗土地全年应缴纳的城镇土地使用税"，因此只考虑甲实际使用的面积1 200平方米缴纳的城镇土地使用税=1 200×10=12 000（元）。

> **思维拓展**

本题涉及城镇土地使用税计税依据的确定这一知识点。为了方便考生更好地掌握该考点，将相关知识要点归纳如下：

城镇土地使用税以纳税人实际占用的土地面积为计税依据，土地面积计量标准为每平方米。即税务机关根据纳税人实际占用的土地面积，按照规定的税额计算应纳税额，向纳税人征收城镇土地使用税。

纳税人实际占用的土地面积按下列办法确定：

（1）由省、自治区、直辖市人民政府确定的单位组织测定土地面积的，以测定的面积为准。

（2）尚未组织测定，但纳税人持有政府部门核发的土地使用证书的，以证书确认的土地面积为准。

（3）尚未核发土地使用证书的，应由纳税人申报土地面积，并据以纳税，待核发土地使用证书以后再作调整。

（4）对在城镇土地使用税征税范围内单独建造的地下建筑用地，按规定征收城镇土地使用税。对上述地下建筑用地暂按应征税款的50%征收城镇土地使用税。

历年考情

2021年单项选择题第17题考查过"城镇土地使用税的计税依据"的相关知识点，请考生注意对比联合学习。

17.纳税人经批准改变耕地原占地用途需要补缴耕地占用税的，其纳税义务发生时间是（　　）。

A.纳税人提交申请文件的当日

B.纳税人收到批准文件的当日

C.自然资源主管部门收到申请文件的当日

D.自然资源主管部门认定纳税人改变原占地用途的当日

【本题答案】B

【本题解析】纳税人改变原占地用途，需要补缴耕地占用税的，其纳税义务发生时间是为改变用途的当日，即经批准改变用途的，为纳税人收到批准文件的当日。

思维拓展

本题涉及耕地占用税的征收管理这一知识点。为了方便考生更好地掌握该考点，将相关知识要点归纳如下：

（1）耕地占用税的纳税义务发生时间：纳税人收到自然资源主管部门办理占用耕地手续书面通知的当日。纳税人改变原占地用途，需要补缴耕地占用税的，为改变用途当日，即：①经批准改变用途的，为纳税人收到批准文件的当日；②未经批准改变用途的，为自然资源主管部门认定纳税人改变原占地用途的当日。

（2）耕地占用税的纳税期限：自纳税义务发生之日起30日内。

（3）耕地占用税的纳税申报地点：耕地所在地。

18.下列关于房产税纳税义务人的表述中，符合税法规定的是（ ）。

A.房产融资租赁的，其纳税义务人为出租人

B.商铺出典的，其纳税义务人为商铺产权所有人

C.办公楼抵押的，其纳税义务人为办公楼抵押权人

D.厂房出租免租金期间，其纳税义务人为厂房产权所有人

【本题答案】D

【本题解析】房产税的纳税义务人是征税范围内的房屋产权所有人，包括国家所有和集体、个人所有房屋的产权所有人、承典人、代管人或使用人三类。具体包括：

（1）产权属国家所有的，由经营管理单位纳税；产权属集体和个人所有的，由集体单位和个人纳税。

（2）产权出典的，由承典人纳税（选项B不当选）。

（3）产权所有人、承典人不在房屋所在地的，或者产权未确定及租典纠纷未解决的，由房产代管人或者使用人纳税。

（4）无租使用其他房产的，由使用人依照房产余值代缴纳房产税。

（5）房屋出租并约定有免租金期的，免收租金期由产权所有人纳税（选项D当选）。

（6）融资租赁房屋在租赁期内由房产的承租人纳税（选项A不当选）。

对于选项C以房产设立抵押的，该房产的产权仍然属于房屋产权所有人，抵押权人只享有以抵押房产优先偿还债务的权利，因此以办公楼抵押的，其纳税义务人为办公楼的产权所有人（选项C不当选）。

审题要点

对于出租的房产，应当按照不含增值税的租金收入从租计征房产税；对于自用于经营活动的房产，应当按照房产余值从价计征房产税。

对于乙栋办公楼，题目明确告知"乙栋作为存货待售"，既不属于出租当年房产，也不属于自用于经营活动的房产，因此乙栋办公楼不缴纳房产税。

历年考情

2021年单项选择题第19题考查过"房产税纳税义务人"的相关知识点，请考生注意对比联合学习。

19.某房地产开发公司于2022年1月通过招拍挂方式取得一宗土地并开始建设甲、乙两栋办公楼，当年10月办理竣工备案，原值均为1 000万元；其中<u>甲栋于竣工次月租赁给他人使用，每月租金10万元，乙栋作为存货待售</u>。下列关于该公司房产税纳税义务的表述中，符合税

法规定的是（　　）。

A.甲、乙两栋均无需缴纳房产税

B.甲、乙两栋均按照房产余值从价计征房产税

C.甲栋按照租金收入从租计征房产税，乙栋无需缴纳房产税

D.甲栋按照租金收入从租计征房产税，乙栋按照房产余值缴纳房产税

【本题答案】C

【本题解析】本题的核心点在于"甲栋于竣工次月租赁给他人使用，每月租金10万元，乙栋作为存货待售"，因此对于已经出租的甲栋办公楼，应当按照不含增值税的租金收入从租计征房产税；对于乙栋办公楼，题目明确告知"乙栋作为存货待售"，说明该栋办公楼并不是自用，因此无需缴纳房产税。

思维拓展

本题涉及房产税的纳税义务发生时间这一知识点。为了方便考生更好地掌握该考点，将相关知识要点归纳如下：

房产用途	纳税义务发生时间
将原有房产用于生产经营	从生产经营之月起
自行新建房屋用于生产经营	从建成之次月起
委托施工企业建设的房屋	从办理验收手续之次月起
纳税人购置新建商品房	自房屋交付使用之次月起
购置存量房	自办理房屋权属转移、变更登记手续，房地产权属登记机关签发房屋权属证书之次月起
纳税人出租、出借房产	自交付出租、出借房产之次月起
房地产开发企业自用、出租、出借自建商品房	自房屋使用或交付之次月起
其他	因房产的实物或权利状态发生变化而依法终止房产税纳税义务的，其应纳税款的计算应截止到房产的实物或权利状态发生变化的为当月末

历年考情

2022年单项选择题第19题考查过"从租计征房产税"、2020年多项选择题第10题考查过"房产税计税依据"、2019年单项选择题第17题考查过"从价计征房产税"的相关知识点，请考生注意对比联合学习。

20.购置的下列新车辆中，属于车辆购置税征税范围的是（　　）。

A.个人购买的电动摩托车

B.建筑公司购买的挖掘机

C.地铁公司购买的地铁车辆

D.港口物流公司购买的有轨电车

【本题答案】D

【本题解析】本题涉及车辆购置税的征税范围这一知识点。车辆购置税的征税范围为列举的车辆（应税车辆），未列举的车辆不纳税。应税车辆包括：汽车、有轨电车（选项D当选）、汽车挂车、排气量超过150毫升的摩托车。不属于应税车辆的有：地铁（选项C不当选）、轻轨等城市轨道交通车辆，装载机、平地机、挖掘机（选项B不当选）、推土机等轮式专用机械车，以及起重机（吊车）、叉车、电动摩托车（选项A不当选）。

> 历年考情

2021年单项选择题第20题考查过"车辆购置税征税范围"、2020年多项选择题第11题考查过"车辆购置税征税范围"的相关知识点，请考生注意对比联合学习。

> 审题要点
> 为了提高税收征管效率，代收代缴与代扣代缴税款的，其纳税地点均为扣缴义务人所在地。

21.扣缴义务人按规定代收代缴车船税，其纳税地点是（　　）。

A.车船所有人所在地

B.车船管理人所在地

C.车船扣缴义务人所在地

D.车船登记地的主管税务机关所在地

【本题答案】C

【本题解析】本题涉及车船税的纳税地点这一知识点。车船税的纳税地点为车船的登记地或者车船税扣缴义务人所在地。依法不需要办理登记的车船，车船税的纳税地点为车船的所有人或者管理人所在地。扣缴义务人"代收代缴"车船税的，纳税地点为扣缴义务人所在地。纳税人自行申报缴纳车船税的，纳税地点为车船登记地的主管税务机关所在地。

22.新加坡某居民企业在中国境内从事下列业务的，按规定构成我国常设机构的是（　　）。

A.在中国境内从事为期连续9个月的建筑工程

B.派雇员到中国境内提供为期92天的咨询劳务

C.专为交付本企业商品而在中国境内设立准备性场所

D.专为本企业采购货物而在中国境内设立辅助性场所

【本题答案】A

【本题解析】本题涉及常设机构的判定标准。

常设机构的判定标准包括：

（1）承包工程：建筑工地，建筑、装配或安装工程，或与其有关的监管活动连续6个月以上（选项A当选），未达到规定时间的不构成常设机构；

（2）提供劳务：企业通过雇员或雇佣的其他人员在缔约国一方提供的劳务活动（含咨询劳务活动），在任何12个月中连续或累计超过183天以上（选项B不当选）。

缔约国一方企业在缔约国另一方仅由于仓储、展览、采购及信息收集等活动为目的、设立的具有准备性或辅助性的固定场所，不应被认定为常设机构（选项CD不当选）。

历年考情

2022年单项选择题第22题考查过"常设机构的判定标准"的相关知识点，请考生注意对比联合学习。

23.境内机构对外付汇的下列情形中，需要进行税务备案的是（　　）。

A.向境外个人支付其从境内获得的工资5万美元

B.境内机构向其境外代表机构支付的办公经费8万美元

C.向境外机构支付从境内获得的融资租赁租金15万美元

D.支付境内机构发生在境外的进出口贸易佣金20万美元

【本题答案】C

【本题解析】境内机构和个人向境外付汇单笔支付等值5万美元以上的外汇资金（除无须备案以外），应当向所在地主管税务机关进行税务备案。单笔支付等值未超过5万美元无须备案，选项A属于无须备案事项。

本题涉及境内机构对外付汇税务备案的规定。除了上述需要备案的情形外，下列对外付汇无须备案：

（1）向境外支付在境外发生的特定费用：

①境内机构在境外发生的差旅、会议、商品展销等各项费用（选项D不当选）。

②境内机构在境外代表机构的办公经费，以及境内机构在境外承包工程的工程款。

③境内机构发生在境外的进出口贸易佣金、保险费、赔偿款。

④进口贸易项下境外机构获得的国际运输费用。

⑤保险项下保费、保险金等相关费用。

⑥从事运输或远洋渔业的境内机构在境外发生的修理、油料、港杂等各项费用。

⑦境内旅行社从事出境旅游业务的团费以及代订、代办的住宿、交通等相关费用。

（2）国际金融和银行组织的所得：亚洲开发银行和世界银行集团下属的国际金融公司、外国政府、国际金融组织从我国取得的所得和收入。

（3）外汇指定银行或财务公司自身对外融资，如境外借款、境外同业拆借、海外代付等。

（4）我国省级以上国家机关对外无偿捐赠援助资金。

（5）境内证券公司或登记结算公司向境外机构或个人支付其获得的股息、红利、利息收入以及有价证券卖出所得收益。

（6）境内个人境外留学、旅游、探亲等因私用汇。

（7）境内机构和个人办理服务贸易、收益和经常转移项下退汇。

（8）外国投资者以境内直接投资合法所得在境内再投资。

（9）财政预算内机关、事业单位、社会团体非贸易非经营性付汇业务。

历年考情

2022年多项选择题第14题考查过"对外付汇的税务备案"、2020年计算问答题第5题考查过"对外付汇的税务备案"、2019年单项选择题第21题考查过"对外付汇的税务备案"的相关知识点，请考生注意对比联合学习。

24.某房地产开发企业2023年5月拟向税务机关申请延期缴纳2022年汇算清缴的企业所得税应纳税款。企业提出的下列诉求中，符合税法规定的是（　　）。

A.申请延期5个月

B.滚动申请延期两次

C.请求出具无欠税证明

D.批准延期内免于加收滞纳金

【本题答案】D

【本题解析】本题涉及延期缴纳税款制度这一知识点。纳税人因有特殊困难，不能按期缴纳税款的，经省、自治区、直辖市税务局批准，可以延期缴纳税款，但最长不得超过3个月（选项A不当选），同一笔税款不得滚动审批（选项B不当选）。税务机关对纳税人在批准延期内免予加收滞纳金（选项D当选）。对于选项C，纳税人向税务机关申请延期缴纳税款的，经过批准可以延期缴纳税款，但是纳税人仍然属于欠税的情形，因此选项C不当选。

25.税收违法案件检举事项的下列处理方式中，符合税法规定的是（　　）。

A.举报人不能提供税收违法行为线索的，暂存待查

B.再次检举已经受理尚未查结的检举事项的，可合并处理

C.检举事项已经通过诉讼途径解决的，由税务局所属稽查局立案

D.对已查结的同一检举事项再次检举且未提供新的有效线索的，由举报中心调查核实

【审题要点】税收违法案件检举，必须提供必要的线索和证据，否则不予受理。如果该案件已经通过诉讼途径解决的，也属于不予受理的情形。

【本题答案】B

【本题解析】本题涉及税收违法行为检举管理不予受理的情形。

税收违法行为检举有下列情形之一的，不予受理：

（1）无法确定被检举对象，或者不能提供税收违法行为线索的（选项A属于不予受理的情形，选项A不当选）。

（2）检举事项已经或者依法应当通过诉讼、仲裁、行政复议以及其他法定途径解决的（选项A属于不予受理的情形，选项C不当选）。

（3）对已经查结的同一检举事项再次检举，没有提供新的有效线索的（选项D属于不予受理的情形，选项A不当选）。

对于选项B，再次检举已经受理尚未查结的检举事项的，可合并处理，选项B当选。

26.下列关于税务行政处罚设定的表述中，符合法律规定的是（　　）。

A.全国人大可通过法律的形式设定各种税务行政处罚

B.财政部可通过行政法规的形式设定各种税务行政处罚

C.国家税务总局可通过规章的形式设定各种税务行政处罚

D.省级税务机关可通过规范性文件的形式设定各种税务行政处罚

【本题答案】A

【本题解析】本题涉及税务行政处罚的设定这一知识点。

现行我国税收法制的原则是税权集中、税法统一，税收的立法权

主要集中在中央。

（1）全国人民代表大会及其常务委员会可以通过法律的形式设定各种税务行政处罚（选项A当选）。

（2）国务院可以通过行政法规的形式设定除限制人身自由以外的税务行政处罚。

（3）国家税务总局可以通过规章设定的税务行政处罚（变化）：

①尚未制定法律、行政法规的，可通过规章的形式设定警告、通告批评或一定数额的行政处罚。

②尚未制订法律、行政法规，因行政管理迫切需要依法先以部门规章设定罚款的，设定的罚款数额最高不得超过10万元，且不得超过法律、行政法规对相似违法行为的罚款数额；涉及公民生命健康安全、金融安全且有危害后果的，设定的罚款数额最高不得超过20万元；超过上述限额的，要报国务院批准。

历年考情

2020年单项选择题第24题考查过"税务行政处罚的设定"的相关知识点，请考生注意对比联合学习。

二、多项选择题（本题型共16小题，每小题1.5分，共24分。每小题均有多个正确答案，请从每小题的备选答案中选出你认为正确的答案，用鼠标点击相应的选项。每小题所有答案选择正确的得分，不答、错答、漏答均不得分。）

1.下列税种中，其收入属于中央政府与地方政府共享的有（　　）。

A.增值税　　　　　　　　B.资源税
C.车船税　　　　　　　　D.个人所得税

【本题答案】ABD

【本题解析】选项C属于地方政府固定收入。

思维拓展

本题涉及税收收入的划分这一知识点。为了方便考生更好地掌握该考点，将相关知识要点归纳如下：

收入的划分	具体包含的税种
中央政府固定收入	消费税（包括进口海关代征的部分）、车辆购置税、关税、船舶吨税、海关代征的进口环节增值税

续表

收入的划分	具体包含的税种
地方政府固定收入	车船税、房产税、城镇土地使用税、耕地占用税、土地增值税、契税、环境保护税、烟叶税
中央与地方共享收入	（1）增值税（①进口环节由海关代征的增值税：归中央政府；②其余：按照中央政府分享50%与地方政府分享50%的比例划分）。 （2）企业所得税（①中国国家铁路集团、各银行总行及海洋石油企业缴纳的企业所得税：归中央政府；②其余：按照中央政府分享60%与地方政府分享40%的比例划分）。 （3）个人所得税（按照中央政府分享60%与地方政府分享40%的比例划分）。 （4）资源税（①海洋石油企业缴纳的部分：归中央政府；②其余：全部归地方政府）。 （5）城市维护建设税（①中国国家铁路集团、各银行总行、各保险公司总公司集中缴纳的部分：归中央政府；②其余：全部归地方政府）。 （6）印花税（①证券交易印花税：归中央政府；②其余：全部归地方政府）

2.某汽车销售公司收取的下列款项中，应计入销售额计征增值税的有（　　）。

A.为客户装潢汽车收取的装潢费

B.为客户保养汽车收取的保养费

C.为客户更换汽车配件收取的料件费

D.售车同时为客户代办车险收取的保险费

【本题答案】ABC

【本题解析】应计入销售额计征增值税的项目包括纳税人发生应税销售行为向购买方收取的全部价款和价外费用。但是销售额中不包括：

（1）受托加工应征消费税的消费品所代收代缴的消费税；

（2）同时符合以下条件的代垫运输费用：

①承运部门的运输费用发票开具给购买方的；

②纳税人将该项发票转交给购买方的。

（3）同时符合条件的代收政府性基金或者行政事业性收费；

（4）以委托方名义开具发票代委托方收取的款项；

（5）销售货物的同时代办保险等而向购买方收取的保险费，以及向购买方收取的代购买方缴纳的车辆购置税、车辆牌照费。

因此，本题选项D不计入销售额计征增值税。

3.增值税一般纳税人发生的下列应税行为中，可以选择适用简易计税方法的有（　　）。

A.销售外购的瓶装水　　　　B.提供装卸搬运服务

C.提供非学历教育服务　　　D.为客户提供班车服务

【本题答案】BCD

【本题解析】增值税一般纳税人可以选择适用简易计税方法的服务包括：

（1）交通运输服务：包括轮客渡、公交客运、地铁、城市轻轨、出租车、长途客运、班车（选项D当选）。

（2）建筑服务：

①以清包工方式提供的建筑服务。

②为甲供工程提供的建筑服务。

③为建筑工程老项目提供的建筑服务。

④一般纳税人销售自产机器设备的同时提供安装服务，应分别核算机器设备和安装服务的销售额，安装服务可以按照甲供工程选择适用简易计税方法计税。

一般纳税人销售外购机器设备的同时提供安装服务，如果已经按照兼营的有关规定，分别核算机器设备和安装服务的销售额，安装服务可以按照甲供工程选择适用简易计税。

（3）金融服务：

①资管产品管理人发生资管产品运营业务，暂适用增值税简易计税方法（3%）。

②其他增值税业务，按照现行规定缴纳增值税（一般计税6%）。

（4）现代服务：

①动漫企业为开发动漫产品提供的动漫脚本编撰、背景设计、动画设计、音效合成、字幕制作等，以及在境内转让动漫版权。

②电影放映服务、仓储服务、装卸搬运服务（选项B当选）、收派服务。

③提供人力资源外包服务、劳务派遣服务——按5%的征收率差额计税。

④非企业性单位中的一般纳税人提供的研发和技术服务、信息技术服务、鉴证咨询服务，以及销售技术、著作权等无形资产，可以选择简易计税方法按照3%的征收率计算缴纳增值税。

非企业性单位中的一般纳税人提供"技术转让、技术开发和与之相关的技术咨询、技术服务"，可以参照上述规定，选择简易计税方法按照3%的征收率计算缴纳增值税。

（5）生活服务：

①文化体育服务。

②提供教育辅助服务、非学历教育服务（选项C当选）。

对于选项A，增值税一般纳税人只能按照13%计算缴纳增值税。

📋 历年考情

2021年单项选择题第4题考查过"一般纳税人销售自己使用过的固定资产的简易计税"、2019年计算问答题第3题考查过"增值税简易计税方法"的相关知识点，请考生注意对比联合学习。

4.下列应税消费品中，在批发环节应征收消费税的有（　　）。

A.烟丝　　　　　　　　B.卷烟
C.雪茄烟　　　　　　　D.电子烟

【本题答案】BD

【本题解析】本题涉及消费税征税环节这一知识点。一般情况下，在我国境内生产、委托加工和进口条例规定的消费品的单位和个人，为消费税纳税义务人。但是以下应税消费品有特别规定：

（1）批发卷烟、电子烟的单位在批发环节加征消费税；

（2）零售金银首饰、铂金首饰和钻石及钻石饰品的单位和个人仅在零售环节缴纳消费税；

（3）零售超豪华小汽车的单位、进口自用超豪华小汽车的单位及人员在零售环节加征消费税。

因此，本题选项BD当选，在批发环节应征收消费税；选项AC在生产、委托加工和进口环节应征收消费税，选项AC不当选。

> **审题要点**
> 消费税一般是单一环节征税，但是卷烟、电子烟属于双环节征税，即除了在生产、委托加工或进口时缴纳一道消费税之外，还需要在批发环节加征一道消费税。

📋 思维拓展

本题涉及不同环节应征收消费税的项目这一知识点。为了方便考生更好地掌握该考点，将相关知识要点归纳如下：

应税消费品	生产、委托加工、进口环节	批发环节	零售环节
一般应税消费品	征收	不征	不征
卷烟	征收	加征 （批发商与零售商之间） 注意：批发商之间批发卷烟不征收	不征
电子烟	征收	加征	不征
超豪华小汽车	征收	不征	加征
金银铂钻首饰	不征	不征	征收 （仅该环节）

历年考情

2022年单项选择题第5题考查过"消费税计税环节"、2021年单项选择题第5题考查过"消费税计税环节"、2019年多项选择题第3题考查过"消费税计税环节"的相关知识点,请考生注意对比联合学习。

5.在计算企业所得税应纳税所得额时,应对企业取得的各种收入进行确认。下列对企业收入确认时间的表述中,符合税法规定的有( )。

A.广告的制作费根据制作广告的完工进度确认

B.利息收入按债权人实际收到利息的日期确认

C.接受捐赠收入按实际收到捐赠资产的日期确认

D.特许权使用费收入按照合同约定的特许权使用人应付特许权使用费的日期确认

【本题答案】ACD

【本题解析】广告的制作费根据制作广告的完工进度确认,因此选项A当选。利息收入按照"被投资方作出利润分配决定的日期"确认收入,因此选项B不当选。接受捐赠收入按实际收到捐赠资产的日期确认,因此选项C当选。特许权使用费收入按照合同约定的特许权使用人应付特许权使用费的日期确认,因此选项D当选。

历年考情

2021年单项选择题第8题考查过"企业收入金额的确认"的相关知识点,请考生注意对比联合学习。

6.下列股权收购业务相关条件中,属于适用企业所得税特殊性税务处理的必备条件有( )。

A.企业重组后连续12个月不改变重组资产原来的实质性经营活动

B.具有合理商业目的且不以减少、免除或推迟缴纳税款为主要目的

C.取得股权支付的原主要股东,重组后连续12个月内,不得转让所取得的股权

D.收购企业购买的股权不低于被收购企业全部股权的50%且收购发生时股权支付金额不低于交易总额的85%

【本题答案】ABCD

【本题解析】本题涉及适用特殊性税务处理的条件这一知识点。

企业重组同时符合下列条件的，适用特殊性税务处理规定：

（1）具有合理的商业目的，且不以减少、免除或者推迟缴纳税款为主要目的（选项B当选）。

（2）企业重组后的连续12个月内不改变重组资产原来的实质性经营活动（选项A当选）。

（3）企业重组中取得股权支付的原主要股东，在重组后连续12个月内，不得转让所取得的股权（选项C当选）。

（4）被收购、合并或分立部分的资产或股权比例符合规定的比例（≧50%）。

（5）重组交易对价中涉及的股权支付金额符合规定比例（≧85%）（选项D当选）。

7.居民个人取得的下列所得，属于来源于我国境内的有（　　）。

A.将境内房产出租给境外公司取得的所得

B.境外获得的专利权在境内使用取得的所得

C.被境内企业外派至境外期间取得的任职所得

D.在境内转让机器设备给境外企业取得的所得

【本题答案】ABD

【本题解析】本题涉及居民个人所得来源地的确定这一知识点。除国务院财政、税务主管部门另有规定外，下列所得，不论支付地点是否在中国境内，均为来源于中国境内的所得：

（1）因任职、受雇、履约等而在中国"境内"提供劳务取得的所得（选项C不当选）；

（2）将财产出租给承租人在中国境内使用而取得的所得；

（3）转让中国境内的不动产等财产（选项A当选）或者在中国境内转让其他财产取得的所得（选项D当选）；

（4）许可各种特许权在中国境内使用而取得的所得（选项B当选）；

（5）从中国境内企业、事业单位、其他组织以及居民个人取得的利息、股息、红利所得。

坑点提示

本题的坑点在于准确判断个人所得税所得来源地的确定。对于个人所得税所得来源地，不能仅仅看题目提到的"境内"或"境外"字样，而是要把握产生所得的经济利益必须是实际在中国境内产生。

例如，因任职、受雇、履约等而在中国境内提供劳务取得的所得，将财产出租给承租人在中国境内使用而取得的所得,以及许可各种特许权在中国"境内"使用而取得的所得,都是要求相关的劳务、租赁财产、特许权都必须是在中国"境内"使用。

例如,从中国境内企业、事业单位、其他组织以及居民个人取得的利息、股息、红利所得,需要把握利息、股息、红利所得来源于企业、事业单位、其他组织以及居民个人的利润额。只要分配利息、股息、红利的企业、事业单位、其他组织以及居民个人在中国境内,就属于来源于中国境内的所得。

例如,转让中国境内的不动产的所得,需要把握不动产的特点就是坐落地点不变,因此转让中国"境内"的不动产的所得,就属于来源于中国境内的所得。

抢分秘籍

企业所得税所得来源的确定与个人所得税所得来源地的确定规则是类似的。因此可以结合个人所得税所得来源地的确定规则来理解记忆企业所得税的所得来源。

链接:企业所得税所得来源的确定

所得形式	所得来源地
销售货物所得	交易活动发生地
提供劳务所得	劳务发生地
转让财产所得	(1)不动产转让所得按照不动产所在地确定; (2)动产转让所得按照转让动产的企业或者机构、场所所在地确定; (3)权益性投资资产转让所得,按照被投资企业所在地确定
股息、红利等权益性投资所得	分配所得的企业所在地
利息所得、租金所得、特许权使用费所得	负担、支付所得的企业或者机构、场所所在地
其他所得	国务院财政、税务主管部门确定

历年考情

该知识点在2022年多项选择题第7题考查过"个人所得来源地"的相关知识点,请注意对比联合学习。

8.下列以邮递方式进出境物品的相关人员中,属于关税纳税义务人的有(　　)。

A.邮递进境物品的寄件人

B.邮递进境物品的收件人

C.邮递出境物品的收件人

D.邮递出境物品的寄件人或托运人

【本题答案】BD

【本题解析】关税纳税人为进口货物收货人、出口货物发货人、进出境物品的所有人（多种推定，如携带人、收件人、寄件人等）。

对于关税纳税人，为了提高征管效率，对于邮寄的物品，主要针对携带人或物品所有人征税。

对于邮递进境的物品，收件人往往是物品的所有人，而且收件人在中国境内，也方便海关进行关税的征收管理。对于邮递出境的物品，寄件人或托运人在中国境内，方便海关进行关税的征收管理。因此，选项BD当选。

9.下列关于资源税税率的表述中，符合税法规定的有（　　）。

A.矿泉水适用比例税率或定额税率

B.纳税人以自采原矿洗选加工为选矿产品销售，按照选矿产品适用税率

C.对原油应由省级人民政府提出具体适用税率，报同级人大常委会决定

D.纳税人开采同一税目下适用不同税率应税产品，未分别核算的，从高适用税率

【本题答案】ABD

【本题解析】矿泉水适用比例税率，也可以适用定额税率，因此选项A当选；纳税人以自采原矿洗选加工为选矿产品销售，按照选矿产品适用税率，因此选项B当选；对原油具体适用税率由省、自治区、直辖市人民政府提出，报同级人民代表大会常务委员会决定，并报全国人民代表大会常务委员会和国务院备案。因此选项C不当选；纳税人开采同一税目下适用不同税率应税产品，未分别核算的，从高适用税率，因此选项D当选。

10.下列土地中，属于城镇土地使用税征税范围的有（　　）。

A.建制镇内国家所有的土地

B.建制镇内集体所有的土地

C.工矿区内国家所有的土地

D.工矿区内集体所有的土地

【本题答案】ABCD

【本题解析】城镇土地使用税的纳税义务人是：在城市、县城、建制镇、工矿区范围内使用国有土地或集体土地的单位和个人。一方面，属于城镇土地使用税征税范围的土地包括城市、县城、建制镇、工矿区的土地，另一方面，不管是国有土地，还是集体土地，都是由使用该国有土地或集体土地的单位和个人缴纳城镇土地使用税。

11.甲公司因资金周转需要，与从事金融租赁的乙公司签订融资性售后回租协议，约定甲公司将一写字楼出售给乙公司并收取价款，随后甲公司因经营需要将该写字楼租回使用，每年支付租金，租赁期满后甲公司将其回购。下列关于该售后回租业务纳税义务的表述中，符合税法规定的有（　　）。

A.乙公司承受写字楼权属需缴纳契税

B.甲公司回购写字楼权属免于缴纳契税

C.甲公司需依据写字楼销售款缴纳增值税

D.乙公司出租写字楼按照"租赁服务"缴纳增值税

【本题答案】AB

【本题解析】金融租赁公司开展售后回租业务，承受承租人房屋、土地权属的，照章缴纳契税（选项A当选）。售后回租合同期满，承租人回购原房屋、土地权属的，免征契税（选项B当选）。在融资性售后回租业务中，承租方出售资产的行为不征收增值税（选项C不当选）。对于选项D，本题乙公司出租写字楼，属于售后回租，不属于"租赁服务"，因此乙公司出租写字楼不需要按照"租赁服务"缴纳增值税（选项D不当选）。

📖 历年考情

2021年多项选择题第13题考查过"契税的征税范围"的相关知识点，请考生注意对比联合学习。

12.房地产开发企业办理土地增值税清算时，下列费用中，属于房地产开发成本扣除范围的有（　　）。

A.前期工程费　　　　　B.开发间接费用

C.建筑安装工程费　　　D.公共配套设施费

【本题答案】ABCD

【本题解析】房地产开发企业销售自行开发的新建房地产项目，允许加计扣除的金额=（取得土地使用权所支付的金额+房地产开发成本）×20%。计入"取得土地使用权所支付的金额"包括：为取得土地使用权所支付的地价款；纳税人在取得土地使用权过程中按国家统一规定为办理有关手续而缴纳的有关登记、过户等手续费。计入"房地产开发成本"包括：土地征用及拆迁补偿费，前期工程费，建筑安装工程费，基础设施费，公共配套设施费，开发间接费用。

📖 历年考情

2022年多项选择题第12题考查过"土地增值税扣除项目"、2020年计算问答题第3题考查过"土地增值税扣除项目"的相关知识点，请考生注意对比联合学习。

13.下列关于产权转移书据印花税的表述中，符合税法规定的有（　　）。

A.企业因改制签订的产权转移书据免予贴花
B.土地经营权转移按土地使用权出让合同贴花
C.未列明金额的产权转移书据按实际结算金额贴花
D.资产公司承接不良资产签订的产权转移书据免予贴花

【本题答案】AC

【本题解析】企业因改制签订的产权转移书据免予贴花，因此，选项A当选；土地使用权出让合同是指土地使用权、房屋等建筑物和构筑物所有权转让书据（不包括土地承包经营权和土地经营权转移），因此，选项B不当选；应税合同、产权转移书据未列明金额，在后续实际结算时确定金额的，纳税人应当于书立应税合同、产权转移书据的首个纳税申报期申报应税合同、产权转移书据书立情况，在实际结算后下一个纳税申报期，以实际结算金额计算申报缴纳印花税，因此，选项C当选；对于选项D，资产管理公司收购、承接和处置不良资产，免征购销合同和产权转移书据应缴纳的印花税。但是选项D表述为"产权转移书据不予贴花"，纳税主体的表述不明确，对于资产管理公司一方是免征印花税，但是对另外一方仍然应当缴纳印花税。

📖 历年考情

2022年多项选择题第13题考查过"印花税税收优惠"的相关知识点，请考生注意对比联合学习。

14.税务机关根据我国对外签署的国际税收协定，可直接判定下列从境内取得股息所得并申请享受协定待遇的对象具有"受益所有人"身份的有（　　）。

A.缔约对方政府

B.缔约对方居民个人

C.缔约对方居民的指定收款人

D.缔约对方居民且在缔约对方上市的公司

【本题答案】ABD

【本题解析】"受益所有人",是指对所得或所得据以产生的权利或财产具有所有权和支配权的人。下列申请人从中国取得的所得为股息时,可直接判定申请人具有"受益所有人"身份:

(1)缔约对方政府(选项A当选)。

(2)缔约对方居民且在缔约对方上市的公司(选项D当选)。

(3)缔约对方居民个人(选项B当选)。

代理人或指定收款人等(以下统称代理人)不属于"受益所有人"。(选项C不当选)申请人通过代理人代为收取所得的,无论代理人是否属于缔约对方居民,都不应据此影响对申请人"受益所有人"身份的判定。

历年考情

2021年单项选择题第22题考查过"受益所有人"的相关知识点,请考生注意对比联合学习。

15.下列向市场监管部门申请一般注销的纳税人,均未处于税务检查状态,无欠税(滞纳金)及罚款,且已缴销增值税专用发票及税控专用设备。税务机关可以对其采用"承诺制"容缺办理税务注销的有( )。

A.未达到增值税起征点的纳税人

B.市级人民政府引进人才创办的企业

C.控股母公司纳税信用等级为A级的M级纳税人

D.未纳入纳税信用级别评价的定期定额个体工商户

【本题答案】ACD

【本题解析】对未处于税务检查状态、无欠税(滞纳金)及罚款、已缴销增值税专用发票及税控专用设备,且符合下列情形之一的纳税人,优化即时办结服务,采取"承诺制"容缺办理,即纳税人在办理税务注销时,若资料不齐,可在其作出承诺后,税务机关即时出具清税文书。税务机关可以对其采用"承诺制"容缺办理税务注销的情形包括:

①税信用级别为A级和B级的纳税人。

②股母公司纳税信用级别为A级的M级纳税人（选项C当选）。

③省级人民政府引进人才或经省级以上行业协会等机构认定的行业领军人才等创办的企业（由于选项B属于"市级"人民政府引进人才创办的企业，因此选项B不当选）。

④纳入纳税信用级别评价的定期定额个体工商户（选项D当选）。

⑤达到增值税纳税起征点的纳税人（选项A当选）。

纳税人应按承诺的时限补齐资料并办结相关事项。若未履行承诺的，税务机关将对其法定代表人、财务负责人纳入纳税信用D级管理。

历年考情

2019年多项选择题第13题考查过"承诺制容缺办理税务注销"的相关知识点，请考生注意对比联合学习。

16.税务机关拟对公民作出3 000元罚款，向当事人送达的《税务行政处罚事项告知书》中，应告知当事人的内容有（　　）。

A.已查明的违法事实

B.拟将给予的行政处罚

C.行政处罚的法律依据

D.当事人有要求举行听证的权利

【本题答案】ABCD

【本题解析】税务机关对公民作出2 000元以上（含本数）罚款或者对法人或者其他组织作出1万元以上（含本数）罚款的行政处罚之前，应当向当事人送达《税务行政处罚事项告知书》，告知当事人已经查明的违法事实（选项A当选）、证据、行政处罚的法律依据（选项C当选）和拟将给予的行政处罚（选项B当选），并告知有要求举行听证的权利（选项D当选）。

三、计算问答题（本题型共4小题20分。涉及计算的，要求列出计算步骤。）

1.（本小题5分。）居民个人王某为自由撰稿人，2023年7月出版一部著作，合同约定稿酬1.5万元。王某在某市拥有两套住房，为改善家庭住房条件，2023年对其中一套住房进行了换购。相关房屋买卖具体情况如下：

（1）3月，将拥有的80平米住房A以市场价出售，取得不含增值税转让价款100万元并支付转让过程中的相关税费共计1万元。该房为2018年11月以银行贷款方式购置，不含增值税价款70万元。王某购房时缴纳契税0.7万元，另向装修公司支付装修费用10万元。

> **审题要点**
> 个人将自有住房以市场价出售，按照"财产转让所得"项目征税，应纳税所得额=转让收入额−财产原值−转让过程中缴纳的合理税费。

（2）6月，在该市新开楼盘购置了一套130平米的新房B，不含增值税成交价为180万元，当月缴纳契税5.4万元；购买住房时提取了住房公积金个人账户余额10万元。

> **审题要点**
> 纳税人出售和重新购买的住房均在同一城市范围内，新购住房金额大于现住房转让金额的，全部退还已缴纳的个人所得税。

> **审题要点**
> 个人领取提存的住房公积金，免征个人所得税。

（其他相关资料：转让原有住房时取得贷款银行开具的贷款利息证明，载明已支付住房贷款利息5万元；上述"相关税费"不含增值税；税务机关已对住房A的装修费用进行审核。）

要求：根据上述资料，按照下列序号回答问题，如有计算需计算出合计数。

（1）计算出版社支付王某稿酬时应预扣预缴的个人所得税。

（2）计算王某3月转让住房A应缴纳的个人所得税。

（3）回答王某享受换购住房个人所得税优惠政策应同时满足的条件。

（4）计算王某应享受的退税额并回答取得该退税额的理由；回答王某提取的住房公积金是否应缴纳个人所得税并说明理由。

【本题答案】

（1）稿酬所得应预扣预缴个人所得税=1.5×（1-20%）×20%×（1-30%）=0.168（万元）

或：15 000×（1-20%）×20%×（1-30%）=1 680（元）

（2）住房A的原值=70+0.7=70.7（万元）

应纳税所得额=100-70.7-1-70.7×10%-5=16.23（万元）

应缴纳个人所得税=16.23×20%=3.246（万元）或3.25万元

（3）税法规定：①纳税人出售和重新购买的住房应在同一城市范围内，或同一直辖市、副省级城市、地级市所辖全部行政区划范围内；

②出售自有住房的纳税人与新购住房之间须直接相关，应为新购住房产权人或产权人之一。

（4）退税额=已纳税额=3.246万元或3.25万元

因为新购住房金额大于现住房转让金额，全部退还已缴纳的个人所得税。

王某提取的住房公积金不用缴纳个人所得税。

税法规定：个人领取提存的住房公积金，免征个人所得税。

历年考情

2022年计算问答题第1题考查过"财产转让所得的计算、综合所得的计算、年终奖个税的计算"、2021年计算问答题第2题考查过"综合所得的计算、年终奖个税的计算"、2020年计算问答题第2题考查过"财产租赁所得的计算、综合所得的计算和汇算清缴"、2019年计算问答题第2题考查过"工资薪金、劳务报酬预扣预缴个税的计算、综合所得的计算、年终奖个税的计算"的相关知识点,请考生注意对比联合学习。

2.（本小题5分。）某铁矿开采企业2023年5月采选原矿20 000吨,5月19日将其中的10 000吨原矿直接销售,取得不含增值税销售收入700万元,另支付运杂费10万元。5月22日将500吨铁原矿赞助给其他企业。5 000吨经洗选加工成铁选矿后销售,取得不含增值税销售收入500万元,销售收入中包括运杂费5万元,取得增值税发票。企业在开采过程中产生大气污染物,但暂未取得排污许可证且无污染物监测数据。

（其他相关资料：企业所在省规定铁原矿资源税税率为3%,铁选矿资源税税率为2%。一般性粉尘污染当量值为4千克,大气污染物每污染当量税额3.6元；根据生态环境部发布的排放源统计调查制度规定的方法计算的铁矿采选一般性粉尘的排污系数为60千克/万吨－铁原矿,不考虑其他污染排放物。）

要求：根据上述资料,按照下列

> **审题要点**
> 纳税人将铁原矿赞助给其他企业,应当视同销售缴纳资源税,其计税依据为纳税人销售同类矿产品的销售价格。题目告知"5月19日将其中的10 000吨原矿直接销售,取得不含增值税销售收入700万元",因此该视同销售矿产品的计税依据=700÷10 000×500。

> **审题要点**
> 从价定率征收资源税的计税依据为纳税人销售应税产品向购买方收取的不含增值税的价款。相关运杂费用不计入资源税计税销售额；如果已计入,可凭增值税发票或其他合法有效凭据,从销售额中扣除。相关运杂费用是指应税产品从坑口或者洗选（加工）地到车站、码头或者购买方指定地点的运输费用、建设基金以及随销产生的装卸、仓储、港杂费用。

> **审题要点**
> 此处告知"暂未取得排污许可证且无污染物监测数据",并且在其他相关资料告知了环境保护税的相关参数,因此应当计算环境保护税。

序号回答问题，如有计算需计算出合计数。

（1）计算该企业5月份应缴纳的铁原矿资源税。

（2）计算该企业5月份应缴纳的铁选矿资源税。

（3）回答该企业自用应税产品资源税纳税义务发生时间。

（4）计算该企业5月份采选铁原矿应缴纳的环境保护税。

（5）回答环境保护税的征管方式。

【本题答案】

（1）该企业5月应缴纳铁原矿资源税
＝（700+700÷10 000×500）×3%
=22.05（万元）

（2）该企业5月应缴纳铁选矿资源税
＝（500–5）×2%=9.9（万元）

（3）纳税人自用应税产品纳税义务发生时间为移送应税产品的当日，即5月22日。

（4）该企业5月一般性粉尘的污染当量数=2×60÷4=30

该企业5月份环境保护税税额=30×3.6=108（元）

（5）"企业申报、税务征收、环保协同（或监测）、信息共享"的征管方式。

> 历年考情

2022年计算问答题第2题考查过"环境保护税的计算依据、税额计算和征收管理"的相关知识点，请考生注意对比联合学习。

3.（本小题5分。）某商贸公司为增值税一般纳税人，2021年12月购进一栋新建10层办公楼，房产原值为8 500万元，每层房产原值占比10%，当月交付并取得增值税专用发票。2022年1月1日起办公楼用途安排如下：

（1）第1—2层无偿交由全资子公司使用，约定使用期3年。

（2）第3—4层出租给某咨询机构，每月含增值税租金21.8万元，租期1年，前四个月为免租期，1月5日按照约定一次性收取当年含增值税租金174.4万元。

（3）第5层商贸公司用于开办职工食堂，仅供商贸公司员工使用。第6—10层商贸公司办公自用。

（其他相关资料：当地计算房产税的计税余值的减除比例是30%。）

要求：根据上述资料，按照下列序号回答问题，如有计算需计算出合计数。

（1）判断业务（1）是否需要缴纳房产税，如需要，计算其2022年度应缴纳的房产税；如不需要请说明理由。

（2）回答业务（2）房产税的纳税人并计算其2022年度应缴纳的房产税。

（3）回答业务（3）房产税的纳税人并计算其2022年度应缴纳的房产税。

（4）回答商贸公司收取租金的增值税纳税义务发生时间及其依据。

（5）判断用于职工食堂的房产，其增值税进项税额能否抵扣，并说明理由。

【本题答案】

（1）需要缴纳房产税。

房产税应纳税额=8 500÷10×2×

审题要点

根据此处告知的信息，每层房产的原值=8 500÷10=850（万元）。

审题要点

对于无偿交由其他企业使用的房产，由产权所有人按照房产余值缴纳房产税。

审题要点

对出租房产，约定有免收租金期限的，在免收租金期间由产权所有人按照房产余值缴纳房产税。

审题要点

纳税人提供租赁服务采用预收款方式的，增值税纳税义务发生时间为**收到预收款的当天**。

审题要点

对企业在城市、县城、建制镇和工矿区的经营用房屋（包括生产、生活用的房屋），均应当按照房产余值缴纳房产税。

（1–30%）×1.2%=14.28（万元）

（2）房产税纳税人为商贸公司。

房产税应纳税额=8 500÷10×2×（1–30%）×1.2%×4÷12+21.8÷（1+9%）×8×12%=4.76+19.2=23.96（万元）

（3）房产税纳税人是商贸公司。

房产税应纳税额=8 500÷10×6×（1–30%）×1.2%=42.84（万元）

（4）增值税纳税义务发生时间为2022年1月5日。

提供租赁服务采取预收款方式的，其纳税义务发生时间为收到预收款的当天。

（5）第5层进项税额能抵扣。

用于集体福利不动产进项税额不允许抵扣，其中不动产仅指专用于集体福利的不动产，对于兼用项目，可以抵扣进项税额。

历年考情

2023年综合题第1题考查过"增值税应纳税额计算"、2022年综合题第1题考查过"增值税应纳税额计算"、2021年计算问答题第1题考查过"增值税应纳税额计算"、2021年综合题第1题考查过"增值税应纳税额计算"、2020年综合题第1题考查过"增值税应纳税额计算"、2019年综合题第1题考查过"增值税应纳税额计算"的相关知识点，请考生注意对比联合学习。

4.（本小题5分。）中国居民企业甲公司为一家外商投资企业，其母公司乙公司为一家位于境外某国的外国企业。

2022年部分相关业务如下：

（1）甲公司派遣中国籍雇员张某到境外乙公司工作，期间的工资由乙公司支付并负担。张某在中国境内有住所，其2022年度在境外工作期间取得的工资所得折合人民币100万元，在境外已缴纳个人所得税折合人民币20万元，在境内无收入。

> **审题要点**
> 题目告知"张某在中国境内有住所"，因此张某属于居民纳税人，其境外所得也应当在中国缴纳个人所得税，但是可以抵扣该所得在境外已缴纳的个人所得税。

（2）乙公司派遣1名外籍基层技术人员到甲公司兼职工作。该技术人员2022年2月1日首次来华，在中国境内无住所，2022年度在中国居住天数超过183天。2—12月间，每月境内甲公司向其发放工资6万元人民币，境外乙公司向其发放工资折合人民币3.5万元。每月境内工作天数与境外工作天数的比例为2：1。

> **审题要点**
> 非居民个人只就境内所得在我国纳税。非居民个人取得归属于中国境内工作期间的，由境内居民企业支付或者负担的工资、薪金所得为来源于境内的工资、薪金所得。
> 题目告知"每月境内甲公司向其发放工资6万元人民币，境外乙公司向其发放工资折合人民币3.5万元。每月境内工作天数与境外工作天数的比例为2：1"，因此该外籍基层技术人员境内工作期间的每个月工资、薪金所得需要按照"境内支付比例"和"境内工作天数的比例"分摊计算。
> 该外籍基层技术人员境内工作期间的每个月工资、薪金收入=（60 000+35 000）×［1-35 000÷（60 000+35 000）×1÷（2+1）］。

（其他相关资料：不考虑张某及该外籍技术人员在境内的专项扣除和专项附加扣除因素；张某在境外缴纳税款取得合规完税凭证；不考虑常设机构因素。）

附：综合所得个人所得税税率表（部分）

级数	全年应纳税所得额	税率（%）	速算扣除数（元）
5	超过420 000元至660 000元的部分	30	52 920
6	超过660 000元至960 000元的部分	35	85 920
7	超过960 000元的部分	45	181 920

要求：根据上述资料，按照下列序号回答问题，如有计算需计算出合计数。

（1）计算张某在我国境内应缴纳的个人所得税。

（2）回答张某在境外取得所得应该在我国境内申报个人所得税的纳税时间和纳税地点。

（3）回答甲公司派遣张某到境外工

作，应该向税务机关报送的外派人员情况的具体内容。

（4）计算外籍基层技术人员在我国境内应缴纳个人所得税的工资薪金收入额，以及应缴纳的个人所得税。

【本题答案】

（1）张某应在境内缴纳的个人所得税=（1 000 000-60 000）×35%-85 920-200 000=43 080（元）

（2）张某应当在取得境外所得的次年3月1日至6月30日内申报纳税。

由于张某在中国境内任职受雇，张某缴纳个人所得税的纳税地点为境内任职受雇单位所在地主管税务机关。

（3）居民个人被境内企业派往境外工作，境外单位不是中方机构的，派出单位甲公司应向其主管税务机关报送外派人员情况，包括外派人员的姓名、身份证件类型及身份证号码、职务、派往国家和地区、境外工作单位名称和地址、派遣期限、境内外收入及缴税情况等。

（4）外籍技术人员2022年度在中国应缴纳个人所得税的收入额=（60 000+35 000）×［1-35 000÷（60 000+35 000）×1÷（2+1）］×11=916 666.67（元）

外籍技术人员2022年度工资薪金应缴纳的个人所得税=（916 666.67-60 000）×35%-85 920=213 913.33（元）

四、综合题（本题型共2小题30分。涉及计算的，要求列出计算步骤。）

1.（本小题14分）<u>位于市区</u>的某电脑生产企业为增值税一般纳税人，兼营电脑技术研发和技术服务。2023年3月经营业务如下：

（1）采用直接收款方式销售A型电脑2 000台，不含增值税价格0.5万元/台，因数量大，<u>给予买方20%的价格折扣，货款已收讫，并按规定开具了增值税专用发票</u>。

（2）采用赊销方式销售B型电脑5 000台，不含增值税价格0.5万元/台，<u>签订的书面合同中未约定收款日期，电脑已发出</u>。

（3）将C型电脑的境外经销权转让给境外某公司，取得价款200万元，<u>该经销权完全在境外使用</u>。

（4）为客户提供技术开发服务以及与之相关的技术咨询服务，<u>开具的同一张增值税普通发票</u>上分别注明价款1 000万元和159万元。

（5）购买电脑配件一批，取得的增值税专用发票上注明的价款1 500万元、税额195万元。该批配件入库后<u>因管理不善毁损10%、用于职工福利发放10%</u>。

（6）进口铅蓄电池一批，关税完税价格为96万元，该批电池已报关，<u>取得海关开具的进口增值税专用缴款书</u>。

（7）<u>在市区购入占地2 000平米的一处厂房</u>，取得的增值税普通发票上注明不含税价款1 200万元、税额60万

> **审题要点**
> 此处表明城市维护建设税的税率为7%。

> **审题要点**
> 纳税人销售商品时的商业折扣额可以从销售额中扣减。注意题目告知"按规定开具了增值税专用发票"，说明在同一张发票"金额"栏上分别注明销售额和折扣额。

> **审题要点**
> 采用赊销方式销售货物的增值税纳税义务发生时间为书面合同约定收款日期的当天。书面合同未约定收款日期的，为货物发出的当天。

> **审题要点**
> 向境外单位销售的完全在境外使用的无形资产，免征增值税。

> **审题要点**
> 与技术开发相关的技术服务，其价款与技术开发价款开在同一张发票上的，免征增值税。

> **审题要点**
> 外购商品因管理不善毁损，以及外购商品用于职工福利、个人消费，其增值税进项税额不得抵扣。

> **审题要点**
> 进口应缴纳消费税的商品组成计税价格=（关税完税价格+关税）÷（1-消费税比例税率）

> **审题要点**
> 纳税人购置存量房，自办理房屋权属转移、变更登记手续，房地产权属登记机关签发房屋权属证书之**次月**起，缴纳城镇土地使用税。
> 本题是2023年3月购入厂房，因此城镇土地使用税缴纳期间为2023年4—12月，共9个月。

元,已办理房屋权属转移登记。

（8）上月购进配件取得的<u>增值税专用发票被税务机关认定为异常凭证</u>,已申报抵扣进项税额60万元。

（其他相关资料：进口铅蓄电池关税税率10%,铅蓄电池消费税税率4%,当地契税税率为3%、城镇土地使用税年税额20元/平米,上月末"应交税费——应交增值税"科目无借方余额。）

要求：根据上述资料,按照下列顺序计算回答问题,如有计算需计算出合计数。

（1）计算业务（1）的销项税额。

（2）判断业务（2）是否需要在2023年3月份缴纳增值税,并说明理由。

（3）判断业务（3）是否需要缴纳增值税,并说明理由。

（4）判断业务（4）是否免征增值税,并说明理由。

（5）计算业务（5）可抵扣的进项税额。

（6）计算业务（6）应缴纳的关税、进口环节增值税和消费税。

（7）计算业务（7）应缴纳的契税、2023年应缴纳的城镇土地使用税。

（8）计算该企业3月可抵扣的进项税额。

（9）计算该企业3月应向主管税务机关申报缴纳的增值税。

（10）计算该企业3月应缴纳的城市维护建设税、教育费附加和地方教育附加。

【本题答案】

（1）业务（1）销项税额=0.5×

审题要点

被税务机关认定为异常凭证的增值税专用发票,其注明的增值税税额不得抵扣。因此,本题已申报抵扣进项税额60万元应当作进项税额转出处理。

（1-20%）×2 000×13%=104（万元）

（2）业务（2）需要缴纳增值税。

采用赊销方式销售货物的纳税义务发生时间为书面合同约定收款日期的当天，无书面合同的或书面合同未约定收款日期的，为货物发出的当天。

（3）业务（3）不需要缴纳增值税

向境外单位销售的完全在境外消费的无形资产（技术除外）免税。

（4）业务（4）免税。

与技术开发相关的技术服务，其价款与技术开发价款开在同一张发票上的免税。

（5）业务（5）进项税额=195×（1-20%）=156（万元）

（6）业务（6）应缴纳的关税=96×10%=9.6（万元）

业务（6）应缴纳的进口环节增值税=（96+9.6）÷（1-4%）×13%=14.3（万元）

业务（6）应缴纳的进口环节消费税=（96+9.6）÷（1-4%）×4%=4.4（万元）

（7）业务（7）应缴纳的契税=1 200×3%=36（万元）

2023年应缴纳的城镇土地使用税=2 000×20÷12×9=30 000（元）

（8）3月可抵扣进项税额=156+14.3-60=110.3（万元）

（9）3月应向主管税务机关缴纳的增值税=104+5 000×0.5×13%-110.3=318.7（万元）

（10）3月应缴纳的城市维护建设税=318.7×7%=22.31（万元）

3月应缴纳的教育费附加=318.7×3%=9.56（万元）

3月应缴纳的地方教育附加=318.7×2%=6.37（万元）

历年考情

2023年计算问答题第3题考查过"增值税纳税义务发生时间和进项税额抵扣"、2022年综合题第1题考查过"增值税应纳税额计算"、2021年计算问答题第1题考查过"增值税应纳税额计算"、2021年综合题第1题考查过"增值税应纳税额计算"、2020年综合题第1题考查过"增值税应纳税额计算"、2019年综合题第1题考查过"增值税应纳税额计算"的相关知识点，请考生注意对比联合学习。

2.（本小题16分。）某汽车制造企业为增值税一般纳税人，2021年被认定为**高新技术企业**。2022年度该企业自行计算的会计利润为20 980万元，企业已预缴企业所得税1 360万元。

2023年3月该企业进行2022年度企业所得税汇算清缴时，聘请了某会计师事务所进行审核，发现如下事项：

（1）3月收到上年度新能源汽车财政补贴，确认营业收入1 000万元，已缴纳增值税，**未对其成本费用进行单独核算**。企业拟将其确认为企业所得税不征税收入。

（2）4月转让公寓一栋，取得含增值税收入5 000万元，企业**选择按简易计税方法计算缴纳增值税**，另按规定**缴纳转让环节其他税费12万元**。该公寓

审题要点
高新技术企业适用15%的企业所得税优惠税率。

审题要点
企业取得的财政性资金同时符合以下条件时，才可以作为不征税收入：
①企业能够提供规定资金专项用途的资金拨付文件。
②财政部门或其他拨付资金的政府部门对该资金有专门的资金管理办法或具体管理要求。
③企业对该资金以及以该资金发生的支出单独进行核算。
本题告知"未对其成本费用进行单独核算"，因此不能将其确认为企业所得税不征税收入

审题要点
一般纳税人销售、出租其2016年4月30日前取得的不动产、土地使用权，房企销售的老项目，可以选择按转让收入扣除房原值后适用5%征收率的简易计税方法计算缴纳增值税。

审题要点
本题告知的"缴纳转让环节其他税费12万元"，应当作为"与转让房地产有关的税金"的扣除项目。

购于2014年12月,购房发票上注明金额3 500万元,已缴纳契税。企业自行计算缴纳土地增值税6.43万元。

(3)10月购进一批汽车零部件尚未领用,取得增值税专用发票注明价款1 000万元,增值税130万元。企业拟选择将其在当年一次性全额在计算应纳税所得额时扣除,并进行加计扣除。

(4)12月购入一栋不含增值税售价4 000万元的闲置厂房,因该厂房尚未办理权属登记,企业未计算缴纳房产税。

(5)12月发现有一笔发生于2016年的实际资产损失50万元未在当年扣除,拟向税务机关申报确认损失并于2022年企业所得税税前扣除。

(6)12月向甲公司赊销一批汽车,合同约定不含增值税售价800万元,增值税104万元。企业将该应收账款分类为以摊余成本计量的金融资产。月末双方达成重组协议,甲公司以一批汽车配件偿还该欠款,甲公司向企业开具增值税专用发票注明配件价款750万元,增值税97.5万元,该批配件的实际成本650万元。重组当日,该笔应收账款的公允价值为904万元。企业会计处理为:

借:库存商品　　　　　　8 065 000
　　应交税费——应交增值税(进
　　　　　　　项税额)
　　　　　　　　　　　　　975 000
　　贷:应收账款　　　　9 040 000

(7)全年投入8 900万元研发费用进行自主研发,相关明细如下:

审题要点
房地产开发企业为取得土地使用权所支付的契税,计入"取得土地使用权所支付的金额"中扣除。

审题要点
高新技术企业在2022年10月1日至2022年12月31日期间新购置的设备、器具,允许当年一次性全额在计算应纳税所得额时扣除,并允许在税前实行100%加计扣除。
本题购进的零部件属于企业存货,不是固定资产,因此不能当年一次性全额在计算应纳税所得额时扣除,也不允许在税前实行100%加计扣除。

审题要点
纳税人购置存量房,自办理房屋权属转移、变更登记手续,房地产权属登记机关签发房屋权属证书之次月起,缴纳房产税。
本题告知"该2022年12月购入的厂房尚未办理权属登记",因此本年度无需缴纳房产税。

审题要点
企业以前年度发生的资产损失未能在当年税前扣除的,准予追补至该项损失发生年度扣除,但是其追补确认期限一般不得超过5年。
本题是"2016年的实际资产损失",在2022年度已经超过5个年度,因此不得在2022年企业所得税税前扣除。

审题要点
企业债务重组取得资产的计税依据=公允价值+支付的相关税费,不包括增值税。

审题要点
可以加计扣除的研究开发费包括:
(1)人员人工费用(含研发人员股权激励,含外聘研发人员);
(2)直接投入费用;
(3)折旧费用(用于研发活动的仪器、设备);
(4)无形资产摊销费用;
(5)新产品设计费、新工艺规程制定费、新药研制的临床试验费、勘探开发技术的现场试验费;
(6)其他相关费用(与研发活动直接相关的其他费用,如技术图书资料费、资料翻译费、专家咨询费、差旅费、会议费等。其他相关费用的总额不得超过可加计扣除研发费用总额的10%)。
因此,本题中的研发费用项目中的"其他相关费用"不得直接扣除,应当按照不得超过可加计扣除费用总额的10%计算。
其他相关费用扣除的限额=(2 000+1 000+3 800+1 300)÷(1-10%)×10%=900(万元)

项目	金额（万元）
人员人工费用	2 000
直接投入费用	1 000
折旧费用	3 800
新产品设计费	1 300
其他相关费用	800

（8）成本费用中含实际支付的合理工资薪金 3 550 万元，其中含接受劳务派遣用工，<u>直接支付给劳务派遣公司的费用 550 万元</u>；发生<u>职工福利费 650 万元、职工教育经费 420</u> 万元；<u>为高级技术人员购买商业健康险</u>，支付保险费 100 万元。

（其他相关资料：当地契税税率为 3%，各扣除项目均在汇算清缴期取得有效凭证。）

要求：根据上述资料，按照下列顺序计算回答问题，如有计算需计算出合计数。

（1）判断业务（1）企业将取得的新能源汽车财政补贴作为不征税收入是否正确并说明理由。

（2）计算业务（2）应缴纳的土地增值税，并计算业务（2）企业在正确缴纳土地增值税后应调整的企业所得税应纳税所得额。

（3）判断业务（3）企业购置的汽车零部件在计算应纳税所得额时一次性全额扣除并实行加计扣除是否正确并说明理由。

（4）判断业务（4）企业房产税处理是否正确并说明理由。

（5）判断业务（5）企业申报确认损失处理是否正确并说明理由。

审题要点

直接支付给劳务派遣公司的费用不能作为企业的工资、薪金支出。企业接受外部劳务派遣用工所实际发生的费用，按照协议（合同）约定直接支付给劳务派遣公司的费用，应作为劳务费支出。

审题要点

对于三项经费的扣除，职工福利的扣除限额为实际发生的工资总额的 14%，职工教育经费的扣除限额为实际发生工资总额的 8% 除（超标部分可以结转以后纳税扣除，在以后纳税年度扣除时要做纳税调减），工会经费的扣除限额为实际发生工资总额的 2%。

审题要点

企业为职工（包括高级技术人员）支付的商业保险费不得扣除。

（6）计算业务（6）应调整的企业所得税应纳税所得额，并说明债务重组取得的汽车配件应确认的计税基础。

（7）计算业务（7）应调整的企业所得税应纳税所得额。

（8）判断业务（8）中直接支付给劳务派遣公司的费用能否作为企业的工资薪金支出并说明理由，同时计算业务（8）应调整的企业所得税应纳税所得额。

（9）计算该企业2022年度应补缴的企业所得税。

【本题答案】

（1）企业将取得的新能源汽车财政补贴作为不征税收入不正确，应按规定缴纳。

企业取得的财政性资金同时符合以下条件时，可以作为不征税收入：

①企业能够提供规定资金专项用途的资金拨付文件。

②财政部门或其他拨付资金的政府部门对该资金有专门的资金管理办法或具体管理要求。

③企业对该资金以及以该资金发生的支出单独进行核算。

（2）转让旧房应缴纳增值税=（5 000−3 500）÷（1+5%）×5%=71.43（万元）

取得旧房时已纳契税=3 500×3%=105（万元）

可扣除的项目金额=3 500×（1+7×5%）+105+12=4 842（万元）

增值额=5 000−71.43−4 842=86.57（万元）

增值率=86.57÷4 842×100%=1.79%

应缴纳土地增值税=86.57×30%=25.97（万元）

业务（2）应调减应纳税所得额=25.97–6.43=19.54（万元）

（3）企业处理不正确。

高新技术企业在2022年10月1日至2022年12月31日期间新购置的设备、器具，允许当年一次性全额在计算应纳税所得额时扣除，并允许在税前实行100%加计扣除。零部件是企业存货，不是固定资产，因而企业处理不正确。

（4）企业房产税处理正确。

纳税人购置存量房，自办理房屋权属转移、变更登记手续，房地产权属登记机关签发房屋权属证书之次月起，缴纳房产税。

（5）企业申报确认损失处理不正确。

企业以前年度发生的资产损失未能在当年税前扣除的，可按规定的程序和要求向主管税务机关申报后方能在税前扣除。其中，属于实际资产损失的，准予追补至该项损失发生年度扣除，其追补确认期限一般不得超过5年。

（6）业务（6）企业应确认的债务重组损失=904–（750+97.5）=56.5（万元）

业务（6）应调减应纳税所得额=56.5万元

汽车配件应确认的计税基础=750万元

（7）其他相关费用扣除限额=（2 000+1 000+3 800+1 300）÷（1–10%）×10%=8 100÷（1–10%）×10%=900（万元）

可加计扣除的研发费用=8 900万元

业务（7）应调减应纳税所得额=8 900万元

（8）直接支付给劳务派遣公司的费用不能作为企业的工资薪金支出。

企业接受外部劳务派遣用工所实际发生的费用，按照协议（合同）约定直接支付给劳务派遣公司的费用，应作为劳务费支出。

可税前列支的工资薪金=3 550–550=3 000（万元）

职工福利费扣除限额=3 000×14%=420（万元）

超过限额，调增应纳税所得额=650–420=230（万元）

职工教育经费扣除限额=3 000×8%=240（万元）

超过限额，调增应纳税所得额=420–240=180（万元）

企业为职工支付的商业保险费不得扣除，调增应纳税所得额=100万元

（9）应纳税所得额=20 980–56.5–8 900–19.54+230+180+100=12 513.96（万元）

应补缴的企业所得税额=12 513.96×15%–1 360=517.09（万元）

📖 思维拓展

本题涉及企业所得税按照税法规定限额扣除项目的计算这一知识点。为了方便考生更好地掌握该考点，将相关知识要点归纳如下：

项目	扣除标准
职工福利费	不超过工资、薪金总额14%的部分准予扣除
工会经费	不超过工资、薪金总额2%的部分准予扣除
职工教育经费	不超过工资、薪金总额8%的部分准予扣除——超标准结转以后年度扣除
利息费用	（1）不超过金融企业同期同类贷款利率计算的利息准予扣除； （2）注意向关联方借款的"2个限制"
业务招待费	按照发生额的60%扣除，但最高不得超过当年销售（营业）收入的5‰
广告费和业务宣传费	不超过当年销售（营业）收入15%以内的部分，准予扣除（3个特殊行业30%）——超标准结转以后年度扣除
公益性捐赠支出	不超过年度利润总额12%的部分，准予扣除——超标准结转以后3年内扣除。 【特殊】据实扣除适用于目标脱贫地区的扶贫公益性捐赠支出
手续费及佣金	（1）保险企业：不超过当年全部保费收入扣除退保金等后余额的18%的部分，准予扣除——超标准结转以后年度扣除。 （2）其他企业：服务协议或合同确认的收入金额的5%计算限额

📖 抢分秘籍

企业所得税的计算属于《税法》考试中难度大的题目，需要综合考虑会计核算、其他税费的计算、企业所得税纳税调整、企业所得税税收优惠等多个知识

要点。

但是只要把握核心公式"企业所得税税额＝（利润总额＋纳税调整增加额－纳税调整减少额）×适用税率"就可以提高得分率。

为了考生更好地应对土地增值税的计算，对该类题目计算步骤归纳如下：

第一步，计算会计利润总额。

会计利润总额＝营业利润＋营业外收入－营业外支出

＝营业收入－营业成本－税金及附加－销售费用－管理费用－财务费用－资产减值损失－信用减值损失＋公允价值变动收益（－公允价值变动损失）＋投资收益（－投资损失）＋其他收益＋资产处置收益（－资产处置损失）＋营业外收入－营业外支出

第二步，确定纳税调整增加额。

纳税调整增加额是由于对于企业的费用项目，会计上在计算利润总额时允许扣除，但是企业所得税法不允许扣除导致的。纳税调整增加的情形具体包括：

（1）税法上不得扣除的项目，例如税收滞纳金、罚金、罚款和被没收财物的损失等；

（2）超过税法上限额扣除标准的项目，例如广告费、业务招待费、利息费等。

（3）会计上资产项目的折旧摊销额，超过了税法规定的折旧摊销额。

第三步，确定纳税调整减少额。

纳税调整减少额是由于对于企业的收入或者费用项目，会计上在计算利润总额时没有完全扣除，但是企业所得税法允许扣除导致的。纳税调整减少的情形具体包括：

（1）企业存在企业所得税法规定的不征税收入、免税收入以及税收优惠政策；

（2）企业存在加计扣除费用的情形，例如存在残疾人工资、研发费用等项目；

（3）会计上资产项目计提的折旧摊销额，少于税法规定的折旧摊销额。

第四步，计算应纳税所得额。

企业所得税应纳税所得额＝利润总额＋纳税调整增加额－纳税调整减少额

第五步，确定适用税率。

一般企业的企业所得税税率为25%，但是以下情形下适用优惠税率：

（1）国家需要重点扶持的高新技术企业、经认定的技术先进型服务企业，减按15%的税率征收企业所得税。

（2）对设在西部地区国家鼓励类产业企业，在2021年1月1日至2030年12月31日期间，减按15%的税率征收企业所得税。

（3）自2020年1月1日至2024年12月31日，对注册在海南自由贸易港并实质性运营的鼓励类产业企业，减按15%的税率征收企业所得税。

（4）小型微利企业的企业所得税税率为20%。

第六步，考虑税额抵免优惠。

企业购置并实际使用《优惠目录》规定的环境保护、节能节水、安全生产等专用设备的，该专用设备的投资额的10%可以从企业当年的应纳税额中抵免；当年不足抵免的，可以在以后5个纳税年度结转抵免。

第七步，计算企业所得税税额。

企业所得税税额＝应纳税所得额 × 适用税率－税额抵免金额

历年考情

2022年综合题第2题考查过"不征税收入、业务招待费的扣除、广告费和业务宣传费扣除、职工三项经费、公益捐赠的扣除"，2021年综合题第2题考查过"不征税收入、业务招待费的扣除、广告费和业务宣传费扣除、职工三项经费的扣除"、2020年综合题第2题考查过"不征税收入、业务招待费的扣除、广告费和业务宣传费扣除、职工三项经费的扣除、以前年度亏损的弥补"、2019年综合题第2题考查过"业务招待费的扣除、广告费和业务宣传费扣除、职工三项经费、劳务派遣费用、研发费用加计扣除、不得扣除项目"的相关知识点，请考生注意对比联合学习。

2022年注册会计师全国统一考试《税法》真题详解

一、单项选择题（本题型共26小题，每小题1分，共26分。每小题只有一个正确答案，请从每小题的备选答案中选出一个你认为正确的答案，用鼠标点击相应的选项。）

1.下列税种中，<u>由全国人民代表大会或其常务委员会通过，以国家法律形式发布实施</u>的是（　　）。

A.印花税　　　　　　　　B.增值税
C.消费税　　　　　　　　D.土地增值税

【本题答案】A

【本题解析】选项A属于税收法律，是由全国人大或其常委会全国人大及其常委会正式立法的《印花税法》进行规范。选项BCD也属于税收法律，但是属于由全国人大或其常委会授权国务院制定的《增值税暂行条例》《消费税暂行条例》《土地增值税暂行条例》进行规范。因此，本题应当选A选项。

> **审题要点**
> 本题考核的是我国税收立法的分类。
> 本题需要关注两个要点：
> （1）"由全国人民代表大会或其常务委员会通过"；
> （2）"以国家法律形式发布实施"。
> 这两个要点表明，本题需要选择采用法律形式进行立法的税种。

思维拓展

本题涉及我国税收立法的分类这一考点。为了方便考生更好地掌握该考点，将相关知识要点归纳如下：

税收立法的分类

分类	立法机关	形式	举例
税收法律	全国人大及其常委会正式立法	法律	《企业所得税法》《个人所得税法》《车船税法》《环境保护税法》《烟叶税法》《船舶吨税法》《车辆购置税法》《耕地占用税法》《资源税法》《城市维护建设税法》《契税法》《印花税法》《税收征收管理法》
	全国人大及其常委会授权立法	暂行条例	《增值税暂行条例》《消费税暂行条例》《土地增值税暂行条例》
税收法规	国务院——税收行政法规	实施条例、实施细则、暂行条例	《企业所得税法实施条例》《税收征收管理法实施细则》《房产税暂行条例》等
	地方人大（目前只有海南省、民族自治区）——税收地方法规		—

续表

分类	立法机关	形式	举例
税收规章	财政部、税务总局、海关总署——税收部门规章	办法、规则、规定	《增值税暂行条例实施细则》《税务代理试行办法》等
	省级地方政府——税收地方规章		《房产税暂行条例实施细则》等

📋 坑点提示

本题的坑点在于准确区分税收法律下面的两个小类，即全国人大及其常委会正式立法和全国人大及其常委会授权立法。

全国人大及其常委会正式立法，是由全国人大及其常委会制定的法律文件，其名称特点是《中华人民共和国……法》；全国人大及其常委会授权立法，是由全国人大及其常委会授权国务院制定的法律文件，其名称特点是《……暂行条例》。

📋 抢分秘籍

对于"我国税收立法的分类"这个考点，我们除了掌握税收法律下面的两个小类（全国人大及其常委会正式立法和全国人大及其常委会授权立法），还需要分别关注税收法规下面的两个小类（税收行政法规和税收地方法规）、税收规章下面的两个小类（税收部门规章和税收地方规章）。

区分税收行政法规和税收地方法规的关键点在于：税收行政法规是国务院制定的，而税收地方法规是由省、自治区、直辖市的人民代表大会（目前只有海南省、民族自治区）制定的。注意：省、自治区、直辖市的人民代表大会属于立法机关。

区分税收部门规章和税收地方规章的关键点在于：税收部门规章是国务院下设的财政部、税务总局、海关总署制定的，而税收地方规章是由省、自治区、直辖市的人民政府制定的。注意：省、自治区、直辖市的人民政府属于行政机关。

2.纳税人发生的下列行为中，按照"金融服务"计征增值税的是（　　）。

A.为客户提供经营租赁服务

B.为客户提供信托管理服务

C.取得受托拍卖的佣金收入

审题要点

本题考核的是增值税的征税范围。

本题可以分两个步骤解答：

（1）排除不缴纳增值税的选项（选项D：预收单用途卡持卡人充值的资金，不缴纳增值税）；

（2）排除不属于金融服务的选项。

D.预收单用途卡持卡人充值的资金

【本题答案】B

【本题解析】选项B当选，信托管理服务属于"金融服务——直接收费金融服务"。直接收费金融服务，包括提供货币兑换、账户管理、电子银行、信用卡、信用证、财务担保、资产管理、信托管理、基金管理、金融交易场所（平台）管理、资金结算、资金清算、金融支付等服务。选项A不当选，经营租赁服务属于"现代服务——租赁服务"，租赁服务包括融资租赁服务和经营租赁服务。选项C不当选，拍卖行受托拍卖取得的手续费或佣金收入，按照"现代服务——商务辅助服务（经纪代理服务）"缴纳增值税。选项D不当选，预收单用途卡持卡人充值的资金，不缴纳增值税。

思维拓展

本题涉及按照"金融服务"计征增值税的范围这一考点。为了方便考生更好地掌握该考点，将相关知识要点归纳如下：

范围	具体规定
贷款服务	包括各种占用、拆借资金取得的收入，以及融资性售后回租、罚息、票据贴现、转贷等业务取得的利息。 【提示1】融资租赁属于现代服务业。 【提示2】以货币资金投资收取的固定利润或者保底利润，按此项征税
直接收费金融服务	包括提供信用卡、基金管理、金融交易场所管理、资金结算、资金清算等
保险服务	包括人身保险服务和财产保险服务
金融商品转让	包括转让外汇、有价证券、非货物期货等的所有权。 【提示3】个人转让金融商品，免税。 【提示4】金融商品持有期间取得的非保本收益，不征收增值税（保本收益产品纳税6%）。 【提示5】纳税人购入基金、信托、理财产品等各类资产管理产品持有至到期，不征收增值税（未到期转让，差额纳税6%）

历年考情

在2023年单项选择题第2题考查过"生活服务"、2021年单项选择题第2题考查过"其他现代服务"、2021年多项选择题第2题考查过"征税范围"、2020年单项选择题第3题考查过"租赁服务"、2019年单项选择题第2题考查过"陆路运输服务"的相关知识点，请考生注意对比联合学习。

3.某二手车经销企业，2021年12月销售其收购的一批二手车，取得含增值税销售额100.5万元，该业务适用征收率征税，该笔业务应缴纳的增值税为（　　）。

A. 0.50万元　　　　　　B. 1.95万元

C. 1.97万元　　　　　　D. 2.93万元

【本题答案】A

【本题解析】选项A当选，自2020年5月1日至2023年12月31日，从事二手车经销的纳税人销售其收购的二手车，按0.5%征收增值税，销售额=含税销售额÷（1+0.5%），故该笔业务应缴纳的增值税=100.5÷（1+0.5%）×0.5%=0.5（万元）。选项B不当选，因为该选项的计算等式为：应缴纳的增值税=100.5÷（1+3%）×2%=1.95（万元），由于选项B误将含增值税销售额100.5万元，按照3%作价税分离，并按照2%计算税额，因此不应选B。选项C不当选，因为该选项的计算等式为：应缴纳的增值税=100.5÷（1+2%）×2%=1.97（万元），由于选项C误将含增值税销售额100.5万元，按照2%作价税分离，并按照2%计算税额，因此不应选C。选项D不当选，因为该选项的计算等式为：应缴纳的增值税=100.5÷（1+3%）×3%=2.93（万元），误将含增值税销售额100.5万元，按照3%作价税分离，并按照3%计算税额，因此不应选D。

思维拓展

本题涉及销售自己使用过的固定资产、旧货和二手车的税务处理这一考点。为了方便考生更好地掌握该考点，相关知识要点归纳见2023年单项选择题第3题【思维拓展】。

历年考情

2023年单项选择题第3题考查过"二手车经销适用的增值税征收率"考查过"二手车经销适用的增值税征收率"的相关知识点，请考生注意对比联合学习。

4. 纳税人提供的下列服务中，可免征增值税的是（　　）。

A. 高新技术企业提供的技术转让服务

B. 动物诊疗机构提供的动物清洁服务

C. 保险公司提供的半年期人身保险服务

D. 职业培训机构提供的非学历教育服务

【本题答案】A

【本题解析】选项A当选，纳税人提供技术转让、技术开发和与之相关的技术咨询、技术服务，免征增值税。选项B不当选，禽、牲畜、水生动物的配种和疾病防治，免征增值税；动物诊疗机构销售动物食品和用品，提供动物清洁、美容、代理看护等服务，应按规定缴纳增值税。选项C不当选，保险公司开办的"一年期以上"人身保险产品取得的保费收入，免征增值税。选项D不当选，从事"学历教育"的学校提供的教育服务，免征增值税；培训机构提供"非学历教育"服务不属于免征增值税的范围，正常缴纳增值税。

坑点提示

一般纳税人提供"非学历教育"服务可以选择简易计税方法，按照3%征收率计算缴纳增值税。

历年考情

2021年单项选择题第3题考查过"增值税免税优惠"、2019年多项选择题第2题考查过"增值税免税优惠"的相关知识点，请考生注意对比联合学习。

5.某批发兼零售的卷烟销售公司，2022年6月批发销售牌号卷烟100箱（每箱50 000支），取得不含增值税销售额200万元、销项税额26万元；零售牌号卷烟20箱（每箱50 000支），取得含增值税销售额56.5万元。该公司6月应缴纳消费税（　　）。

A. 22.0万元　　　　　　B. 24.5万元
C. 27.5万元　　　　　　D. 30.5万元

【本题答案】B

【本题解析】选项B当选，具体过程如下：（1）卷烟于"生产/进口/委托加工""批发"环节缴纳消费税，零售卷烟在零售环节，不缴纳消费税。纳税人兼营卷烟批发和零售业务的，应当分别核算批发和零售环节的销售额、销售数量；未分别核算批发和零售环节销售额、销售数量的，按照全部销售额、销售数量计征批发环节消费税。本题已分别核算，所以零售环节销售额和销售数量不必并入计税依据。（2）卷烟采用复核计征的方式，批发环节从价税率为11%，从量税率为0.005元/支。综上，应缴纳的消费税=200×11%+100×50 000×0.005÷10 000=24.5（万元）。选项A不当选，因为该选项的计算等式为：应缴纳的消费税=200×11%=22（万元），只计算了从价计征部分。选项C不当选，因为该选项的计算等式为：应缴纳的消费税=200×11%+56.5÷（1+13%）

×11%=27.5（万元），批发和零售环节都计算了从价计征部分。选项D不当选，该选项的计算等式为：应缴纳的消费税=200×11%+56.5÷（1+13%）×11%+100×50 000×0.005÷10 000+20×50 000×0.005÷10 000=30.5（万元），批发和零售环节都复合计征了消费税。

🔹 思维拓展

本题涉及不同环节应征收消费税的项目这一知识点。为了方便考生更好地掌握该考点，相关知识要点归纳见2023年多项选择题第4题【思维拓展】。

🔹 坑点提示

卷烟是在"生产/进口/委托加工"和"批发"环节缴纳消费税，而卷烟在零售环节，不缴纳消费税。

🔹 历年考情

2023年多项选择题第4题考查过"消费税计税环节"、2021年单项选择题第5题考查过"消费税计税环节"、2019年多项选择题第3题考查过"消费税计税环节"的相关知识点，请考生注意对比联合学习。

6.根据消费税出口退（免）税的相关规定，下列说法正确的是（　　）。

A.外贸企业委托外贸企业出口应税消费品不能申请退还消费税

B.有出口经营权的生产企业自营出口自产应税消费品可办理退还消费税

C.生产企业委托外贸企业代理出口自产应税消费品不予办理退还消费税

D.除外贸企业外的其他商贸企业委托外贸企业出口应税消费品可申请退还消费税

【本题答案】C

【本题解析】对纳税人出口应税消费品免征消费税，按照下列规定适用不同的退免税政策：（1）免税并退税：①外贸企业购进应税消费品直接出口。②外贸企业受其他外贸企业委托代理出口应税消费品（选项A不当选）。（2）免税但不退税：①生产性企业自营出口（选项B不当选）。②生产企业委托外贸企业代理出口自产应税消费品（选项C当选）。（3）不免税也不退税：一般商贸企业委托外贸企业代理出口（选项D不当选)。

历年考情

2021年计算问答题第1题考查过"消费税出口退（免）税"、2019年单项选择题第4题考查过"消费税出口退（免）税"的相关知识点，请考生注意对比联合学习。

7.下列关于固定资产计税基础的表述中，符合企业所得税相关规定的是（　　）。

A.自行建造的固定资产，为该资产的评估价值

B.改建的固定资产，为改建该资产的新增价值

C.盘盈的固定资产，为同类固定资产的重置完全价值

D.通过债务重组方式取得的固定资产，为该资产的账面原值

【本题答案】C

【本题解析】选项C当选，盘盈的固定资产，以同类固定资产的"重置完全价值"为计税基础。选项A不当选，自行建造的固定资产，以"竣工结算前发生的支出"为计税基础。选项B不当选，改建的固定资产：（1）未足额提取折旧的，以"改建过程中发生的改建支出"增加计税基础。（2）已足额提取折旧的固定资产的改建支出作为长期待摊费用。选项D不当选，通过捐赠、投资、非货币性资产交换、债务重组等方式取得的固定资产，以该资产的"公允价值和支付的相关税费"为计税基础。

思维拓展

本题涉及常见固定资产和改建支出的计税基础这一考点。为了方便考生更好地掌握该考点，相关知识要点归纳见2023年单项选择题第10题【思维拓展】。

8.下列固定资产中，在计算企业所得税时可以计提折旧进行税前扣除的是（　　）。

A.未投入使用的房屋

B.与经营活动无关的固定资产

C.以经营租赁方式租入的固定资产

D.单独估价作为固定资产入账的土地

【本题答案】A

【本题解析】下列固定资产不得计算折旧扣除：（1）房屋、建筑物

以外未投入使用的固定资产（选项A当选）。（2）以经营租赁方式租入的固定资产（选项C不当选）。（3）以融资租赁方式租出的固定资产。（4）已足额提取折旧仍继续使用的固定资产。（5）与经营活动无关的固定资产（选项B不当选）。（6）单独估价作为固定资产入账的土地（选项D不当选）。（7）其他不得计算折旧扣除的固定资产。

> 审题要点
>
> 本题考核的是我国企业所得税税收优惠政策。本题需要关注"从事符合条件的节能节水项目"与"企业购置并实际使用符合规定的环境保护、节能节水、安全生产等专用设备"两者都有企业所得税优惠政策，但是两者侧重点不同。本题考核的是企业"从事符合条件的节能节水项目"的经营活动。

坑点提示

"房屋、建筑物"未投入使用可以计提折旧；"机器设备"等未投入使用的不得计提折旧。

9.企业从事符合条件的节能节水项目的所得，可享受的企业所得税优惠政策是（　　）。

A.两免三减半　　　　　　B.三免三减半

C.减按5%税率　　　　　D.减按10%税率

【本题答案】B

【本题解析】选项B当选，企业从事符合条件的环境保护、节能节水项目取得的所得，自项目取得第一笔生产经营收入所属纳税年度起，享受"三免三减半"优惠。

坑点提示

企业购置并实际使用符合规定的环境保护、节能节水、安全生产等专用设备的，该专用设备的投资额的10%可以从企业当年的应纳税额中抵免，当年不足抵免的，可以在以后5个纳税年度结转抵免。

> 审题要点
>
> 本题考核的是个人所得税的征税方法。
> 本题需要关注的关键词是"按年计征个人所得税"。

10.居民个人取得的下列所得中，适用按年计征个人所得税的是（　　）。

A.经营所得　　　　　　　B.偶然所得

C.财产转让所得　　　　　D.财产租赁所得

【本题答案】A

【本题解析】选项A属于按年计征个人所得税，选项BC属于按次计征个人所得税，选项D属于按月计征个人所得税，因此，本题应当选A选项。

思维拓展

本题涉及我国个人所得税的征税方法。为了方便考生更好地掌握该考点，将相关知识要点归纳如下：

对纳税义务人个人所得税的征税方法（三种）

征税方法	适用税目	
按年计征	居民个人取得的综合所得；经营所得	
按月计征	工资、薪金所得预缴；财产租赁所得	
按次计征	劳务报酬所得，稿酬所得，特许权使用费所得（3项）	居民个人预缴
		非居民个人缴纳
	财产转让所得，利息、股息、红利所得，偶然所得；（3项）	居民个人＋非居民个人

📖 坑点提示

本题的坑点在于准确区分不同个人所得税项目的征税方法。

经营所得主要是个人独资企业、合伙企业、个体工商户个人所得税的征税所得项目。由于个人独资企业、合伙企业、个体工商户本质上也属于类似于公司的企业实体，因此采用与公司类似的征税方式，也就是按年计征个人所得税。

我们在生活中常见的租金（例如房租）征收，通常都是按月收租金，因此我国税务机关也是按月征收财产租赁所得的个人所得税；而我们的工资、薪金也是采用按月发放的方式，因此我国税务机关也是按月要求单位在发放工资的时候预扣预缴工资、薪金所得的个人所得税。

财产转让所得，利息、股息、红利所得，偶然所得产生的时间往往是不规律，也不是经常发生的，因此采用按次计征个人所得税。

📖 抢分秘籍

对于"个人所得税项目的征税方法"这个考点，我们可以结合生活常识来理解和记忆。经营所得与公司所得类似，因此采用按年计征个人所得税的方式。财产租赁所得通常都是按月收租金，因此采用按月计征个人所得税的方式。工资、薪金所得通常都是按月发放，因此采用按月预缴个人所得税的方式。财产转让所得，利息、股息、红利所得，偶然所得不是经常发生的，因此采用按次计征个人所得税的方式。

11.下列关于上市公司员工取得与股票期权相关所得计征个人所得税的表述中，符合税法规定的是（　　）。

A.员工行权时的施权价与该股票当日收盘价之间的差额，暂不征税

B.员工行权后的股票再转让取得的所得，应按"工资、薪金所得"纳税

C.员工接受公司授予的股票期权时，以当日收盘价按"劳务报酬所得"纳税

D.员工因拥有股权而参与公司税后利润分配取得的所得，应按"利息、股息、红利所得"纳税

【本题答案】D

【本题解析】选项A不当选，员工取得的不可公开交易的期权，行权时的施权价与该股票当日收盘价之间的差额，应按照"工资、薪金所得"计算缴纳个人所得税。选项B不当选，员工行权后的股票再转让取得的所得，按照"财产转让所得"中转让股票的征免规定计算缴纳个人所得税。选项C不当选，员工接受公司授予的股票期权时，除另有规定外，一般不作为应税所得征税。

思维拓展

本题涉及居民个人分别取得上市公司不可公开交易和可公开交易股票期权的个人所得税规定。为了方便考生更好地掌握该考点，将相关知识要点归纳如下：

阶段	无公开交易股价	有公开交易股价（已上市）	
授权时	除另有规定外，一般不纳税	授权时即约定可转让：员工已实际取得有确定价值的财产，应按授权日股票期权的市场价格扣除施权价，并入当月"工资、薪金所得"	员工在行权日不实际买卖股票，而按行权日股票期权所指定股票的市场价与施权价之间的差额，直接从授权企业取得价差收益的，该项价差收益应作为员工取得股票期权形式的"工资、薪金所得"纳税
行权时	按"工资、薪金所得"（在2023年12月31日前不并入综合所得，全额单独适用年综合所得税率表）		
分红时	按"股息、红利所得"计算纳税		
转让时	按"财产转让所得"征税或免税（转让境内上市公司股票暂免征税）		

12.居民个人取得的下列所得中，以1个月内取得的收入为一次计征个人所得税的是（　　）。

A.稿酬所得　　　　　　　B.彩票中奖所得

C.房产出租所得　　　　　D.车辆转让所得

【本题答案】C

【本题解析】选项C当选，财产租赁所得，按次计征，以1个月内取得的收入为一次。选项A不当选，稿酬所得，按年计征，按次预扣预缴。选项BD不当选，偶然所得和财产转让所得，按次计征。

思维拓展

本题涉及关于个人所得税"次"的具体规定。为了方便考生更好地掌握该考点,将相关知识要点归纳如下:(1)劳务报酬所得、稿酬所得、特许权使用费所得,属于一次性收入的,以取得该项收入为一次;属于同一项目连续性收入的,以1个月内取得的收入为一次。(2)财产租赁所得,以1个月内取得的收入为一次。(3)利息、股息、红利所得,以支付利息、股息、红利时取得的收入为一次。(4)偶然所得,以每次取得该项收入为一次。

13.纳税人进口大型机械,采用成交价格估价办法的,对于进口后发生的单独列明的下列费用,应计入关税完税价格的是(　　)。

A.安装费用　　　　　　B.保修费用

C.维修费用　　　　　　D.装配费用

【本题答案】B

【本题解析】选项B当选,厂房、机械或者设备等货物进口后发生的建设、安装、装配、维修或者技术援助费用,不计入完税价格,但是保修费用需要计入完税价格。

历年考情

2023年单项选择题第13题考查过"关税完税价格的估价方法"、2021年单项选择题第13题考查过"关税完税价格的估价方法"、2020年单项选择题第12题考查过"关税完税价格的估价方法"的相关知识点,请考生注意对比联合学习。

14.下列企业中,属于资源税纳税人的是(　　)。

A.进口铁矿石的钢铁企业

B.出口铝土矿的商贸企业

C.购买洗选煤的发电企业

D.开采矿泉水的饮料企业

【本题答案】D

【本题解析】选项D当选、选项ABC不当选,资源税仅对在中国"境内""开发"应税产品的单位和个人征收,对于进口的应税产品不征收资源税,对已税产品批发、零售的单位和个人也不再征收资源税。

思维拓展

对于资源税纳税人这个要点,可以结合资源税征税范围重点记忆一个关键点：资源税仅对在中国"境内""开发"应税产品征收。因此，对于进口的应税产品不征收资源税，对批发、零售（不属于开发）已税产品的单位和个人也不再征收资源税。

15.下列关于环境保护税计税依据确定方法的表述中，符合税法规定的是（　　）。

A.应税噪声按照实际产生的分贝数确定

B.应税水污染物按照污染物排放量确定

C.应税固体废物按照污染物排放量确定

D.应税大气污染物按照污染物排放量确定

【本题答案】C

【本题解析】选项C当选，应税固体废物，按照污染物"排放量"确定。选项A不当选，应税噪声，按照"超过国家规定标准的分贝数"确定，而非"实际生产的分贝数"。选项BD不当选，应税大气污染物、应税水污染物，按照"污染当量数"确定。

思维拓展

污染当量数=污染物排放量÷污染当量值

固体废物排放量=当期固体废物的产生量–当期固体废物的综合利用量–当期固体废物的贮存量–当期固体废物的处置量

历年考情

2019年单项选择题第14题考查过"环境保护税计税依据"、2019年多项选择题第8题考查过"环境保护税计税依据"的相关知识点，请考生注意对比联合学习。

16.土地使用权属纠纷未解决的，其城镇土地使用税的纳税人是（　　）。

A.土地代管人　　　　　　B.权属纠纷发起人

C.产权文件标明人　　　　D.土地实际使用人

【本题答案】D

【本题解析】选项D当选，土地使用权未确定或权属纠纷未解决的，其实际使用人为纳税人。

思维拓展

本题涉及城镇土地使用税不同情形下的纳税人规定。为了方便考生更好地掌握该考点，将相关知识要点归纳如下：

（1）一般情形下，城镇土地使用税的纳税人是拥有土地使用权的单位和个人；（2）拥有土地使用权的单位和个人不在土地所在地的，其土地的实际使用人和代管人为纳税人；（3）土地使用权未确定或权属纠纷未解决的，其实际使用人为纳税人；（4）土地使用权共有的，共有各方都是纳税人，由各方分别纳税；（5）在城镇土地使用税征税范围内承租集体所有建设用地的，由直接从集体经济组织承租土地的单位和个人，缴纳城镇土地使用税。

17.下列占用耕地行为中，可以减征耕地占用税的是（   ）。

A.农业科研所占用耕地

B.国道截水沟占用耕地

C.县人民医院占用耕地

D.工厂绿化区占用耕地

【本题答案】B

【本题解析】选项B当选，铁路线路、公路线路、飞机场跑道、停机坪、港口、航道、水利工程占用耕地，减按每平方米2元的税额征收耕地占用税。选项AD不当选，农业科研所、工厂绿化占用耕地，照章征收耕地占用税。选项C不当选，县级以上政府卫生部门批准设立的医疗机构内专门从事疾病诊断、治疗活动的场所及其配套设施的占地场所，免征耕地占用税。

> 审题要点
>
> 本题考核的是"减征"耕地占用税的情形。因此，本题需要首先区分"免征"与"减征"。根据税法的规定，"减征"耕地占用税的情形，主要是铁路线路、公路线路、飞机场跑道、停机坪、港口、航道、水利工程占用耕地，侧重于交通道路建设和水利工程建设占用耕地。

历年考情

2019年单项选择题第15题考查过"耕地占用税税收优惠"的相关知识点，请考生注意对比联合学习。

18.下列获得房屋产权的行为中，免征契税的是（   ）。

A.买房翻建新房

B.获奖取得房产

C.差价互换房屋

D.法定继承房屋

【本题答案】D

【本题解析】选项D当选，法定继承人通过继承承受土地、房屋权属的，免征契税。选项A不当选，以作价投资（入股）、偿还债务等应交付经济利益的方式转移土地、房屋权属的，由产权承受方缴纳契税。选项B不当选，以获奖方式取得房屋产权，属于赠与行为，由承受方缴纳契税。选项C不当选，互换房屋，互换价格相等的，计税依据为零；互换价格不等的，以差额为计税依据，由支付差额的一方缴纳契税。

> 📖 **思维拓展**

考生应注意契税和土地增值税对于互换房屋的不同规定。个人之间互换自有居住用房地产，经税务机关核实的，可以免征土地增值税。除此之外的房地产互换行为，双方都要缴纳土地增值税。

> 📖 **思维拓展**

本题涉及土地增值税和契税不征税和免税的情形。为了方便考生更好地掌握该考点，将相关知识要点归纳如下：

产权转移方式	土地增值税的情形	契税的情形
赠与	不征：（1）赠与直系亲属或承担直接赡养义务人的。 （2）通过中国境内非营利的社会团体、国家机关赠与教育、民政和其他社会福利、公益事业的	免征：婚姻关系存续期间夫妻之间变更土地、房屋权属
互换	免征：个人互换自有住房	无须缴纳：互换价格相等时
继承	不征：均不属于征税范围	不征：法定继承

> 📖 **历年考情**

在2019年单项选择题第18题考查过"契税税收优惠"的相关知识点，请考生注意对比联合学习。

19. 下列经营性房产中，应**从租计征房产税**的是（　　）。

A. 处于免收租金期间内的出租房产

B. 居民住宅区内业主共有的自营的经营性房产

C. 参与投资利润分红共担风险的对外投资联营房产

D. 收取固定收入不承担联营风险的对外投资联营房产

【本题答案】D

【本题解析】选项ABC均没有产生"经营性房产租金收入"，应当从价计征房产税。选项D以房产投资联营，收取固定收入，不承担经营风险，此处"收取固定收入"实际是以联营名义取得房产租金，因此应由出租方按租金收入计征房产税。因此，本题应当选选项D。

> 📖 **思维拓展**

本题涉及房产税的计征方法这一考点。为了方便考生更好地掌握

✏️ **审题要点**

本题考核的是房产税的计征方法。
本题需要关注的关键词是"从租计征房产税"。

该考点，将相关知识要点归纳如下：

计征方法	税率	适用范围
从价计征	1.2%	经营自用
从租计征	12%	单位经营出租
	4%	个人出租住房，不区分用途
		企事业单位、社会团体以及其他组织向个人、专业化规模化住房租赁企业出租住房

需要注意的特殊问题是以房产投资联营的，应根据不同情形确定房产税计税依据：

（1）以房产投资联营，共担经营风险的，以房产余值为计税依据从价计征房产税；

（2）以房产投资联营，收取固定收入，不承担经营风险，只收取固定收入的，实际是以联营名义取得房产租金，因此应由出租方按租金收入从租计征房产税。

坑点提示

本题的坑点在于准确判断房产税计征方法的适用情形。房产税计征方法包括从价计征和从租计征两种方式。

从价计征是按房产原值一次减除10%~30%的扣除比例后的房产余值计算房产税，主要适用于自用房产和没有收取租金使用经营性房产的情况。从价计征按不含增值税的房产租金计算房产税，主要适用于出租房产收取租金的情况。不过，需要特别注意的是，此处的"收取租金"，应当遵循"实质重于形式"原则，不能只看题目中是否出现"租金"字样，还要看该笔收入实际是不是属于租金。例如，以房产投资联营，收取固定收入，不承担经营风险的情形下，"收取固定收入"实际是以联营名义取得房产租金，因此应从租计征房产税。

抢分秘籍

对于"房产税计征方法"这个考点，我们可以按照三个步骤确定房产税计征方法：

第一步，看题目中是否出现"租金"字样。如果题目中出现"租金"字样，就可以确定应当从租计征房产税。如果题目中没有出现"租金"字样，就进入第二步骤。

第二步，按"实质重于形式"原则，看题目中是否出现实质上属于租金的情形。结合《税法》教材，我们重点关注"以房产投资联营，收取固定收入，不承担经营风险"的情形。此处"收取固定收入"实际上就是以联营名义取得房产租金，因此应从租计征房产税。

第三步，对于非收取租金的情形，应当从价计征房产税。

📖 历年考情

2023年单项选择题第19题考查过"从租计征房产税"、2020年多项选择题第10题考查过"房产税计税依据"、2019年单项选择题第17题考查过"从价计征房产税"的相关知识点，请注意对比联合学习。

20.赵某2019年7月15日从某增值税一般纳税人处购入小轿车一辆，含增值税价款33.9万元，购车次日按10%的税率缴纳了车辆购置税，由于质量原因于2022年7月16日将该车退回。赵某可申请退还的车辆购置税为（   ）。

A. 2.10万元 B. 2.37万元
C. 2.40万元 D. 2.71万元

【本题答案】A

【本题解析】选项A当选，具体过程如下：

（1）在境内以购买方式取得小轿车并自用，应缴纳车辆购置税。

（2）购买自用车辆的计税依据不包括增值税。

（3）已征车辆购置税的车辆退回车辆生产或销售企业，纳税人申请退还车辆购置税的，其应退税额=已纳税额×（1-使用年限×10%）=33.9÷（1+13%）×10%×（1-3×10%）=2.1（万元）。

注意：使用年限指自纳税人缴纳税款之日起至申请退税之日止，不满一年不算在内，故本题中使用年限为3年。

选项B不当选，因为该选项的计算等式为：应退车辆购置税税额=33.9×10%×（1-3×10%）=2.37（万元），33.9万元为含增值税金额，未作价税分离。

选项C不当选，因为该选项的计算等式为：应退车辆购置税税额=33.9÷（1+13%）×10%×（1-2×10%）=2.40（万元），误将适用年限判断为2年。

选项D不当选，因为该选项的计算等式为：应退车辆购置税税额=33.9×10%×（1-2×10%）=2.71（万元），33.9万元未作价税分离且将适用年限判断为2年。

历年考情

2021年单项选择题第21题考查过"车辆购置税退税额的计算"、2019年单项选择题第19题考查过"车辆购置税计税依据"的相关知识点,请考生注意对比联合学习。

21.下列车辆中,免征车船税的是(　　)。

A.生产企业拥有的燃油节能汽车

B.运输企业拥有的燃油节能汽车

C.建安企业拥有的燃油节能汽车

D.国际组织驻华代表机构拥有的燃油节能汽车

【本题答案】D

【本题解析】选项D当选,节能汽车减半征收车船税,但是本题需要注意拥有汽车的主体,即国际组织驻华代表机构及其有关人员的车船免征车船税。

历年考情

2020年单项选择题第18题考查过"车船税税收优惠"的相关知识点,请考生注意对比联合学习。

22.新加坡企业派遣两名员工来华为某项目提供劳务,甲员工的停留时间为3月1日~3月5日,乙员工的停留时间为3月3日~3月7日,在判断该外国企业是否构成境内常设机构时,两名员工应计入的境内工作时间是(　　)。

A.5天　　　　　　　　　　B.6天

C.7天　　　　　　　　　　D.10天

【本题答案】C

【本题解析】选项C当选,对于新加坡企业通过雇员或雇佣的其他人员在中国境内提供劳务活动,常设机构的判定标准为:若新加坡企业为中国境内某项目提供劳务(包括咨询劳务),以该企业派其雇员为实施服务项目"第一次"抵达中国之日期(3月1日)起至完成并交付服务项目的日期(3月7日)止作为计算期间,计算相关人员在中国境内的停留天数,在具体计算时,应按所有雇员为同一个项目提供劳务活动不同时期在中国境内连续或累计停留的时间来掌握,因此本题两名员工应计入的境内工作时间是7天(3月1日~3月7日)。

历年考情

2023年单项选择题第22题考查过"常设机构的判定标准"的相关知识点,请考生注意对比联合学习。

23.记账本位币为人民币的中国企业取得的境外销售所得已按外币计算缴纳境外所得税,在以人民币计算可抵免的境外税额时,应采用的汇率是(　　)。

A.销售合同签订时使用的人民币汇率

B.境外所得实际收讫之日的人民币汇率

C.境外所得记入账内时使用的人民币汇率

D.境外企业所得税缴纳之日的人民币汇率

【本题答案】C

【本题解析】选项C当选,若企业取得的境外所得已直接缴纳和间接负担的税额为人民币以外货币的,在以人民币计算可予抵免的境外税额时,凡企业记账本位币为人民币的,应按企业该项境外所得记入账内时使用的人民币汇率进行换算。

思维拓展

如果企业以人民币以外其他货币作为记账本位币的,应统一按实现该项境外所得对应的我国纳税年度最后一日的人民币汇率中间价进行换算。

历年考情

2019年单项选择题第22题考查过"可抵免境外税额"的相关知识点,请考生注意对比联合学习。

24.实行定期定额缴纳税款的纳税人在法律、行政法规规定的期限内缴纳税款的,税务机关可以视同申报,这种纳税申报方式为(　　)。

A.直接申报　　　　　　B.间接申报

C.简并征期　　　　　　D.简易申报

【本题答案】D

【本题解析】选项D当选,"简易申报"是指实行定期定额缴纳税款的纳税人在法律、行政法规规定的期限内或税务机关依据法律、行政法规的规定确定的期限内缴纳税款的,税务机关可以视同申报。

思维拓展

"简并征期"是指实行定期定额缴纳税款的纳税人,经税务机关批准，可以采取将纳税期限合并为按季、半年、年的方式缴纳税款。

25.下列财产中，可以作为纳税抵押品的是（　　）。

A.土地所有权

B.抵押人自有的房屋

C.抵押人依法被冻结的银行存款

D.所有权、使用权有争议的机器设备

【本题答案】B

【本题解析】可以抵押的财产有：(1)抵押人所有的房屋和其他地上定着物（选项B当选）。(2)抵押人所有的机器、交通运输工具和其他财产。(3)抵押人依法有权处分的国有房屋和其他地上定着物。(4)抵押人依法有权处分的国有的机器、交通运输工具和其他财产。(5)经设定的市、自治州以上税务机关确认的其他可以抵押的合法财产。以依法取得的国有土地上的房屋抵押的，该房屋占用范围内的国有土地使用权同时抵押。以乡（镇）、村企业的厂房等建筑物抵押的，其占用范围内的土地使用权同时抵押。

不可抵押的财产有：(1)土地所有权（选项A不当选）。(2)土地使用权（上述抵押范围规定内允许的除外）。(3)以公益为目的的事业单位、社会团体、民办非企业单位的教育、医疗卫生和其他社会公益设施。(4)所有权、使用权不明或有争议的财产（选项D不当选）。(5)依法被查封、扣押、监管的财产（选项C不当选）。(6)违法、违章的建筑物。(7)法律、行政法规规定禁止流通的财产或者不可转让的财产。

26.纳税人对税务机关作出的下列行政行为不服的，应当先向行政复议机关申请复议后，才可以向人民法院提起行政诉讼的是（　　）。

A.加收滞纳金　　　　　　B.税收保全措施

C.强制执行措施　　　　　D.处以税款50%的罚款

【本题答案】A

【本题解析】下列征税行为必须先经过税务行政复议，未经行政复议程序不得提起行政诉讼（复议前置）：(1)确认纳税主体、征税对象、征税范围、减税、免税、退税、抵扣税款、适用税率、计税依据、纳税环节、纳税期限、纳税地点和税款征收方式等具体行政行为。(2)征收税款、加收滞纳金的具体行政行为（选项A当选）。(3)扣缴义务人、受税务机关委托的单位和个人作出的代扣代缴、代收代缴、代征行为等。

选项BCD不当选，税收保全措施、强制执行措施、行政处罚行为（罚款、没收财物和违法所得、停止出口退税权）可以直接向人民法院提起行政诉讼。

> **思维拓展**
>
> 除征税行为以外的其他行为，可先复议后诉讼，也可直接诉讼。

> **历年考情**
>
> 2019年多项选择题第14题考查过"税务复议前置"的相关知识点，请考生注意对比联合学习。

二、多项选择题（本题型共16小题，每小题1.5分，共24分。每小题均有多个正确答案，请从每小题的备选答案中选出你认为正确的答案，用鼠标点击相应的选项。每小题所有答案选择正确的得分，不答、错答、漏答均不得分。）

1.税收法律关系由主体、客体和内容三方面构成。下列各项中，属于税收法律关系主体和客体的有（   ）。

A.企业生产经营所得

B.个人所得税纳税人

C.纳税人的权利与义务

D.征收税款的税务机关

【本题答案】ABD

【本题解析】税收法律关系由主体、客体和内容三方面构成。

（1）主体：征纳双方。

①征税方：国家各级税务机关和海关（选项D当选）。

②纳税方：履行纳税义务的人，包括法人、自然人和其他组织，在华的外国企业、组织、外籍人、无国籍人，以及在华虽然没有机构、场所但有来源于中国境内所得的外国企业或组织（选项B当选）。

（2）税收法律关系的客体：征税对象。例如企业所得税和个人所得税的客体就是各类"应税所得"（选项A当选）。

（3）税收法律关系的内容：主体所享有的权利和所应承担的义务，是税收法律关系中最实质的东西，也是税法的灵魂（选项C不当选）。

2.增值税一般纳税人发生的下列应税行为中，可<u>按照扣除规定项目后的余额确定销售额计征增值税</u>的有（   ）。

> **审题要点**
>
> 本题考核的是增值税的计征方法。
>
> 本题需要关注的核心要点是"按照扣除规定项目后的余额确定销售额计征增值税"，该要点表明我们需要选出"增值税差额计税的情形"。

A.提供住宿餐饮服务

B.提供客运场站服务

C.提供鉴证咨询服务

D.提供境内机票代理服务

【本题答案】BD

【本题解析】选项AC不应当选，因为提供住宿餐饮服务和鉴证咨询服务，按取得的收入全额作为销售额，不属于增值税差额计税的情形。选项B：一般纳税人提供客运场站服务，以其取得的全部价款和价外费用，扣除支付给承运方运费后的余额为销售额，属于增值税差额计税的情形。选项D：航空运输销售代理企业提供境内机票代理服务，以取得的全部价款和价外费用，扣除向客户收取并支付给航空运输企业或其他航空运输销售代理企业的境内机票净结算款和相关费用后的余额为销售额，属于增值税差额计税的情形。因此，本题应当选择选项BD。

思维拓展

本题涉及增值税差额计税的情形。为了方便考生更好地掌握该考点，将相关知识要点归纳如下：

增值税差额计税的情形

销售服务	计税销售额
金融商品转让	卖出价–买入价
融资租赁服务	取得的全部价款和价外费用（含本金）–利息–车辆购置税
融资性售后回租	取得的全部价款和价外费用（不含本金）–利息
客运场站服务	取得的全部价款和价外费用–支付给承运方运费
旅游服务	取得的全部价款和价外费用–向旅游服务购买方收取并支付给其他单位或者个人的住餐行、签证费、门票费–支付给其他接团旅游企业的旅游费用
房企销售自行开发不动产 【适用】一般计税	受让土地时向政府部门支付的土地价款
转让不动产 【适用】简易计税	取得的全部价款和价外费用扣除不动产购置原价或取得不动产时的作价
银行业金融机构、金融资产管理公司处置抵债不动产 【适用】一般计税	取得该抵债不动产时的作价

续表

销售服务	计税销售额
劳务派遣（5%） 【适用】一般计税、简易计税	取得的全部价款和价外费用–支付给劳务派遣员工的工资、福利和为其办理社会保险及住房公积金
建筑业 【适用】简易计税	取得的全部价款和价外费用扣除分包额

历年考情

2019综合题第1题第（7）小题、2021综合题第1题第（2）小题考查过增值税差额计税的相关知识点，请注意对比联合学习。

3.下列关于增值税专用发票开具的表述中，符合税法规定的有（　　）。

A.商业企业向供货方收取的返还收入可以开具增值税专用发票

B.应税销售行为的购买方为消费者个人的，不得开具增值税专用发票

C.经纪代理公司向委托方收取的政府性基金可以开具增值税专用发票

D.纳税人出租不动产自行开具增值税专用发票时，应在备注栏注明不动产详细地址

【本题答案】BD

【本题解析】选项B当选，应税销售行为的购买方为消费者个人的，不得开具增值税专用发票。选项D当选，出租不动产，纳税人自行开具或者税务机关代开增值税发票时，应在备注栏注明不动产的详细地址。选项A不当选，商业企业向供货方收取的各种返还收入，一律不得开具增值税专用发票。选项C不当选，经纪代理公司向委托方收取的政府性基金或者行政事业性收费，不得开具增值税专用发票。

历年考情

2021年多项选择题第3题考查过"增值税专用发票的开具"、2020年多项选择题第2题考查过多项选择题第2题考查过"列入异常凭证范围的增值税专用发票"的相关知识点，请考生注意对比联合学习。

4.纳税人将自产的消费税应税产品用于下列情形时，应当征收消费税的有（　　）。

A.用于广告　　　　　　　B.用于赞助

C.用于偿债　　　　　　D.用于职工福利

【本题答案】ABCD

【本题解析】自产的应税消费品用于在建工程、管理部门、非生产机构、提供劳务，以及用于馈赠、赞助（选项B当选）、集资、广告（选项A当选）、样品、职工福利（选项D当选）、奖励、换取生产和消费资料、投资入股和抵偿债务（选项C当选）等方面的，在移送时缴纳消费税。

思维拓展

对于纳税人使用自产的消费税应税产品，需要特别关注以下要点：

（1）自产的应税消费品除用于连续生产应税消费品外，凡是用于其他方面的，均需要在移送时视同销售计算缴纳消费税。

（2）自产的应税消费品用于换取生产和消费资料、投资入股和抵偿债务的，计税依据为同类应税消费品的"最高"销售价格。

5.下列有关企业所得税跨省市总分机构间预缴税款分摊的表述中，符合税法规定的有（　　）。

A.分支机构应分摊税额为总分机构汇总应纳税额的40%

B.当年新设立的分支机构从设立第二年起开始参与分摊

C.当年撤销的分支机构自办理税务注销之日起不参与分摊

D.按照上年度各分支机构营业利润、职工薪酬和资产总额三因素分摊

【本题答案】BC

【本题解析】选项BC当选，分支机构分摊预缴税款，当年新设立的分支机构，当年不参与分摊，设立后的第二年起参与分摊；当年撤销的分支机构，自办理注销税务登记之日起不参与分摊。选项AD不当选，分支机构分摊预缴税款。按照上年度各省市分支机构的"营业收入""职工薪酬""资产总额"三个因素，将统一计算的企业当期应纳税额的"50%"在各分支机构之间进行分摊。

思维拓展

对于企业所得税跨省市总分机构间预缴税款分摊，需要关注"营业收入、职工薪酬和资产总额"三个因素的权重依次为0.35、0.35和0.3。

6.下列在海南自由贸易港设立的企业中,其符合条件的新增境外直接投资所得免征企业所得税的有(   )。

A.旅游业企业   B.餐饮业企业

C.现代服务业企业   D.高新技术产业企业

【本题答案】ACD

【本题解析】选项ACD当选,对在海南自由贸易港设立的旅游业、现代服务业、高新技术产业企业新增境外直接投资取得的所得,免征企业所得税。

提示:"境外直接投资"指的是满足以下条件的境外投资。

(1)从境外新设分支机构取得的营业利润,或从持股比例超过20%(含)的境外子公司分回的,与新增境外直接投资相对应的股息所得。

(2)被投资国家(地区)的企业所得税法定税率不低于5%。

> 审题要点
>
> 本题考核的是个人所得的来源地。
> 本题需要关注的关键词是"来源于中国境内所得",该关键词表明我们需要区分清楚境内所得与境外所得。

7.个人取得的下列所得中,属于来源于中国境内所得的有(   )。

A.在境外转让境内房产取得的所得

B.在某外商独资企业任职取得的工资

C.将境外专利在境内使用取得的所得

D.将设备出租给境内企业在境外使用取得的租金

【本题答案】ABC

【本题解析】选项A当选,转让中国境内的不动产等财产或者在中国境内转让其他财产取得的所得,属于来源于中国境内的所得。选项B当选,因任职、受雇、履约等而在中国境内提供劳务取得的所得,属于来源于中国境内的所得。选项C当选,许可各种特许权在中国境内使用而取得的所得,属于来源于中国境内的所得。选项D不当选,将财产出租给承租人在中国"境外"使用而取得的所得,不属于来源于中国境内的所得。

思维拓展

本题涉及个人所得税所得来源地的确定这一考点。为了方便考生更好地掌握该考点,将相关知识要点归纳如下:

除国务院财政、税务主管部门另有规定外,下列所得,不论支付地点是否在中国境内,均为来源于"中国境内"的所得:

(1)因任职、受雇、履约等而在中国境内提供劳务取得的所得;

(2)将财产出租给承租人在中国境内使用而取得的所得;

(3)转让中国境内的不动产等财产或者在中国境内转让其他财产

取得的所得；

（4）许可各种特许权在中国"境内"使用而取得的所得；

（5）从中国境内企业、事业单位、其他组织以及居民个人取得的利息、股息、红利所得。

坑点提示

本题的坑点在于准确判断个人所得税所得来源地的确定。相关总结见2023年多项选择题第7题【坑点提示】。

抢分秘籍

企业所得税所得来源地的确定与个人所得税所得来源地的确定规则是类似的。相关总结见2023年多项选择题第7题【抢分秘籍】。

历年考情

2022年多项选择题第7题考查过"个人所得来源地"的相关知识点，请考生注意对比联合学习。

8.下列关于个人所得税纳税人享受专项附加扣除计算时间的表述中，符合税法规定的有（　　）。

A.住房贷款利息，扣除期限最长为240个月

B.同一学历继续教育的扣除期限最长为48个月

C.赡养老人，为被赡养人年满60周岁的当月至赡养义务终止的月末

D.提前终止租房合同的，住房租金仍按原租赁合同约定的租赁期限扣除

【本题答案】AB

【本题解析】选项C不当选，赡养老人，为被赡养人年满60周岁的当月至赡养义务终止的"年末"。选项D不当选，住房租金，为租赁合同（协议）约定的房屋租赁期开始的当月至租赁期结束的当月；提前终止合同（协议）的，以"实际租赁期限"为准。

思维拓展

本题涉及各专项附加扣除标准和时限的具体规定。为了方便考生更好地掌握该考点，将相关知识要点归纳如下：

项目	扣除标准	扣除时限
3岁以下婴幼儿照护	每个婴幼儿每月2 000元定额扣除	婴幼儿出生的当月至年满3周岁的前一个月
子女教育	每个子女每月2 000元定额扣除	（1）学前教育，为子女年满3周岁当月至小学入学前一月。 （2）学历教育，为子女接受全日制学历教育入学的当月至全日制学历教育结束的当月
继续教育	学历（学位）继续教育：每月400元定额扣除	入学当月至教育结束的当月，同一学历（学位）最长不能超过48个月
继续教育	职业资格继续教育：3 600元定额扣除	取得相关证书的当年
住房贷款利息	每月1 000元定额扣除	贷款合同约定开始还款当月至贷款全部归还或贷款合同终止的当月（最长不能超过240个月）
住房租金 （与住房贷款利息二选一）	（1）直辖市、省会、计划单列市：每月1 500元。 （2）除上述城市外，市辖区户籍人口超过100万的城市：每月1 100元。 （3）市辖区户籍人口不超过100万的城市：每月800元	租赁合同（协议）约定的租赁期开始的当月至结束的当月
赡养老人	（1）独生子女：每月3 000元定额扣除。 （2）非独生子女：分摊每月3 000元的额度（每人每月扣除最多不得超过1 500元）	被赡养人年满60周岁当月至赡养义务终止的年末
大病医疗	个人自付超过15 000元的部分允许扣除，最高限额80 000元	医保系统记录的医药费用实际支出的当年

9.下列进口货物中，免征关税的有（　　）。

A.入境客机装载的飞行燃料

B.在海关放行前损失的货物

C.无商业价值的广告品和货样

D.关税税额在人民币50元以下的一票货物

【本题答案】ABCD

【本题解析】符合税法规定可予减免税的下列进出口货物，纳税义务人无须提出申请，海关可按规定直接予以减免税（法定减免）：（1）关税税额在人民币50元以下的一票货物，可免征关税（选项D当选）。（2）无商业价值的广告品和货样，可免征关税（选项C当选）。（3）外国政府、国际组织无偿赠送的物资，可免征关税。（4）进出境运输工具装载的途中必需的燃料、物料和饮食用品，可免征关税（选项A当选）。（5）在海关放行前损失的货物，可免征关税（选项B当选）。（6）在海关放行前遭受损坏的货物，可以根据海关认定的受损程度减征关税。

（7）我国缔结或者参加的国际条约规定减征、免征关税的货物、物品，按照规定予以减免关税。

思维拓展

本题涉及减免关税的优惠政策这一考点。关税除了法定减免外，还有特定减免和暂时免税，具体规定如下：

项目	具体内容
特定减免税（免征关税和进口环节增值税）	（1）科教用品。 （2）残疾人专用品。 （3）慈善捐赠物资。 （4）重大技术装备（符合条件的企业及核电项目业主为生产重大技术装备或产品而确有必要进口的部分关键零部件及原材料）
暂时免税	（1）在展览会、交易会、会议及类似活动中展示或者使用的货物。 （2）文化、体育交流活动中使用的表演、比赛用品。 （3）进行新闻报道或者摄制电影、电视节目使用的仪器、设备及用品。 （4）开展科研、教学、医疗活动使用的仪器、设备及用品。 （5）在上述第（1）项至第（4）项所列活动中使用的交通工具及特种车辆。 （6）货样。 （7）供安装、调试、检测设备时使用的仪器、工具。 （8）盛装货物的容器

历年考情

2019年多项选择题第7题考查过"关税税收优惠"的相关知识点，请考生注意对比联合学习。

10.纳税人开采的下列资源中，减征30%资源税的有（　　）。

A.低丰度油田开采的原油

B.深水油气田开采的原油

C.衰竭期矿山开采的煤炭

D.充填开采置换出的煤炭

【本题答案】BC

【本题解析】选项B当选，从深水油气田开采的原油、天然气，资源税减征30%。选项C当选，从衰竭期矿山开采的矿产品，资源税减征30%。选项A不当选，从低丰度油气田开采的原油、天然气，资源税减征20%。选项D不当选，自2014年12月1日至2023年8月31日，对充填开采置换出来的煤炭，资源税减征50%。

思维拓展

本题涉及资源税减免税优惠政策这一考点。为了方便考生更好地掌握该考点，将相关知识要点归纳如下：

优惠类型	适用范围
免征	（1）开采原油以及在油田范围内运输原油过程中用于加热的原油、天然气。 （2）煤炭开采企业因安全生产需要抽采的煤成（层）气。 （3）对青藏铁路公司及其所属单位运营期间自采自用的砂、石等材料
减征	（1）减征20%：低丰度油气田开采的原油、天然气。 （2）减征30%： ①高含硫天然气、三次采油和从深水油气田开采的原油、天然气。 ②从衰竭期矿山开采的矿产品。 ③页岩气（2018年4月1日至2023年12月31日） （3）减征40%：稠油、高凝油。 （4）减征50%：对充填开采置换出来的煤炭
省、自治区、直辖市人民政府决定的减税或免税	（1）纳税人因意外事故或者自然灾害等原因遭受重大损失的。 （2）纳税人开采共伴生矿、低品位矿、尾矿的。 （3）增值税小规模纳税人、小型微利企业和个体工商户在50%的税额幅度内减征资源税（2019年1月1日至2024年12月31日）

历年考情

2020年单项选择题第13题考查过"资源税税收优惠"的相关知识点，请考生注意对比联合学习。

11.下列城镇土地中，免征城镇土地使用税的有（　　）。

A.公办高级中学教学楼用地

B.物流企业的办公设施用地

C.炼油厂厂区内的绿化用地

D.非营利性妇幼保健机构自用的土地

【本题答案】AD

【本题解析】选项B不当选，自2020年1月1日起至2027年12月31日，对物流企业自有（包括自用和出租）或承租的"大宗商品仓储设施用地"，减按50%计征城镇土地使用税；物流企业的办公、生活区用地及其他非直接用于大宗商品仓储的土地，应按规定征收城镇土地使用税。选项C不当选，对企业厂区以外的公共绿化用地和向社会开放的公园用地，暂免征收城镇土地使用税；对企业厂区（包括生产、办公及生活区）以内的绿化用地，应照章征收城镇土地使用税。

历年考情

2021年单项选择题第16题考查过"城镇土地使用税税收优惠"的相关知识点，请考生注意对比联合学习。

12.房地产开发公司销售新建房发生的下列支出中，可计入土地增值税加计20%扣除基数的有（　　）。

A.取得土地使用权缴纳的契税
B.销售过程中发生的销售费用
C.开发小区内的道路建设费用
D.支付所开发项目的规划设计费

【本题答案】ACD

【本题解析】

房地产开发企业销售自行开发的新建房地产项目，允许加计扣除的金额=（取得土地使用权所支付的金额+房地产开发成本）×20%。选项A当选，计入"取得土地使用权所支付的金额"包括，为取得土地使用权所支付的地价款；纳税人在取得土地使用权过程中按国家统一规定为办理有关手续而缴纳的有关登记、过户等手续费。选项A属于房地产开发公司土地增值税加计扣除项目的扣除基数。选项CD当选，计入"房地产开发成本"包括，土地征用及拆迁补偿费；前期工程费；建筑安装工程费；基础设施费；公共配套设施费；开发间接费用。选项CD属于房地产开发公司土地增值税加计扣除项目的扣除基数。选项B不当选，因为销售过程中发生的销售费用属于"房地产开发费用"的扣除项目，不能作为加计20%的扣除基数。

> **审题要点**
>
> 本题考核的是房地产开发公司土地增值税加计扣除项目。
>
> 本题需要关注的关键词是"计入土地增值税加计20%扣除基数"。由于题目已经明确主体是"房地产开发公司"，因此本题实际上考核的就是土地增值税加计扣除的计算公式。

思维拓展

本题涉及房地产开发公司土地增值税加计扣除项目的确定这一考点。为了方便考生更好地掌握该考点，将相关知识要点归纳如下：

土地增值税扣除项目的确定

转让项目的性质	扣除项目
房企新建房地产转让 （扣除5项）	（1）取得土地使用权所支付的金额； （2）房地产开发成本； （3）房地产开发费用； （4）与转让房地产有关的税金； （5）财政部规定的其他扣除项目（加计扣除20%）
存量房地产转让 （扣除3项）	（1）房屋及建筑物的评估价格=重置成本价×成新度折扣率； （2）取得土地使用权所支付的地价款和按国家统一规定缴纳的有关费用； （3）转让环节缴纳的税金

坑点提示

本题的坑点在于准确判断房地产开发公司土地增值税加计扣除项目。

房地产开发企业销售自行开发的新建房地产项目，允许加计扣除的金额=（取得土地使用权所支付的金额+房地产开发成本）×20%。

"取得土地使用权所支付的金额"包括：为取得土地使用权所支付的地价款；纳税人在取得土地使用权过程中按国家统一规定为办理有关手续而缴纳的有关登记、过户等手续费。

"房地产开发成本"包括：土地征用及拆迁补偿费；前期工程费；建筑安装工程费；基础设施费；公共配套设施费；开发间接费用。

抢分秘籍

土地增值税扣除项目的计算与地价款及有关费用、开发成本两个项目密切相关。为了方便考生更好地理解记忆，对开发费用、加计扣除项目的计算归纳如下：

1."开发费用"扣除——取决于"利息支出"。

（1）利息单独扣除：

开发费用=利息+（地价款及有关费用+开发成本）×5%以内

① 能够按转让房地产项目计算分摊并提供金融机构证明　②不超过按商业银行同类同期贷款利率计算的金额　③不包括加、罚息

（2）利息不单独扣除：

开发费用=（地价款及有关费用+开发成本）×10%以内

2.加计扣除项目的金额。

加计扣除项目的金额=（地价款及有关费用+开发成本）×20%

历年考情

2023年多项选择题第12题考查过"土地增值税扣除项目"、2020年计算问答题第3题考查过"土地增值税扣除项目"的相关知识点，请考生注意对比联合学习。

13.下列凭证中，免征印花税的有（　　）。

A.贴息借款合同　　　　　　B.融资租赁合同

C.农业保险合同　　　　　　D.法律咨询合同

【本题答案】AC

【本题解析】选项A当选，无息或者贴息借款合同、国际金融组织向中国提供优惠贷款书立的借款合同，免征印花税。选项C当选，农民、家庭农场、农民专业合作社、农村集体经济组织、村民委员会购买农业生产资料或者销售农产品书立的买卖合同和农业保险合同，免征印花税。选项B不当选，融资租赁合同，照章征收印花税。选项D不当选，一般的法律、会计、审计等方面的咨询不属于咨询合同，其所立合同不贴印花。

历年考情

2023年多项选择题第13题考查过"印花税税收优惠"的相关知识点，请考生注意对比联合学习。

14.境内机构对外付汇的下列情形中，需要进行税务备案的有（　　）。

A.向境外单笔支付5万美元的直接债务利息

B.向境外单笔支付10万美元的境内工作报酬

C.向境外单笔支付15万美元的境内担保费用

D.向境外单笔支付20万美元的境外差旅费用

【本题答案】BC

【本题解析】境内机构和个人向境外单笔支付等值5万美元以上（不含等值5万美元）的下列外汇资金，除无须进行税务备案的情形外，均应向所在地主管税务机关进行税务备案（选项A不当选）：

（1）境外机构或个人从境内获得的包括运输、旅游、通信、建筑安装及劳务承包、保险服务、金融服务、计算机和信息服务、专有权利使用和特许、体育文化和娱乐服务、其他商业服务、政府服务等服务贸易收入。

（2）境外个人在境内的工作报酬，境外机构或个人从境内获得的股息、红利、利润、直接债务利息、担保费以及非资本转移的捐赠、赔偿、税收、偶然性所得等收益和经常转移收入（选项BC当选）。

（3）境外机构或个人从境内获得的融资租赁租金、不动产的转让收入、股权转让所得以及外国投资者其他合法所得。

思维拓展

本题涉及境内机构对外付汇税务备案的规定。除了上述需要备案的情形外，下列对外付汇无须备案：

（1）向境外支付在境外发生的特定费用：

①境内机构在境外发生的差旅、会议、商品展销等各项费用（选项D不当选）。

②境内机构在境外代表机构的办公经费，以及境内机构在境外承包工程的工程款。

③境内机构发生在境外的进出口贸易佣金、保险费、赔偿款。

④进口贸易项下境外机构获得的国际运输费用。

⑤保险项下保费、保险金等相关费用。

⑥从事运输或远洋渔业的境内机构在境外发生的修理、油料、港杂等各项费用。

⑦境内旅行社从事出境旅游业务的团费以及代订、代办的住宿、交通等相关费用。

（2）国际金融和银行组织的所得：亚洲开发银行和世界银行集团下属的国际金融公司、外国政府、国际金融组织从我国取得的所得和收入。

（3）外汇指定银行或财务公司自身对外融资，如境外借款、境外同业拆借、海外代付等。

（4）我国省级以上国家机关对外无偿捐赠援助资金。

（5）境内证券公司或登记结算公司向境外机构或个人支付其获得的股息、红利、利息收入以及有价证券卖出所得收益。

（6）境内个人境外留学、旅游、探亲等因私用汇。

（7）境内机构和个人办理服务贸易、收益和经常转移项下退汇。

（8）外国投资者以境内直接投资合法所得在境内再投资。

（9）财政预算内机关、事业单位、社会团体非贸易非经营性付汇业务。

📖 历年考情

2023年单项选择题第23题考查过"对外付汇的税务备案"2020年计算问答题第5题考查过"对外付汇的税务备案"、2019年单项选择题第21题考查过"对外付汇的税务备案"的相关知识点，请考生注意对比联合学习。

15. 企业具有下列情形的，税务机关有权核定其应纳税额的有（　　）。

A. 擅自销毁账簿的

B.拒不提供纳税资料的

C.账目混乱，难以查账的

D.申报的计税依据明显偏低，但有正当理由的

【本题答案】ABC

【本题解析】纳税人有下列情形之一的，税务机关有权核定其应纳税额：

（1）依照法律、行政法规的规定可以不设置账簿的。

（2）依照法律、行政法规的规定应当设置但未设置账簿的。

（3）擅自销毁账簿或者拒不提供纳税资料的（选项AB当选）。

（4）虽设置账簿，但账目混乱或者成本资料、收入凭证、费用凭证残缺不全，难以查账的（选项C当选）。

（5）发生纳税义务，未按照规定的期限办理纳税申报，经税务机关责令限期申报，逾期仍不申报的。

（6）纳税人申报的计税依据明显偏低，又无正当理由的（选项D不当选）。

16.下列税收违法行为当事人中，税务机关应依法从轻处罚的有（　　）。

A.受他人胁迫的当事人

B.不满14周岁的当事人

C.主动消除违法行为危害后果的当事人

D.配合税务机关查处违法行为有立功表现的当事人

【本题答案】ACD

【本题解析】有下列情形之一的，应当依法从轻或者减轻行政处罚：

（1）主动消除或者减轻违法行为危害后果的（选项C当选）。

（2）受他人胁迫（选项A当选）。

（3）配合税务机关查处违法行为有立功表现（选项D当选）。

选项B不当选，属于不予行政处罚的情形。

> 思维拓展

本题涉及税务行政处罚裁量规则的适用这一考点。为了方便考生更好地掌握该考点，将相关知识要点归纳如下：

类型	具体规定
"不予行政处罚"	（1）按规定可以给予行政处罚，当事人首次违反且情节轻微，并在税务机关发现前主动改正的或者在税务机关责令限期改正的期限（一般不超过30日）内改正的。 （2）有下列情形之一的，应当不予行政处罚： ①违法行为轻微并及时纠正，并没有造成危害后果。 ②不满十四周岁。 ③精神病人不能辨认或不能控制自己行为
"依法从轻或者减轻行政处罚"	有下列情形之一的，应当依法从轻或者减轻行政处罚： （1）主动消除或者减轻违法行为危害后果的。 （2）受他人胁迫。 （3）配合税务机关查处违法行为有立功表现
"一事不再罚"	对当事人的同一个税收违法行为不得给予两次以上罚款的行政处罚
"不再处罚"	应予以行政处罚的违规违法行为在5年内未被发现的，不再给予行政处罚

三、计算问答题（本题型共4小题20分）

1.（本小题5分。）居民个人王某，其独生子年满5周岁并正在接受学前教育，父母均已年满65周岁。2021年王某的收入情况如下：

（1）每月工资15 000元，含按国家标准缴纳的"三险一金"3 500元。

（2）4月委托某拍卖公司拍卖收藏的祖传字画一幅，最终拍卖成交价为50 000元，不能提供该字画原值凭证。

（3）12月从单位领取年终奖72 000元，选择单独计税。

（其他相关资料：相关专项附加扣除均由王某100%扣除，王某已向单位报送其专项附加扣除信息；不考虑字画拍卖过程中缴纳的税费。）

审题要点

题目告知"王某的独生子年满5周岁并正在接受学前教育"，符合子女教育专项附加扣除，扣除标准为每个子女1 000元/月。

审题要点

题目告知"王某的父母均已年满65周岁"，并且王某为独生子女，因此可享受赡养老人的专项附加扣除，扣除标准为2 000元/月。

审题要点

题目告知"按国家标准缴纳的'三险一金'3 500元"，属于专项扣除。
全年综合所得应纳税所得额=［全年工资、薪金收入额+全年劳务报酬收入×（1－20%）+全年特许权使用费收入×（1－20%）+全年稿酬收入×（1－20%）×70%］－60 000元－专项扣除－专项附加扣除－依法确定的其他扣除。

审题要点

个人取得拍卖收入，按照"财产转让所得"项目征税，应纳税所得额=转让收入额－财产原值－拍卖过程中缴纳的合理税费。
如果不能提供财产原值凭证，不能正确计算财产原值的，按转让收入额的3%征收率计算个人所得税；需要注意的是，如果拍卖品经认定为海外回流文物的，按转让收入额的2%征收率计算个人所得税。

审题要点

在2023年12月31日前，居民个人取得全年一次性奖金，可选择不并入当年综合所得，以全年一次性奖金收入除以12个月得到的数额（商数），按照综合所得适用税率表（月度表），确定适用税率和速算扣除数，单独计算纳税。计算公式为：
应纳税额=全年一次性奖金收入×适用税率－速算扣除数

审题要点

子女教育的专项附加扣除可以由夫妻双方各按照50%扣除，也可以由一方按照100%扣除，需要注意其他资料信息。

审题要点

如果已向单位申报专项附加扣除信息，在预扣预缴时就需要考虑专项附加扣除；如果未向单位申报专项附加扣除信息，则在预扣预缴时不考虑专项附加扣除，只在汇算清缴时予以扣除，注意其他资料信息。

101

附：综合所得个人所得税税率表（部分）

级数	全年应纳税所得额	税率	速算扣除数
1	不超过36 000元	3%	0
2	超过36 000元至144 000元的部分	10%	2 520
3	超过144 000元至300 000元的部分	20%	16 920

附：按月换算后的综合所得个人所得税税率表（部分）

级数	月应纳税所得额	税率	速算扣除数
1	不超过3 000元	3%	0
2	超过3 000元至12 000元的部分	10%	210
3	超过12 000元至25 000元的部分	20%	1 410

要求：根据上述资料，按照下列序号回答问题，如有计算需计算出合计数。

（1）回答王某拍卖所得的个人所得税扣缴义务人及纳税地点。

（2）回答王某拍卖所得的个人所得税应税项目并计算拍卖所得应缴纳的个人所得税。

（3）计算2021年王某就其综合所得应缴纳的个人所得税。

（4）计算2021年王某获得的年终奖应缴纳的个人所得税。

【本题答案】

（1）王某拍卖所得个人所得税税款，由其委托的拍卖公司代扣代缴。

应向拍卖公司所在地主管税务机关办理纳税申报。

（2）王某拍卖所得应按"财产转让所得"计税。

拍卖所得应缴纳个人所得税税款＝50 000×3%＝1 500（元）

（3）综合所得应纳税所得额＝15 000×12－60 000－3 500×12－12×1 000－24 000＝42 000（元）

综合所得应缴纳个人所得税=42 000×10%-2 520=1 680（元）

（4）年终奖按12个月分摊后，每月的奖金=72 000÷12=6 000（元），适用税率10%，速算扣除数210元。

年终奖应缴纳个人所得税=72 000×10%-210=6 990（元）

历年考情

2023年计算问答题第1题考查过"稿酬所得计算、财产转让所得计算、个税税收优惠"、2021年计算问答题第2题考查过"综合所得的计算、年终奖个税的计算"、2020年计算问答题第2题考查过"财产租赁所得的计算、综合所得的计算和汇算清缴"、2019年计算问答题第2题考查过"工资薪金、劳务报酬预扣预缴个税的计算、综合所得的计算、年终奖个税的计算"的相关知识点，请考生注意对比联合学习。

2.（本小题5分。）2022年3月，某大型工业企业**直接排放大气污染物**1 000万立方米，其中**二氧化硫**120毫克/立方米。当地大气污染物**每污染当量税额1.2元**，二氧化硫污染当量值（千克）为0.95。

（其他相关资料：二氧化硫为该企业排放口的前三项污染物，不考虑该企业排放的其他废气，**当地规定的二氧化硫排放标准为200毫克/立方米**，1克=1 000毫克。）

要求：根据上述资料，按照下列序号回答问题，如有计算需计算出合计数。

> **审题要点**
> "直接向环境排放"应税污染物的企业，应当缴纳环境保护税。

> **审题要点**
> "二氧化硫"属于应税大气污染物。

> **审题要点**
> "每污染当量税额1.2元"为应税污染物的定额税率，可求出环境保护税应纳税额=污染当量数×适用税额（每污染当量税额）。

> **审题要点**
> 应税大气污染物的计税依据为"污染当量数"，污染当量数=该污染物的排放量÷该污染物的污染当量值。
> 注意：在计算污染当量数时，"排放量"和"当量值"的计算单位需要保持一致（千克）。

> **审题要点**
> 本题给出了"当地标准"，因此需要考虑税收优惠，即：
> （1）排放应税大气污染物或者水污染物的浓度值低于国家和地方规定的污染物排放标准30%的，减按75%征收环境保护税。
> （2）排放应税大气污染物或者水污染物的浓度值低于国家和地方规定的污染物排放标准50%的，减按50%征收环境保护税。

（1）计算该企业当月排放二氧化硫的污染当量数。

（2）计算该企业当月排放二氧化硫应缴纳的环境保护税。

（3）回答该企业环境保护税的纳税义务发生时间和纳税地点。

【本题答案】

（1）二氧化硫排放量=1 000×10 000×120÷1 000÷1 000=1 200（千克）

二氧化硫污染当量数=1 200÷0.95=1 263.16

（2）二氧化硫的环境保护税=1 263.16×1.2=1 515.79（元）

二氧化硫浓度值=（200-120）÷200=40%，低于排放标准的30%但是高于排放标准的50%，因此减按75%征收环境保护税。

该企业当月应缴纳环境保护税=1 515.79×75%=1 136.84（元）

（3）该企业环境保护税的纳税义务发生时间为纳税人排放应税污染物的当日。

该企业环境保护税的纳税地点为应税污染物排放地的税务机关。

历年考情

2022年计算问答题第2题考查过"环境保护税的计算依据、税额计算和征收管理"的相关知识点，请考生注意对比联合学习。

3.（本小题5分。）2022年5月某商贸企业转让办公楼一栋，取得不含增值税收入7 500万元，允许扣除的相关税费140万元。该企业未能向税务机关提

> **审题要点**
>
> 根据题目告知的"商贸企业转让办公楼"，可以得知本题考核的重点是非房地产开发企业转让旧房土地增值税的计算。
> 土地增值税的计算的核心公式是：
> 土地增值税税额=增值额×适用税率-扣除项目金额×速算扣除系数
> =（不含增值税收入额-扣除项目金额）×适用税率-扣除项目金额×速算扣除系数
> 非房地产开发企业转让旧房允许扣除的项目包括：
> （1）取得土地使用权所支付的金额（未支付地价款，或不能提供地价款凭据的，不允许扣除，本题不涉及）；
> （2）与转让房地产有关的税金（本题需要考虑）；
> （3）旧房及建筑物的评估价格（本题需要考虑）。

> **审题要点**
>
> 本题告知的是"转让办公楼取得不含增值税收入7 500万元"，因此本题可以直接按照7 500万元作为收入额计算土地增值税，不用进行换算。如果本题告知的是含增值税的金额，则需要按照"不含增值税收入额=含增值税收入额÷（1+9%增值税税率或者5%增值税征收率）"换算为不含增值税的收入额。
> 需要特别注意的是：如果纳税人采用简易计税方法缴纳增值税的，不能直接用9%增值税税率或者5%增值税征收率进行换算，而是采用"不含增值税收入额=含增值税收入额-应纳增值税税额"换算为不含增值税的收入额。

> **审题要点**
>
> 本题告知的"允许扣除的相关税费140万元"，应当作为"与转让房地产有关的税金"的扣除项目。

供该房产的评估价格，但提供了其在2012年1月购入该房产的购房发票和契税完税凭证，显示购房金额为2 500万元，已缴纳契税100万元。

要求：根据上述资料，按照下列序号回答问题，如有计算需计算出合计数。

（1）回答转让无评估价格但有购房发票的旧房应如何计算土地增值税扣除项目金额。

（2）计算该企业转让办公楼计缴土地增值税时允许扣除项目金额的合计数。

（3）计算该企业转让办公楼应缴纳的土地增值税。

（4）回答该企业转让办公楼办理土地增值税纳税申报的期限和地点。

【本题答案】

（1）纳税人转让无评估价格但有购房发票的旧房，允许扣除的项目有：

①与转让房地产有关的税金，包含纳税人购房时缴纳的契税，凡能提供契税完税凭证的，准予扣除。

②旧房及建筑物的评估价格，可按发票所载金额并从购买年度起至转让年度止每年加计5%计算扣除。

（2）该企业转让办公楼计缴土地增值税时允许扣除项目金额的合计数
=100+140+2 500×（1+5%×10）=3 990（万元）

（3）转让办公楼的增值额=7 500-3 990=3 510（万元）

增值率=3 510÷3 990×100%=87.97%，因此应当适用的税率为40%、速算扣除

审题要点

本题告知的"未能向税务机关提供该房产的评估价格，但提供了其在2012年1月购入该房产的购房发票和契税完税凭证"，因此本题需要按照发票所载金额作为基数来计算旧房的评估价格。

计算"旧房及建筑物的评估价格"需要考虑两种情形。

情形一：能取得评估价。

评估价格=重置成本价×成新度折扣率（评估价格必须经当地税务机关确认）

情形二：不能取得评估价，但是能提供购房发票。

能提供购房发票的，可按发票所载金额并从购买年度起至转让年度止每年加计5%计算扣除。年数的确认是按购房发票所载日期起至售房发票开具之日止，满12个月计1年；超过1年，未满12个月但超过6个月的，视为1年。

本题属于情形二，即可扣除金额=发票所载金额×（1+5%×年数）。

关于"年数"，本题中企业2012年1月购入房产，2022年5月转让该房产，时间一共是10年5个月，未超过10年6个月的，按照10年计算。

审题要点

转让旧房不能取得评估价格时，对购房时缴纳的契税，凡能提供契税完税凭证的，准予作为"与转让房地产有关的税金"予以扣除，但不作为旧房及建筑物的评估价格中加计5%的基数。

本题告知的"未能向税务机关提供该房产的评估价格，但提供了其在2012年1月购入该房产的购房发票和契税完税凭证"，因此本题已缴纳契税100万元，应当作为"与转让房地产有关的税金"予以扣除。

系数为5%。

该企业转让办公楼应纳土地增值税=3 510×40%-3 990×5%=1 404-199.5=1 204.5（万元）

（4）该企业应当在转让房地产合同签订后的7日内，到房地产所在地主管税务机关办理纳税申报。

思维拓展

本题涉及土地增值税扣除项目金额的确定这一考点。为了方便考生更好地掌握该考点，将相关知识要点归纳如下：

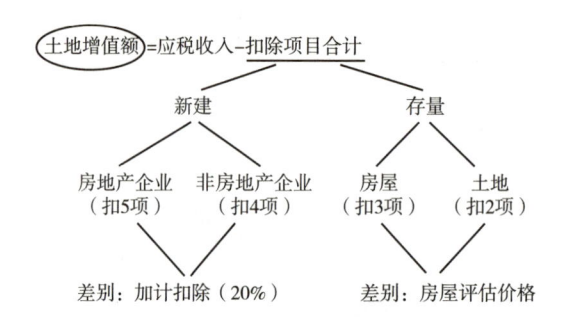

```
土地增值额=应税收入-扣除项目合计
         ├── 新建
         │    ├── 房地产企业（扣5项）
         │    └── 非房地产企业（扣4项）
         │    差别：加计扣除（20%）
         └── 存量
              ├── 房屋（扣3项）
              └── 土地（扣2项）
              差别：房屋评估价格
```

土地增值税扣除项目的确定

转让项目的性质	扣除项目
房企新建房地产转让（扣除5项）	（1）取得土地使用权所支付的金额； （2）房地产开发成本； （3）房地产开发费用； （4）与转让房地产有关的税金； （5）财政部规定的其他扣除项目（加计扣除20%）
存量房地产转让（扣除3项）	（1）房屋及建筑物的评估价格=重置成本价×成新度折扣率； （2）取得土地使用权所支付的地价款和按国家统一规定缴纳的有关费用； （3）转让环节缴纳的税金

坑点提示

本题的坑点在于准确判断非房地产开发企业转让旧房允许扣除的项目。

非房地产开发企业转让旧房允许扣除的项目有：

（1）取得土地使用权所支付的金额；

（2）与转让房地产有关的税金；

（3）旧房及建筑物的评估价格。

抢分秘籍

土地增值税的计算属于《税法》考试中难度比较大的题目，但是只要把握核心公式"土地增值税税额=增值额×适用税率–扣除项目金额×速算扣除系数"就可以提高得分率。

为了考生更好地应对土地增值税的计算，对该类题目计算步骤归纳如下：

根据核心公式"土地增值税税额=增值额×适用税率–扣除项目金额×速算扣除系数"，计算土地增值税的重点是确定增值额和扣除项目金额。由于"土地增值税的增值额=不含增值税收入额–扣除项目金额"，因此计算土地增值税的重点就变成了确定不含增值税收入额和扣除项目金额。

第一步，确定不含增值税收入额。

第二步，确定扣除项目金额。

题目告知的是商贸企业转让旧房（存量房）。因此，需要清楚纳税人转让旧房，允许扣除的项目有：

（1）取得土地使用权所支付的金额（未支付地价款，或不能提供地价款凭据的，不允许扣除，本题不涉及）；

（2）与转让房地产有关的税金（本题需要考虑）；

（3）旧房及建筑物的评估价格（本题需要考虑）。

第三步，计算土地增值税的增值额。

土地增值税的增值额=不含增值税收入额–扣除项目金额

第四步，土地增值税的计算增值率。

增值率=增值额÷扣除项目金额×100%

第五步，查表确定适用税率和速算

扣除系数。

由于本题的增值率为87.97%，因此查表后可以确定应当适用的税率为40%、速算扣除系数为5%。（注意：《税法》考试中土地增值税的税率表一般都是题目直接给出，同学们需要学会查表确定适用税率和速算扣除系数。）

第五步，计算土地增值税的税额。

土地增值税税额=增值额×适用税率－扣除项目金额×速算扣除系数

历年考情

该知识点属于常考出题点，2018年计算问答题第4题、2019年计算问答题第3题、2020年计算问答题第3题均考查过土地增值税的计算的相关知识点，请注意对比联合学习。

4.（本小题5分。）2020年注册在新加坡的甲公司在我国境内出资成立乙公司，乙公司为增值税一般纳税人。2022年乙公司的部分经营事项如下：

（1）2月1日，乙公司董事会通过了利润分配方案，决定<u>以已实现留存收益向甲公司分配股利100万元。2月2日，甲公司决定将应分回的乙公司股利用于购买我国境内非关联企业丙公司的股权，同日相关款项直接从乙公司转入丙公司股东账户</u>。

（2）3月1日，依合同乙公司应向甲公司<u>支付含增值税的特许权使用费1 000万元</u>，乙公司将扣缴增值税和<u>企业所得税</u>之后的余额支付给甲公司。

（3）4月1日，依合同乙公司应向甲公司<u>支付含增值税的咨询费200万</u>

> **审题要点**
>
> 根据题目告知的"已实现留存收益""非关联企业丙公司的股权""直接从乙公司转入丙公司股东账户"可以判断此处考查境外投资者再投资的递延纳税政策。即，境外投资者从中国境内居民企业分配的利润，直接投资鼓励类投资项目，凡符合规定条件的，实行递延纳税政策，暂不征收预提所得税。

> **审题要点**
>
> 题目告知特许权使用费1 000万元为含增值税金额，因此需要按照6%的税率价税分离。境外甲公司在境内发生应税行为，在境内未设有经营机构的，以购买方为扣缴义务人，应扣缴的增值税税额=购买方支付的价款÷（1+税率）×税率。

> **审题要点**
>
> 根据企业所得税所得来源地的规定：特许权使用费所得，按照负担、支付所得的企业或者机构、场所所在地确定。本题中1 000万元的特许权使用费为乙公司支付，因此来源地为我国，乙公司应以不含增值税的收入全额，适用10%的所得税税率作为应纳税所得额扣缴企业所得税。

> **审题要点**
>
> 咨询费200万元为含增值税金额，在境内未设有经营机构的，以购买方乙公司为扣缴义务人，适用6%的税率计算应扣缴增值税税额。

元，乙公司将扣缴增值税和企业所得税之后的余额支付给甲公司，甲公司在我国境内无机构场所且未派遣大员来中国提供相关服务。

（4）5月1日，主管税务机关对乙公司的某跨境交易安排实施一般反避税调查，并向该公司送达《税务检查通知书》；乙公司认为其交易不属于避税安排，计划向税务机关提交证明资料。

要求：根据上述资料，按照下列序号回答问题，如有计算需计算出合计数。

（1）回答甲公司分得利润是否可以享受暂不征收预提所得税政策。如可以享受，说明理由；如不可享受，说明理由并计算相应预提所得税。

（2）计算事项（2）乙公司应代扣代缴的增值税和企业所得税。

（3）计算事项（3）乙公司应代扣代缴的增值税。在享受中新税收协定的情况下，回答乙公司是否应代扣代缴事项（3）的企业所得税。

（4）回答事项（4）乙公司需要向税务机关提交相关证明资料的期限。

【本题答案】

（1）甲公司分得的利润可以享受暂不征收预提所得税政策。

甲公司分得利润符合享受政策的条件特征：以分得利润从非关联方收购境内居民企业股权，属于直接投资；分得利润属于乙公司已经实现的留存收益；相应收购价款直接从乙公司转入丙公司股东账户。

（2）事项（2）乙公司应代扣代缴的增值税=1 000÷（1+6%）×6%=56.60

> **审题要点**
>
> 提供咨询服务，属于提供劳务所得。劳务所得的来源地为劳务发生地。"甲公司在我国境内无机构场所且未派遣相关人员来中国"，因此甲公司提供的"咨询费200万元"是在境外提供的，属于境外所得。非居民企业取得的境外所得，无须缴纳我国的企业所得税。

> **审题要点**
>
> 此处考查"被调查企业不属于避税安排情形时，提交相关证明资料的期限"。
>
> 被调查企业认为其安排不属于避税安排的，应当自收到《税务检查通知书》之日起60日内提供下列资料：
> （1）安排的背景资料。
> （2）安排的商业目的等说明文件。
> （3）安排的内部决策和管理资料，如董事会决议、备忘录、电子邮件等。
> （4）安排涉及的详细交易资料，如合同、补充协议、收付款凭证等。
> （5）与其他交易方的沟通信息。
> （6）可以证明其安排不属于避税安排的其他资料。
> 企业因特殊情况不能按期提供的，可以向主管税务机关提交书面延期申请，经批准可以延期提供，但是最长不得超过30日。

（万元）

事项（2）乙公司应代扣代缴的企业所得税=1 000÷（1+6%）×10%=94.34（万元）

（3）事项（3）乙公司应该代扣代缴的增值税=200÷（1+6%）×6%=11.32（万元）

事项（3）乙公司无须代扣代缴企业所得税。

（4）乙公司应当自收到《税务检查通知书》之日起60日内向税务局提供相关证明资料。企业因特殊情况不能按期提供的，可以向主管税务机关提交书面延期申请，经批准可以延期提供，但最长不得超过30日。

历年考情

该知识点属于常考出题点，2021年计算问答题第5题、2020年计算问答题第5题考查过"非居民企业代扣代缴增值税"的计算的相关知识点，请考生注意对比联合学习。

四、综合题（本题型共2小题30分。涉及计算的，要求列出计算步骤。）

1.（本小题14分。）位于县城的某货物运输企业为增值税一般纳税人，兼营汽车租赁业务。2022年2月的经营业务如下：

（1）提供境内运输服务取得运费收入价税合计545万元。

（2）获得保险公司赔付10万元。

（3）无偿为公益事业提供境内运输服务，当月同类服务的不含增值税价格为10万元。

> **审题要点**
> "县城"表明城市维护建设税的税率为5%。

> **审题要点**
> 交通运输服务适用9%的税率，取得运费收入545万元为含增值税金额，需要换算为不含增值税金额。

> **审题要点**
> 被保险人获得的保险赔付，不征收增值税。

> **审题要点**
> 单位或者个体工商户向其他单位或者个人无偿提供服务一般需要视同销售，但用于公益事业或者以社会公众为对象的除外。因此，业务（3）不需要缴纳增值税。

（4）出租载货汽车一辆，不含增值税租金5 000元/月，一次性预收10个月租金5万元，尚未开具发票。

审题要点

"出租汽车"按照"现代服务——有形动产经营租赁"计算增值税，适用13%的税率。

审题要点

纳税人提供租赁服务采取预收款方式的，其纳税义务发生时间为收到预收款的当天。因此，以5万元租金计算当期销项税额。
需要特别关注的是，如果采取预收货款方式销售货物，纳税义务发生时间为货物发出的当天，但生产销售生产工期超过12个月的大型机械设备、船舶、飞机等货物，为收到预收款或者书面合同约定的收款日期的当天。

（5）支付桥、闸通行费，通行费发票注明收费金额1.05万元。

审题要点

纳税人支付的桥、闸通行费，暂凭取得的通行费发票上注明的收费金额按照下列公式计算可抵扣的进项税额：
可抵扣进项税额=桥、闸通行费发票上注明的金额÷（1+5%）×5%

（6）进口燃油小汽车一辆，关税完税价格为60万元。该小汽车已报关，取得海关开具的进口增值税专用缴款书。

审题要点

"燃油小汽车"属于消费税的征税范围，因此进口燃油小汽车会涉及组成计税价格、关税计算、进口环节消费税的计算、进口环节增值税的计算。
"小汽车"组成计税价格=（关税完税价格+关税）÷（1－消费税比例税率）

（7）支付银行贷款利息5.3万元，取得增值税普通发票。

审题要点

"取得海关开具的进口增值税专用缴款书"，进口环节缴纳的增值税可以作为国内内销环节的进项税额予以抵扣。

（8）购买汽车零部件一批，取得增值税专用发票注明金额10万元、税额1.3万元。

审题要点

购进的贷款服务不得抵扣进项税额。因接受贷款服务向贷款方支付的与该笔贷款直接相关的投融资顾问费、手续费、咨询费等费用，也不得抵扣进项税。

（9）上月购进的一批办公用品因管理不善毁损，该批办公用品的进项税额0.26万元已在上期申报抵扣。

（其他相关资料：进口小汽车的关税税率为15%、消费税税率为25%。）

要求：根据上述资料，按照下列顺序计算回答问题，如有计算需计算出合计数。

（1）计算业务（1）的销项税额。
（2）判断业务（2）是否需要缴纳增值税，并说明理由。

审题要点

题目告知取得增值税专用发票，并且没有说明不得抵扣，因此1.3万元属于可以抵扣的进项税。

审题要点

因"管理不善"造成货物被盗、丢失、霉烂变质，以及因违反法律法规造成货物或者不动产被依法没收、销毁、拆除的情形，不得抵扣进项税额，0.26万元已在上期申报抵扣，应在本月进行转出。

（3）判断业务（3）是否需要缴纳增值税，并说明理由。

（4）计算业务（4）的销项税额。

（5）计算业务（5）允许抵扣的进项税额。

（6）计算业务（6）进口环节已缴纳的关税、消费税、增值税。

（7）判断业务（7）能否抵扣进项税额，并说明理由。

（8）计算该企业当月可抵扣的进项税额。

（9）计算该企业当月应向主管税务机关缴纳的增值税。

（10）计算该企业当月应缴纳的城市维护建设税、教育费附加和地方教育附加。

【本题答案】

（1）业务（1）的销项税额=545÷（1+9%）×9%=45（万元）

（2）业务（2）不需要缴纳增值税，被保险人获得的保险赔付不征收增值税。

（3）业务（3）不需要缴纳增值税，提供服务无偿用于公益事业的不视同销售。

（4）业务（4）的销项税额=5×13%=0.65（万元）

（5）业务（5）允许抵扣的进项税额=1.05÷（1+5%）×5%=0.05（万元）

（6）业务（6）进口环节应缴纳的关税=60×15%=9（万元）

业务（6）进口环节应缴纳的消费税=（60+9）÷（1-25%）×25%=23（万元）

业务（6）进口环节应缴纳的增值

税=（60+9+23）×13%=11.96（万元）。

或者：应缴纳的进口环节增值税=（60+9）÷（1-25%）×13%=11.96（万元）。

（7）业务（7）不能抵扣进项税额。

贷款服务的进项税额不得从销项税额中抵扣。

（8）当月可抵扣进项税额=0.05+11.96+1.3-0.26=13.05（万元）。

（9）当月应向主管税务机关缴纳的增值税=45+0.65-13.05=32.6（万元）。

（10）当月应缴纳的城市维护建设税=32.6×5%=1.63（万元）。

当月应缴纳的教育费附加=32.6×3%=0.98（万元）。

当月应缴纳的地方教育附加=32.6×2%=0.65（万元）。

历年考情

2023年计算问答题第3题考查过"增值税纳税义务发生时间和进项税额抵扣"、2023年综合题第1题考查过"增值税应纳税额计算"、2021年计算问答题第1题考查过"增值税应纳税额计算"、2021年综合题第1题考查过"增值税应纳税额计算"、2020年综合题第1题考查过"增值税应纳税额计算"、2019年综合题第1题考查过"增值税应纳税额计算"的相关知识点，请考生注意对比联合学习。

2.（本小题16分。）位于西部某市区的国家鼓励类软件企业为增值税一般纳税人，成立于2016年1月，自2019年开始被认定为国家鼓励的软件企业并于当年实现盈利。2021年实现营业收入

审题要点

题目告知企业位于"市区"，表明本题适用的城市维护建设税的税率为7%。

审题要点

本题题目告知"高新技术企业""国家鼓励类软件企业"，对于特定行业的企业可以享受企业所得税特殊优惠政策。本题需要考虑以下要点：
第一，国家重点扶持的高新技术企业减按15%税率征收企业所得税。
第二，国家鼓励的软件企业，自获利年度起，享受"两免三减半"的企业所得税优惠待遇，按照25%的法定税率减半征收企业所得税，即12.5%。
本题题目告知企业于"2019年被认定为国家鼓励的软件企业并于当年实现盈利"，即企业在2019年和2020年免征企业所得税，从2021年开始按照12.5%的税率征收企业所得税。

审题要点

计算广告费和业务宣传费、业务招待费的扣除限额的基数为销售（营业）售收入，包括营业收入，但不包括本题中的"其他收益"。

10 000万元、其他收益800万元；发生营业成本2 900万元、税金及附加210万元、管理费用2 400万元、销售费用1 700万元、财务费用200万元、营业外支出1 200万元。2021年度该企业自行计算的会计利润为2 190万元。2022年3月该企业进行2021年企业所得税汇算清缴时，自查发现如下事项：

（1）6月份购入一台不含增值税价30万元的新能源汽车，销售人员告知该车型满足车辆购置税免税条件。另**将一台企业使用过的燃油汽车在二手市场上销售**，取得不含增值税收入10万元，**未进行相应会计及税务处理**。相关业务均**签订了正式合同但未计提缴纳印花税**。企业发现问题后已经完成了印花税、增值税以及城市维护建设税、教育费附加的补税处理。

> **审题要点**
> 对于增值税，一般纳税人销售自己使用过已抵扣过进项税额的固定资产，采用一般计税方法的，适用13%的税率。

> **审题要点**
> 对于企业所得税，"未进行相应会计及税务处理"，此处因未缴纳的增值税产生的附加税费会影响企业所得税的应纳税所得额。

> **审题要点**
> 此处需要注意，"购置新能源车"和"处置二手车"两项业务均应该按照"买卖合同"缴纳印花税，印花税税率为0.3‰。

（2）**其他收益核算了增值税即征即退税额800万元**，虽**未对其单独设立核算账套**但主管会计将该笔收入作为不征税收入处理。

> **审题要点**
> 财政性资金范围，包括直接减免的增值税和即征即退、先征后退、先征后返的各种税收，但不包括企业按规定取得的出口退税款。由于题目告知"增值税即征即退税额800万元"，因此800万元的即征即退税额属于财政性资金。

> **审题要点**
> 作为不征税收入的财政性资金，必须同时符合以下条件：
> 第一，企业能够提供资金专项用途的资金拨付文件。
> 第二，政府部门对该资金有专门的管理办法或者管理要求。
> 第三，企业对该资金以及该资金发生的支出单独核算。
> 由于本题告知"未对其单独设立核算账套"，因此不满足作为不征税收入的条件，应当作为征税收入处理。

> **审题要点**
> 题目告知"成本费用中含实际发放合理工资总额2 000万元"和"三项经费"已经计入成本费用中了，因此在计算"会计利润"时无须再次扣减工资和"三项经费"。

（3）**成本费用中含实际发放的合理工资总额2 000万元**（其中**残疾职工的工资50万元**），发生职工福利费300万元、职工教育经费200万元、拨缴的工会经费30万元，工会经费取得合法票据。

> **审题要点**
> 题目告知"残疾职工的工资50万元"，需要在计算企业所得税应纳税所得额时考虑相关税收优惠。
> 企业安置残疾人员所支付的工资费用，在按照支付给残疾职工工资据实扣除的基础上，按照支付给残疾职工工资的100%加计扣除。因此，本题计算企业所得税应纳税所得额时应当纳税调减50万元。
> 提示：正常支付的残疾人员工工资，允许计入"工资、薪金总额"，作为"三项经费"计算的基数；而加计扣除的部分，仅作为享受税收优惠导致的纳税调减金额，不计入"工资、薪金总额"，也不作为"三项经费"计算的基数。

（4）期间费用中含**广告费和业务宣传费1 000万元（其中包括非广告性赞助支出200万元）**，业务招待费200万元。**上年度超标未扣除可结转到本年度扣除的广告费100万元。**

（5）营业外支出中含**通过公益性社会组织用于目标脱贫地区的扶贫捐款1 000万元、行政罚款及滞纳金1万元、替员工负担的个人所得税3万元。**

（其他相关资料：购销合同印花税税率为0.3‰，若无特殊说明，各扣除项目均取得有效凭证。）

要求：根据上述资料，按照下列顺序计算回答问题，如有计算需计算出合计数。

（1）说明业务（1）免征车辆购置税的新能源汽车的范围；计算车辆购置和处置过程中应补缴的印花税、增值税以及城市维护建设税、教育费附加（不考虑地方教育附加）；根据税收征收管理法的相关规定，说明企业少缴税款的情形下将面临的法律责任；计算业务（1）应调整的企业所得税应纳税所得额。

（2）判断业务（2）企业将其作为不征税收入是否正确并说明理由。

（3）计算业务（3）各项应调整的应纳税所得额。

（4）计算业务（4）各项应调整的应纳税所得额。

（5）计算业务（5）各项应调整的

审题要点

本题广告费和业务宣传费的扣除标准，需要注意以下要点：

第一，关注企业类型。

企业类型不同，扣除比例不同。本题中为软件企业，扣除比例是15%；化妆品制造或销售、医药制造和饮料制造（不含酒类制造）扣除比例是30%。

本题广告费和业务宣传费的扣除限额=销售（营业）收入×15%。

第二，非广告性的赞助支出，不得扣除。因此，本题发生的非广告性赞助支出200万元要纳税调增。

审题要点

题目告知"上年度超标未扣除的广告费100万元"，由于以前年度超标未扣除的广告费可以在本年限额之内进行扣除，因此本题上年度超标未扣除可结转到本年度扣除的广告费考虑纳税调减。

审题要点

题目告知"通过公益性社会组织用于目标脱贫地区的扶贫捐款1 000万元"，由于自2019年1月1日至2025年12月31日，企业通过公益性社会组织、公益性群众团体或者县级（含）以上人民政府及其组成部门和直属机构，用于目标脱贫地区的扶贫捐赠支出，准予在计算企业所得税应纳税所得额时据实扣除。因此，1 000万元无须调整。

审题要点

结合题目要求，在计算应纳税所得额时，不得扣除的情形包括：

（1）税收滞纳金、罚金、罚款和被没收财物的损失，不得税前扣除。

（2）雇主为雇员负担的个人所得税款，应属于个人工资、薪金的一部分。凡单独作为企业管理费列支的，在计算企业所得税时不得税前扣除。计入职工薪酬的，可以作为工资、薪金扣除，但是本题计入了营业外支出，所以不得扣除。

根据上述分析，应纳税调增的金额

=行政罚款及滞纳金1+替员工负担的个人所得税3=4（万元）。

应纳税所得额。

（6）回答国家鼓励的软件企业适用的企业所得税税率优惠政策，并与其适用的地区优惠税率进行比较，说明哪种优惠方式使企业税负更低。

（7）在企业选择较低税负的前提下，计算该企业2021年度企业所得税应纳税所得额以及应纳税额。

【本题答案】

（1）业务（1）免征车辆购置税的新能源汽车是指纯电动汽车、插电式混合动力（含增程式）汽车、燃料电池汽车。免征车辆购置税的新能源汽车，通过发布《免征车辆购置税的新能源汽车车型目录》实施管理。

应补缴的购置环节印花税=30×0.3‰=0.009（万元）

应补缴的处置环节印花税=10×0.3‰=0.003（万元）

应补缴的处置环节的增值税=10×13%=1.3（万元）

应补缴的城市维护建设税=1.3×7%=0.091（万元）

应补缴的教育费附加=1.3×3%=0.039（万元）

对纳税人逃避缴纳税款的，由税务机关追缴其不缴或少缴的税款、滞纳金，并处不缴或者少缴的税款50%以上5倍以下的罚款；构成犯罪的，依法追究刑事责任。

因此，

业务（1）应调增应纳税所得额=10-0.009-0.003-0.091-0.039=9.858（万元）

(2)业务(2)企业处理不正确。

理由：增值税即征即退税款属于财政性资金，但企业没有对其单独核算，不符合不征税收入的条件，应按规定缴纳企业所得税。

(3)残疾人员的工资可以100%加计扣除，因此应当调减应纳税所得额=50(万元)

职工福利费扣除限额=2 000×14%=280(万元)

职工福利费超过限额，应当调增应纳税所得额=300-280=20(万元)

职工教育经费扣除限额=2 000×8%=160(万元)

职工教育经费超过限额，应当超过限额，调增应纳税所得额=200-160=40(万元)

工会经费扣除限额=2 000×2%=40(万元)，

工会经费未超过限额，不需要进行纳税调整。

(4)业务招待费限额1=10 000×5‰=50(万元)；业务招待费限额2=200×60%=120(万元)

业务招待费超过限额，应当调增应纳税所得额=200-50=150(万元)

广告费业务宣传费限额=10 000×15%=1 500(万元)

当年发生广告费业务宣传费1 000万元，其中200万元非广告性赞助支出不予扣除，应纳税调增赞助支出200万元，同时调减上年度结转未扣除广告费100万元。

业务(4)中广告费和业务宣传费

应调增应纳税所得额=200-100=100（万元）。

（5）企业通过公益性社会组织用于目标脱贫地区的扶贫捐赠支出，准予据实扣除。

业务（5）应调增企业所得税应纳税所得额=1+3=4（万元）

（6）企业可以适用西部大开发企业所得税15%税率或国家鼓励的软件企业"两免三减半"政策。

2021年度为企业获利年度的第三年，按照"两免三减半"政策的税率为12.5%，低于地区优惠税率15%，因此选择按照"两免三减半"政策税负更低。

（7）应纳税所得额=2 190+9.858−50+20+40+150+100+4=2 463.858（万元）

应纳税额=2 463.858×12.5%=307.98（万元）

思维拓展

本题涉及企业所得税按照税法规定扣除项目限额的计算这一考点。为了方便考生更好地掌握该考点，相关知识要点归纳见2023年综合题第2题【思维拓展】。

抢分秘籍

企业所得税的计算属于《税法》考试中难度大的题目，需要综合考虑会计核算、其他税费的计算、企业所得税纳税调整、企业所得税税收优惠等多个知识要点，详见2023年综合题第2题【抢分秘籍】。

历年考情

2023年综合题第2题考查过"不征税收入、劳务派遣费用、研发费用加计扣除、职工三项经费"2021年综合题第2题考查过"不征税收入、业务招待费的扣除、广告费和业务宣传费扣除、职工三项经费的扣除"、2020年综合题第2题考查过"不征税收入、业务招待费的扣除、广告费和业务宣传费扣除、职工三项经费的扣除、以前年度亏损的弥补"、2019年综合题第2题考查过"业务招待费的扣除、广告费和业务宣传费扣除、职工三项经费、劳务派遣费用、研发费用加计扣除、不得扣除项目"的相关知识点，请考生注意对比联合学习。

2021年注册会计师全国统一考试《税法》真题详解

一、单项选择题（本题型共26小题，每小题1分，共26分。每小题只有一个正确答案，请从每小题的备选答案中选出一个你认为正确的答案，用鼠标点击相应的选项。）

1.下列关于中央政府与地方政府分享税收收入的表述中，正确的是（　　）。

A.印花税收入3%归中央，97%归地方

B.资源税收入3%归中央，97%归地方

C.国内增值税收入50%归中央，50%归地方

D.企业所得税收入50%归中央，50%归地方

【本题答案】C

【本题解析】选项C当选，国内增值税按照中央政府50%与地方政府50%的比例划分；进口环节由海关代征的增值税为中央政府收入。选项A不当选，证券交易印花税全部归中央政府，其余全部归地方政府。选项B不当选，海洋石油企业缴纳的资源税归中央政府，其余部分归地方政府。选项D不当选，企业所得税，中国国家铁路集团（原铁道部）、各银行总行及海洋石油企业缴纳的部分归中央政府，其余部分按照中央政府60%与地方政府40%的比例划分。

2.纳税人提供的下列应税服务中，应按照"其他现代服务"计征增值税的是（　　）。

A.安全保护服务

B.车辆停放服务

C.武装守护押运服务

D.对安装运行后的机器设备提供的维护保养服务

【本题答案】D

【本题解析】选项A不当选，纳税人提供的安全保护服务，按照"商务辅助服务"计征增值税。选项B不当选，车辆停放服务，按照"不动产经营租赁服务"计征增值税。选项C不当选，纳税人提供的武装守护押运服务，按照"商务辅助服务——安全保护服务"计征增值税。

📅 **历年考情**

2023年单项选择题第2题考查过"生活服务"、2022年单项选择题第2题考查过"金融服务"、2021年多项选择题第2题考查过"征税范围"、2020年单项选择题第3题考查过"租赁服务"、2019年单项选择题第2题考查过"陆路运输服务"的相关知识点,请考生注意对比联合学习。

3.纳税人在境内向境内企业或个人提供的下列服务中,免征增值税的是（   ）。

A.科技公司转让域名

B.邮政部门提供邮政代理服务

C.电信公司提供卫星电视信号落地转接

D.证券投资基金管理人运用基金买卖股票

【本题答案】D

【本题解析】选项D当选,证券投资基金（封闭式证券投资基金和开放式证券投资基金）管理人运用基金买卖股票、债券,免征增值税。选项A不当选,科技公司转让域名属于销售无形资产,没有免税政策。选项B不当选,邮政服务包含邮政普遍服务、邮政特殊服务及其他邮政服务。中国邮政集团公司及其所属邮政企业提供的邮政普遍服务和邮政特殊服务免征增值税;而邮政部门提供邮政代理服务应按照"邮政服务——其他邮政服务"计算纳税。选项C不当选,电信公司提供的卫星电视信号落地转接服务,按照"增值电信服务"缴纳增值税,没有免税规定。

✏️ **审题要点**

本题考核的是销售自己使用过的固定资产的增值税的计算。

增值税一般纳税人销售自己使用过的固定资产,并且购入该设备时按规定不得抵扣且未抵扣进项税额的,可以有两种选择:

（1）适用简易办法依照3%征收率减按2%征收增值税政策的,不得开具增值税专用发票。

（2）放弃减税,按照简易计税办法依照3%征收率缴纳增值税,并可以开具增值税专用发票。

本题题目中告知"开具了增值税专用发票",说明该公司放弃了减税政策,应当适用简易办法依照3%征收率计算增值税。

📅 **历年考情**

2022年单项选择题第4题考查过"增值税免税优惠"、2019年多项选择题第2题考查过"增值税免税优惠"的相关知识点,请考生注意对比联合学习。

4.某公司2021年5月处置使用过的一台机器设备,<u>开具了增值税专用发票</u>,价税合计100.5万元。购入该设备时按规定不得抵扣且未抵扣进项税额。该公司处置设备应缴纳增值税（   ）。

A.0.49万元　　　　　　　　B.0.5万元

C.1.95万元　　　　　　　　D.2.93万元

【本题答案】D

【本题解析】选项D当选,增值税一般纳税人销售自己使用过的固定资产，适用简易办法依照3%征收率减按2%征收增值税政策的，也可以放弃减税，按照简易计税办法依照3%征收率缴纳增值税，并可以开具增值税专用发票，题目中开具了增值税专用发票，说明放弃了减税政策，故该公司处置设备应缴纳增值税=100.5÷（1+3%）×3%=2.93(万元）。选项A不当选，因为该选项的计算等式为：应缴纳的增值税=100.5÷（1+3%）×0.5%=0.49（万元），误按照3%减按0.5%征收。选项B不当选，因为该选项的计算等式为：应缴纳的增值税=100.5÷（1+0.5%）×0.5%=0.50（万元），误减按0.5%征收。选项C不当选，因为该选项的计算等式为：应缴纳的增值税=100.5÷（1+3%）×2%=1.95（万元），没有考虑到放弃减税，误按照3%征收率减按2%征收。

历年考情

2023年多项选择题第3题考查过"增值税简易计税范围"、2019年计算问答题第3题考查过"增值税简易计税方法"的相关知识点，请考生注意对比联合学习。

5.企业发生的下列经营行为中，应当同时缴纳增值税和消费税的是（ ）。

A.汽修厂从境外进口轮胎

B.4S店销售大型商用客车

C.贸易公司批发卷烟给零售商

D.金饰加工厂生产批发金基首饰

【本题答案】C

【本题解析】四个选项均需缴纳增值税，所以只需判断是否缴纳消费税即可。选项C当选，卷烟除了在生产销售环节征收消费税外，还在批发环节加征一道消费税。选项A不当选，汽车轮胎不属于消费税的征税范围，无须缴纳消费税。选项B不当选，大型商用客车不属于消费税的征税范围，无须缴纳消费税。选项D不当选，金银首饰的消费税在零售环节征收。

> **审题要点**
>
> 本题考核的是增值税和消费税的征税环节。增值税是多环节征税，而消费税大多数都是单一环节征税，但是有以下例外：
> （1）卷烟除了在生产销售环节征收消费税外，还在批发环节加征一道消费税。
> （2）超豪华小汽车除了在生产销售环节征收消费税外，还在零售环节加征一道消费税。

思维拓展

本题涉及不同环节应征收消费税的项目这一考点。为了方便考生更好地掌握该考点，相关知识要点归纳见2023年多项选择题第4题【思维拓展】。

历年考情

2023年多项选择题第4题考查过"消费税计税环节"、2022年单项选择题第5题考查过"消费税计税环节"、2019年多项选择题第3题考查过"消费税计税环节"的相关知识点，请考生注意对比联合学习。

6.某化妆品生产企业发生的下列业务，其消费税纳税义务发生时间的表述中，正确的是（ ）。

A.将自产香水用于市场推广，纳税义务发生时间为移送使用的当天

B.进口一批香水精，纳税义务发生时间为海关审定进口价格的当天

C.委托加工厂加工一批香粉，纳税义务发生时间为合同约定支付加工费的当天

D.采用预收货款方式销售成套化妆品，纳税义务发生时间为收到预收款的当天

【本题答案】A

【本题解析】选项A当选，纳税人自产自用的应税消费品，其纳税义务发生时间为移送使用的当天。选项B不当选，纳税人进口的应税消费品，纳税义务发生时间为报关进口的当天。选项C不当选，纳税人委托加工的应税消费品，纳税义务发生时间为纳税人提货的当天。选项D不当选，纳税人采取预收货款结算方式的，纳税义务发生时间为发出应税消费品的当天。

思维拓展

本题涉及消费税纳税义务的发生时间这一考点。为了方便考生更好地掌握该考点，将相关知识要点归纳如下：

情形		纳税义务发生时间
一般规定		收讫销售款或者取得索取销售款凭据的当天
销售	赊销和分期收款	书面合同规定的收款日期的当天；书面合同没有约定收款日期或者无书面合同的，为发出应税消费品的当天
	预收货款	发出应税消费品的当天
	托收承付和委托银行收款	发出应税消费品并办妥托收手续的当天
自产自用		移送使用的当天
委托加工		纳税人提货的当天
进口		报关进口的当天

历年考情

2023年单项选择题第7题考查过"进口应税消费品的消费税纳税义务发生时间"、2020年计算问答题第7题考查过"消费税纳税义务发生时间"的相关知识点,请考生注意对比联合学习。

7.甲公司2017年8月以800万元直接投资于乙公司,占有乙公司30%的股权。2020年12月将全部股权转让取得收入1 200万元,并完成股权变更手续。转让时乙公司账面累计未分配利润200万元,<u>甲公司应确认股权转让的应纳税所得额</u>是(　　)。

　　A. 200万元　　　　　　B. 340万元
　　C. 400万元　　　　　　D. 900万元

审题要点

本题考核的是股权转让的应纳税所得额的计算。企业转让股权,转让股权的收入扣除为取得该股权所发生的成本,为股权转让所得,不得扣除被投资企业未分配利润等股东留存收益中按该项股权所可能分配的金额。

【本题答案】C

【本题解析】选项C当选,甲公司应确认股权转让的应纳税所得额=1 200-800=400(万元)。

选项A不当选,因为该选项的计算等式为:应纳税所得额=1 200-800-200=200(万元),误将累计未分配利润200万元扣除。

选项B不当选,因为该选项的计算等式为:应纳税所得额=1 200-800-200×30%=340(万元),误将累计未分配利润中按该项股权所可能分配的金额按比例扣除。

选项D不当选,因为该选项的计算等式为:应纳税所得额=1 200-(800+200)×30%=900(万元),误将投资成本和累计未分配利润之和按持股比例扣除。

历年考情

2021年单项选择题第7题考查过"企业投资转让所得的计算"的相关知识点,请考生注意对比联合学习。

坑点提示

需要对股权转让所得和撤资减资进行辨析,投资企业从被投资企业撤回或减少投资,其取得的资产中,相当于初始出资的部分,应确认为投资收回;相当于被投资企业累计未分配利润和累计盈余公积按减少实收资本比例计算的部分,应确认为股息所得(符合条件可以免税);其余部分确认为投资资产转让所得。

8.下列关于企业商品销售收入确认的税务处理中,符合企业所得税法规定的是(　　)。

A.为促进商品销售提供商业折扣的，按扣除商业折扣前的金额确认销售收入

B.为鼓励债务人在规定期限内付款提供现金折扣的，按扣除现金折扣后的金额确认销售收入

C.因售出商品品种不符合要求发生销售退回的，在发生销售退回的下一期冲减当期销售商品收入

D.因售出商品质量原因提供销售折让并已确认销售收入的，在发生销售折让当期冲减当期销售商品收入

【本题答案】D

【本题解析】选项D当选、选项C不当选，企业已经确认销售收入的售出商品发生销售折让和销售退回的，应当在发生当期冲减当期销售收入。选项A不当选，为促进商品销售提供商业折扣的，应当按照扣除商业折扣后的金额确认销售收入。选项B不当选，为鼓励债务人在规定期限内付款提供现金折扣的，应当按照扣除现金折扣前的金额确认销售收入，现金折扣在实际发生时作为财务费用扣除。

思维拓展

本题涉及企业所得税特殊销售方式收入的确认这一考点。为了方便考生更好地掌握该考点，将相关知识要点归纳如下：

类型		收入的确认
售后回购	一般情况	按售价确认收入，回购的商品作为购进商品处理
	融资性售后回购	收到的款项应确认为负债，回购价格大于原售价的，差额应在回购期间确认为利息费用
销售折扣、销售折让、销售退回	商业折扣	价款和折扣额在同一张发票上的金额栏分别注明的，按扣除商业折扣后的金额确定销售商品收入金额
	现金折扣	按扣除现金折扣前的金额确定销售商品收入金额，现金折扣在实际发生时作为财务费用扣除
	销售折让和销售退回	企业已经确认销售收入的售出商品发生销售折让和销售退回，应在发生当期冲减当期销售商品收入
以旧换新		按照销售商品收入确认条件确认收入，回收的商品作为购进商品处理
买一赠一		不属于捐赠，应将总的销售金额按各项商品的公允价值的比例分摊确认各项商品的销售收入

历年考情

2023年多项选择题第5题考查过"企业收入确认时间"的相关知识

点，请考生注意对比联合学习。

9.企业从事国家重点扶持的公共基础设施项目的投资经营所得，可享受"三免三减半"的税收优惠。该税收优惠的起始时间是（ ）。

A.项目开工所属纳税年度

B.项目竣工所属纳税年度

C.项目盈利所属纳税年度

D.项目取得第一笔生产经营收入所属纳税年度

【本题答案】D

【本题解析】选项D当选，企业从事国家重点扶持的公共基础设施项目的投资经营所得，自项目取得第一笔生产收入所属纳税年度起，享受"三免三减半"的税收优惠。

思维拓展

本题涉及企业所得税定期减免税政策的辨析这一考点。为了方便考生更好地掌握该考点，将相关知识要点归纳如下：

项目或企业类型	优惠政策起始年份	具体优惠政策
国家重点扶持的公共基础设施项目；符合条件的环境保护、节能节水项目；节能服务公司实施的合同能源管理项目；电网企业电网新建项目	取得第一笔生产经营收入	"三免三减半"
集成电路线宽小于130纳米的集成电路生产企业或项目（经营期在10年以上的）		"两免三减半"
集成电路线宽小于65纳米的集成电路生产企业或项目（经营期在15年以上的）		"五免五减半"
集成电路线宽小于28纳米的集成电路生产企业或项目（经营期在15年以上的）		"十免"
国家鼓励的集成电路设计、装备、材料、封装、测试企业和软件企业（重点企业：重点集成电路设计企业和软件企业）	获利年度	"两免三减半"（重点企业：五免，接续年度10%）
西部地区新办的交通、电力、水利、邮政、广播电视企业，符合条件的	成立之日	"两免三减半"

10.某个体工商户2020年向员工实际发放工资300 000元，该个体工商户在计算缴纳个人所得税时，可扣除员工的职工福利费限额是（ ）。

A.6 000元 B.7 500元

C.24 000元 D.42 000元

【本题答案】D

审题要点

本题考核的是个体工商户在计算个人所得税时职工福利费限额的计算。个体工商户实际发生的职工福利费支出，可以在工资、薪金总额的14%的标准内据实扣除。

【本题解析】选项D当选，可扣除员工的职工福利费限额=300 000×14%=42 000（元）。

选项A不当选，因为该选项的计算等式为：可扣除员工的职工福利费限额=300 000×2%=6 000（元），误将工会经费的2%扣除比例作为计算扣除职工教育经费限额的比例。

选项B不当选，因为该选项的计算等式为：可扣除员工的职工福利费限额=300 000×2.5%=7 500（元），误将个人所得税中职工教育经费的2.5%扣除比例作为计算扣除职工福利费限额的比例。

选项C不当选，因为该选项的计算等式为：可扣除员工的职工福利费限额=300 000×8%=24 000（元），误将企业所得税中职工教育经费的8%扣除比例作为计算扣除职工福利费限额的比例。

11. 居民个人李某2020年12月通过深港通购买了境内某公司在香港联交所上市的H股股票。2021年3月，该公司向李某分配上年度H股股息2 000元。该公司对此笔股息应代扣代缴的个人所得税为（　　）。

A. 0元　　　　　　　　　　B. 200元
C. 400元　　　　　　　　　D. 900元

【本题答案】C

> **审题要点**
> 本题考核的是对内地个人投资者通过深港通投资香港联交所上市H股取得的股息、红利代扣代缴的个人所得税的计算。对内地个人投资者通过深港通投资香港联交所上市H股取得的股息、红利，由H股公司按照20%的税率代扣代缴个人所得税。

【本题解析】选项C当选，对内地个人投资者通过深港通投资香港联交所上市H股取得的股息、红利，由H股公司按照20%的税率代扣代缴个人所得税，故该公司对此笔股息应代扣代缴的个人所得税=2 000×20%=400（元）。

选项A不当选，因为该选项的计算等式为：应代扣代缴的个人所得税=2 000×0=0（元），误按免税处理。

选项B不当选，因为该选项的计算等式为：应代扣代缴的个人所得税=2 000×10%=200（元），误按10%税率计算。

选项D不当选，因为该选项的计算等式为：应代扣代缴的个人所得税=2 000×45%=900（元），误按45%的税率计算。

思维拓展

本题涉及个人投资沪港通、深港通的个人所得税规定。为了方便考生更好地掌握该考点，将相关知识要点归纳如下：

投资者类型	转让所得	股息所得
内地个人投资者	暂免	H股，由H股公司按20%的税率代扣；非H股，由中国结算公司按20%的税率代扣
香港个人投资者		由上市公司按10%的税率代扣

12.个人投资者从基金分配中获得的下列收入中,应由基金管理公司代扣代缴个人所得税的是( )。

A.国债利息收入   B.企业债券差价收入

C.储蓄存款利息收入 D.买卖股票价差收入

【本题答案】B

【本题解析】选项B当选,对个人投资者从基金分配中获得的企业债券差价收入,应按税法规定对个人投资者征收个人所得税,税款由基金在分配时依法代扣代缴。选项ACD不当选,对投资者从基金分配中获得的国债利息、储蓄存款利息以及买卖股票的差价收入,暂不征收个人所得税。

思维拓展

本题涉及各类债券利息是否缴纳增值税、企业所得税及个人所得税的税收优惠这几个考点。为了方便考生更好地掌握该考点,将相关知识要点归纳如下:

税种	国债利息	地方债利息	铁路债券利息	国家发行的金融债券利息
增值税	免税	免税	征税	征税
企业所得税			减半征收	征税
个人所得税			减半征收	免税

历年考情

2020年单项选择题第8题考查过"利息的个人所得税税收优惠"、2019年单项选择题第8题考查过"个人所得税税收优惠"的相关知识点,请考生注意对比联合学习。

13.进口货物的成交价格不符合规定条件或成交价格不能确定,经与纳税义务人协商后,海关确认该进口货物完税价格时应优先采用的方法是( )。

A.倒扣价格估价法

B.计算价格估价法

C.类似货物成交价格估价法

D.相同货物成交价格估价法

【本题答案】D

【本题解析】选项D当选,进口货物的成交价格不符合规定或成交价格不能确定,经与纳税义务人协商后,依次以相同货物成交价格估价方法、类似货物成交价格估价方法、倒扣价格估价方法、计算价格估价方法及其他合理方法审查确定，所以优先采用的是相同货物成交价格估价法。

> **历年考情**

2023年单项选择题第13题考查过"关税完税价格的估价方法"、2022年单项选择题第13题考查过"关税完税价格的估价方法"、2020年单项选择题第12题考查过"关税完税价格的估价方法"的相关知识点，请考生注意对比联合学习。

14.下列排放的应税污染物中，暂免征收环境保护税的是（ ）。

A.机动车排放的应税污染物

B.医疗机构排放的应税污染物

C.垃圾处理厂超标排放的应税污染物

D.高新技术企业达标排放的应税污染物

【本题答案】A

【本题解析】选项A当选，机动车、铁路机车、非道路移动机械、船舶和航空器等流动污染源排放的应税污染物暂免征收环境保护税。选项B不当选，医疗机构排放的水污染物，以病床数或者污水排放量为依据计算缴纳环境保护税。选项C不当选，依法设立的城乡污水集中处理、生活垃圾集中处理场所排放相应应税污染物，不超过国家和地方规定的排放标准的，暂免征收环境保护税，超标部分应征收环境保护税。选项D不当选，在我国领域和管辖的其他海域直接向环境排放应税污染物的企业事业单位和其他生产经营者，均需缴纳环境保护税。

15.某石化公司为增值税一般纳税人，2021年1月开采原油5 010吨，对外销售2 000吨，取得不含税价款600万元，将开采的原油3 000吨用于加工生产汽油1 950吨，另将10吨原油用于开采过程中加热使用，原油资源税税率为6%。该企业当月应缴纳资源税（ ）。

A.36万元　　　　　　　　　B.71.1万元
C.90万元　　　　　　　　　D.90.18万元

【本题答案】C

【本题解析】选项C当选，具体过程如下：

该企业当月应缴纳资源税=600×6%+3 000×（600÷2 000）×6%=90（万元）。

选项A不当选，因为该选项的计算等式为：应缴纳的资源税

> **审题要点**
>
> 本题考核的是资源税税额的计算。对于资源税税额的计算，需税额要关注以下要点：
> （1）资源税的计税销售额不包括增值税。
> （2）纳税人自用应税产品（原油）连续生产非应税产品（汽油）的，应在移动环节按规定缴纳资源税，计税依据按照纳税人最近时期同类产品的平均销售价格确定。
> （3）开采过程中用于加热的原油，免征资源税。

=600×6%=36（万元），未将用于加工汽油的原油并入计税依据计算缴纳资源税。

选项B不当选，因为该选项的计算等式为：应缴纳的资源税=600×6%+1 950×（600÷2 000）×6%=71.1（万元），误将加工生产的汽油数量作为移送原油的计税依据计算缴纳资源税。

选项D不当选，因为该选项的计算等式为：应缴纳的资源税=600×6%+3 010×（600÷2 000）×6%=90.18（万元），没有考虑到用于加热原油的免税规定。

16.下列单位用地中，免征城镇土地使用税的是（　　）。

A.宗教寺庙经营用地　　B.城市公交站场用地
C.农产品加工场用地　　D.广告公司办公用地

【本题答案】B

【本题解析】选项B当选，市政街道、广场、绿化地带等公共用地免征城镇土地使用税。选项A不当选，宗教寺庙举行宗教仪式等的用地和寺庙内的宗教人员生活用地免征城镇土地使用税，经营用地应按规定缴纳城镇土地使用税。选项C不当选，直接用于农、林、牧、渔业的生产用地免征城镇土地使用税，但是不包括农副产品加工场地和生活办公用地。选项D不当选，广告公司办公地应缴纳城镇土地使用税。

历年考情

2022年多项选择题第11题考查过"城镇土地使用税税收优惠"的相关知识点，请考生注意对比联合学习。

17.某企业在市区拥有一块土地，尚未经相关部门组织测定土地面积，也未核发土地使用证书。下列关于该企业履行城镇土地使用税纳税义务的表述中，符合税法规定的是（　　）。

A.免予履行纳税义务

B.待有关部门测定完土地面积后再履行纳税义务

C.待政府核发证书确认土地面积后再履行纳税义务

D.按纳税人申报土地面积据以纳税，待核发土地使用证后再作调整

【本题答案】D

【本题解析】选项D当选，尚未组织测定，也尚未核发土地使用证书的，应由纳税人申报土地面积，并据以纳税，待核发土地使用证书以后再作调整。

思维拓展

本题涉及城镇土地使用税计税依据的确定。为了方便考生更好地掌握该考点，将相关知识要点归纳如下：

城镇土地使用税以纳税人实际占用的土地面积为计税依据，土地面积计量标准为每平方米。即税务机关根据纳税人实际占用的土地面积，按照规定的税额计算应纳税额，向纳税人征收城镇土地使用税。

纳税人实际占用的土地面积按下列办法确定：

（1）由省、自治区、直辖市人民政府确定的单位组织测定土地面积的，以测定的面积为准。

（2）尚未组织测定，但纳税人持有政府部门核发的土地使用证书的，以证书确认的土地面积为准。

（3）尚未核发土地使用证书的，应由纳税人申报土地面积，并据以纳税，待核发土地使用证书以后再作调整。

（4）对在城镇土地使用税征税范围内单独建造的地下建筑用地，按规定征收城镇土地使用税。对上述地下建筑用地暂按应征税款的50%征收城镇土地使用税。

历年考情

2023年单项选择题第16题考查过"城镇土地使用税的计税依据"的相关知识点，请考生注意对比联合学习。

18.下列行为中，应征收土地增值税的是（　　）。

A.出让国有土地使用权

B.转让国有土地使用权

C.事业单位闲置房产对外出租

D.不涉及产权转移的房屋抵押

【本题答案】B

【本题解析】选项B当选，国有土地使用权的转让，是指土地使用者通过出让等形式取得土地使用权后，将土地使用权再转让的行为，土地使用权的转让属于土地增值税的征税范围。选项A不当选，国有土地使用权的出让不属于土地增值税的征税范围。选项CD不当选，土地增值税的征税范围不包括未转让土地使用权、房产产权的行为，凡产权未转让的，不征收土地增值税，故房产对外出租和不涉及产权转移的房屋抵押不征收土地增值税。

历年考情

2020年单项选择题第17题考查过"土地增值税的征税范围"的相关知识点，请考生注意对比联合学习。

19.下列关于房产税纳税义务人的表述中，符合税法规定的是（　　）。

A.房屋出租的，由承租人纳税

B.房屋产权出典的，由出典人纳税

C.无租使用房产管理部门房产的，由房产管理部门纳税

D.房屋出租并约定有免租金期的，免收租金期由产权所有人纳税

【本题答案】D

【本题解析】选项A不当选，房产税以在征税范围内的房屋产权所有人为纳税人，房屋出租的，由出租人纳税。选项B不当选，房屋产权出典的，由于在房屋出典期间，产权所有人已无权支配房屋，因此，税法规定由对房屋具有支配权的承典人为纳税人。选项C不当选，产权所有人、承典人不在房屋所在地的，或者产权未确定及租典纠纷未解决的，由房产代管人或者使用人纳税。

历年考情

2023年单项选择题第18题考查过"房产税纳税义务人"的相关知识点，请考生注意对比联合学习。

20.下列车辆中，属于车辆购置税征税范围的是（　　）。

A.挖掘机　　　　　　B.地铁车辆

C.载货汽车　　　　　D.拖拉机牵引挂车

【本题答案】C

【本题解析】选项ABD不当选，挖掘机、地铁车辆和拖拉机牵引挂车不属于车辆购置税应税车辆。

提示：车辆购置税以列举的车辆作为征税对象，未列举的车辆不纳税。其征税范围包括汽车、有轨电车、汽车挂车、排气量超过150毫升的摩托车。地铁、轻轨等城市轨道交通车辆，装载机、平地机、挖掘机、推土机等轮式专用机械车，以及起重机（吊车）、叉车、电动摩托车，不属于应税车辆。

历年考情

2023年单项选择题第20题考查过"车辆购置税征税范围"、2020年多项选择题第11题考查过"车辆购置税征税范围"的相关知识点，请

审题要点

本题考核的是已完税的车船被盗抢、报废、灭失的车船税退税额的计算。在一个纳税年度内，已完税的车船被盗抢、报废、灭失的，纳税人可以凭有关管理机关出具的证明和完税证明，向纳税所在地的主管税务机关申请退还自被盗、报废、灭失月份起至该纳税年度终了期间的税款。

考生注意对比联合学习。

21.某企业2021年1月1日从4S店购置同款小汽车3辆，共计已纳车船税0.36万元。2021年6月15日其中1辆小汽车因交通事故报废，该企业可向税务机关申请的车船税退税额为（ ）。

A. 0.06万元　　　　　　　B. 0.07万元
C. 0.12万元　　　　　　　D. 0.21万元

【本题答案】B

【本题解析】选项B当选，本题的企业在2021年1月1日购置小汽车，2021年6月15日1辆小汽车因交通事故报废，因此可以退还报废的这1辆车6月份至12月份共7个月的车船税税款，1辆小汽车的应退税额=0.36÷3÷12×7=0.07（万元）。

选项A不当选，因为该选项的计算等式为：应退税额=0.36÷3÷12×6=0.06（万元），误从报废的次月起开始计算应退税额。

选项C不当选，因为该选项的计算等式为：应退税额=0.36÷3=0.12（万元），误按一个纳税年度的税款作为应退税额。

选项D不当选，因为该选项的计算等式为：应退税额=0.36÷12×7=0.21（万元），误将3辆车已纳税款作为应退税额依据。

历年考情

2022年单项选择题第20题考查过"车辆购置税退税额的计算"、2019年单项选择题第19题考查过"车辆购置税计税依据"的相关知识点，请考生注意对比联合学习。

22.下列各项因素中，不利于对申请人"受益所有人"身份判定的是（ ）。

A. 申请人为缔约对方居民个人

B. 缔约对方国家对有关所得征税但实际税率极低

C. 申请人无义务且也未在收到所得的12月内将所得的50%以上支付给第三国居民

D. 申请人从事不构成实质性经营活动的投资控股管理活动并从事显著的其他经营活动

【本题答案】B

【本题解析】一般来说，下列因素不利于对申请人"受益所有人"身份的判定：

（1）申请人有义务在收到所得的12个月内将所得的50%以上支付

给第三国（地区）居民，"有义务"包括约定义务和虽未约定义务但已形成支付事实的情形（选项C不当选）。

（2）申请人从事的经营活动不构成实质性经营活动。申请人从事不构成实质性经营活动的投资控股管理活动，同时从事其他经营活动的，如果其他经营活动不够显著，则不构成实质性经营活动（选项D不当选）。

（3）缔约对方国家（地区）对有关所得不征税或免税，或虽征税但实际税率极低（选项B当选）。

（4）在利息据以产生和支付的贷款合同之外，存在债权人与第三人之间在数额、利率和签订时间等方面相近的其他贷款或存款合同。

（5）在特许权使用费据以产生和支付的版权、专利、技术等使用权转让合同之外，存在申请人与第三人之间在有关版权、专利、技术等的使用权或所有权方面的转让合同。

选项A不当选，其属于判定"受益所有人"的有利条件。

📖 历年考情

2023年多项选择题第14题考查过"受益所有人"的相关知识点，请考生注意对比联合学习。

23.以关联方购进商品再销售给非关联方的价格，减去可比非关联交易毛利后的金额，作为关联方购进商品的公平成交价格的转让定价方法是（　　）。

A.利润分割法　　　　B.交易净利润法
C.再销售价格法　　　D.可比非受控价格法

【本题答案】C

【本题解析】选项A不当选，利润分割法是根据企业与其关联方对关联交易合并利润（实际或预计）的贡献计算各自应当分配的利润额。选项B不当选，交易净利润法是以可比非关联交易的利润指标确定关联交易的利润。选项D不当选，可比非受控价格法是以非关联方之间进行的与关联交易相同或者类似业务活动所收取的价格作为关联交易的公平成交价格。

📖 思维拓展

本题涉及转让定价方法及各自的适用范围这一知识点。为了方便考生更好地掌握该考点，将相关知识要点归纳如下：

方法		适用范围
可比非受控价格法		所有类型的关联交易
再销售价格法		再销售者未对商品进行改变外形、性能、结构或者更换商标等实质性增值加工的简单加工或纯购销业务
成本加成法		有形资产使用权或所有权的转让、资金融通、劳务交易等
交易净利润法		不拥有重大价值无形资产企业的有形资产使用权或所有权的转让和受让、无形资产使用权受让以及劳务交易等
利润分割法	一般利润分割法和剩余利润分割法	各参与方关联交易高度整合且难以单独评估各方交易结果的情况

📖 历年考情

2020年多项选择题第12题考查过"转让定价调整方法"的相关知识点，请考生注意对比联合学习。

24.一般情况下，纳税人与其关联企业未按照独立企业之间的业务往来支付价款、费用的，税务机关有权对其金额进行调整。调整应当自该业务往来发生的纳税年度起一定期限内进行。该期限是（　　）。

A.3年　　　　　　　　　　B.4年

C.5年　　　　　　　　　　D.6年

【本题答案】A

【本题解析】选项A当选，纳税人与其关联企业未按照独立企业之间的业务往来支付价款、费用的，税务机关自该业务往来发生的纳税年度起3年内进行调整；有特殊情况的，可以自该业务往来发生的纳税年度起10年内进行调整。

25.下列有关企业破产清算程序中税收征管的表述中，正确的是（　　）。

A.企业所欠税款对应的滞纳金按照普通破产债权申报

B.企业因继续履行合同需要开具发票的，须由税务机关为其代开发票

C.企业所欠税款、滞纳金、罚款以实际解缴税款之日为截止日计算确定

D.在人民法院裁定受理破产申请之日至企业注销之日期间，企业应暂缓缴纳相关税款

【本题答案】A

【本题解析】选项A当选，企业所欠的滞纳金、因特别纳税调整产生的利息按照普通破产债权申报。选项B不当选，企业因继续履行合

同、生产经营或处置财产需要开具发票的，管理人可以企业名义按规定申领开具发票或者代开发票。选项C不当选，企业所欠税款、滞纳金、罚款，以及因特别纳税调整产生的利息，以人民法院裁定受理破产申请之日为截止日计算确定。选项D不当选，在人民法院裁定受理破产申请之日至企业注销之日期间，企业应当接受税务机关的税务管理，履行税法规定的相关义务；破产程序中如发生应税情形，应按规定申报纳税。

26.某纳税人2021年2月擅自改动税控装置，情节严重，且限期仍不改正。下列对其处以罚款的数额符合税法规定范围的是（　　）。

A．1 000元　　　　　　　B．8 000元
C．15 000元　　　　　　 D．100 000元

【本题答案】B

【本题解析】选项B当选，纳税人未按照规定安装、适用税控装置，或者损毁、擅自改动税控装置的，税务机关责令其限期改正，可以处2 000元以下罚款；情节严重的，处以2 000元以上1万元以下的罚款。

二、多项选择题（本题型共16小题，每小题1.5分，共24分。每小题均有多个正确答案，请从每小题的备选答案中选出你认为正确的答案，用鼠标点击相应的选项。每小题所有答案选择正确的得分，不答、错答、漏答均不得分。）

1.下列税法原则中，属于税法适用原则的有（　　）。

A．税收法定　　　　　　　B．税收公平
C．程序优于实体　　　　　D．法律不溯及既往

【本题答案】CD

【本题解析】选项AB不当选，其均属于税法的基本原则。

> 审题要点
> 本题考核的是"税法适用原则"，因此需要与税法基本原则区分开。

思维拓展

本题涉及税法原则的含义和具体规定。为了方便考生更好地掌握该考点，将相关知识要点归纳如下：

项目	原则	具体规定
四项基本原则	税收法定原则（核心）	（1）税收要件法定原则。 （2）税务合法性原则（税收程序法定）
	税收公平原则	（1）税负与负担能力相等。 （2）税法面前，人人平等
	税收效率原则	经济效率，行政效率
	实质课税原则	根据纳税人的"真实负担能力"决定其税负

续表

项目	原则	具体规定
六项适用原则	法律优位原则	(1)含义：法律的效力高于行政立法的效力； (2)作用：主要用于处理不同等级税法的关系； (3)效力低的税法与效力高的税法发生冲突，效力低的税法即是无效。 【关系总结】法律＞行政法规＞行政规章
	法律不溯及既往原则	(1)含义：一部新法实施后，对新法实施之前人们的行为不得适用新法，而只能沿用旧法； (2)目的：维护税法的稳定性和可预测性
	新法优于旧法原则	(1)含义：新法、旧法对同一事项有不同规定时，新法的效力优于旧法； (2)目的：避免因法律修订使新法、旧法对同一事项有不同的规定而给法律适用带来混乱
	特别法优于普通法原则	(1)含义：对同一事项两部法律分别订有一般和特别规定时，特别规定效力高于一般规定的效力； (2)应用：居于特别法地位级别较低的税法，其效力可以高于作为普通法地位级别较高的税法（看层级不看等级）
	实体从旧、程序从新原则	(1)含义：实体税法不具备溯及力：实体法以纳税义务发生时的税务事实为准。 (2)程序性税法在特定条件下具备一定的溯及力
	程序优于实体原则	(1)含义：在诉讼发生时，税收程序法优于税收实体法适用。 (2)目的：确保国家课税权的实现，不因争议的发生而影响税款的及时、足额入库

2.下列行为中，属于增值税征收范围的有（　　）。

A.汽车销售公司销售其代销的某品牌小汽车

B.电脑生产企业将自产新型电脑无偿赠送给客户

C.航空公司根据国家指令无偿提供航空运输服务

D.房产公司购入执罚部门拍卖的罚没房产再销售

【本题答案】ABD

【本题解析】选项A当选，销售代销货物视同发生应税销售行为。选项B当选，将自产、委托加工或者购进的货物无偿赠送给其他单位和个人视同发生应税销售行为。选项D当选，执罚部门和单位查处的属于一般商业部门经营的商品，具备拍卖条件的，由执罚部门或单位商同级财政部门同意后，公开拍卖，其拍卖收入作为罚没收入由执罚部门和单位如数上缴财政，不予征收增值税；经营单位购入拍卖物品再销售的应照章征收增值税。选项C不当选，根据国家指令无偿提供的铁路运输服务、航空运输服务，属于用于公益事业的服务，不征收增值税。

历年考情

2023年单项选择题第2题考查过"生活服务"、2022年单项选择题第2题考查过"金融服务"、2021年单项选择题第2题考查过"其他现代服务"、2020年单项选择题第3题考查过"租赁服务"、2019年单项选择题第2题考查过"陆路运输服务"的相关知识点，请考生注意对比联合学习。

3.下列关于增值税专用发票开具的表述中，符合税法规定的有（ ）。

A.售卡企业销售单用途卡可以开具增值税专用发票

B.小规模纳税人提供住宿服务可自行开具增值税专用发票

C.商业企业一般纳税人零售化妆品不得开具增值税专用发票

D.金融企业一般纳税人转让金融商品不得开具增值税专用发票

【本题答案】BCD

【本题解析】选项A不当选，售卡企业销售单用途卡，售卡方可按照规定，向购卡人开具增值税普通发票，不得开具增值税专用发票。

历年考情

2022年多项选择题第3题考查过"增值税专用发票的开具"、2020年多项选择题第2题考查过多项选择题第2题考查过"列入异常凭证范围的增值税专用发票"的相关知识点，请考生注意对比联合学习。

4.下列关于消费税纳税地点的表述中，正确的有（ ）。

A.个人进口应税消费品，应向报关地海关申报纳税

B.个体工商户到外县销售自产应税消费品，应向销售地税务机关申报纳税

C.企业委托个体工商户加工应税消费品，应向企业所在地主管税务机关申报纳税

D.公司委托外县代理商代销自产应税消费品，应向公司所在地主管税务机关申报纳税

【本题答案】ACD

【本题解析】选项B不当选，纳税人到外县（市）销售或者委托外县（市）代销自产应税消费品的，于应税消费品销售后，向机构所在地或者居住地主管税务机关申报纳税。

提示：委托加工的应税消费品，除受托方为个人外，由受托方向

机构所在地或者居住地的主管税务机关解缴消费税税款。个体工商户属于"个人"，企业委托个体工商户加工应税消费品，应向企业所在地主管税务机关申报纳税。

5.从量定额计征消费税时，下列关于确定应税消费品销售数量的表述中，符合税法规定的有（　　）。

A.销售应税消费品的，为应税消费品的销售数量

B.自产自用应税消费品的，为应税消费品的移送使用数量

C.委托加工应税消费品的，为纳税人收回的应税消费品数量

D.进口应税消费品的，为海关核定的应税消费品进口征税数量

【本题答案】ABCD

【本题解析】生产销售、自产自用、委托加工和进口环节采用"从量计征"方法时销售数量的确认方法如下：

（1）销售应税消费品的，为应税消费品的销售数量（选项A当选）。

（2）自产自用应税消费品的，为应税消费品的移送使用数量（选项B当选）。

（3）委托加工应税消费品的，为纳税人收回的应税消费品数量（选项C当选）。

（4）进口的应税消费品的，为海关核定的应税消费品进口征税数量（选项D当选）。

历年考情

2023年单项选择题第6题考查过"从量定额计征消费税"的相关知识点，请考生注意对比联合学习。

6.下列在会计上已作损失处理的除贷款债权外的应收账款损失中，可在计算企业所得税应纳税所得额时扣除的有（　　）。

A.债务人死亡后其财产或遗产不足清偿的应收账款损失

B.债务人逾期1年未清偿预计难以收回的应收账款损失

C.与债务人达成债务重组协议后无法追偿的应收账款损失

D.债务人被依法吊销营业执照其清算财产不足清偿的应收账款损失

【本题答案】ACD

【本题解析】可以作为坏账损失在计算应纳税所得额时扣除的有：

（1）债务人依法宣告破产、关闭、解散、被撤销，或者被依法注

销、吊销营业执照，其清算财产不足清偿的（选项 D 当选）。

（2）债务人死亡，或者依法被宣告失踪、死亡，其财产或者遗产不足清偿的（选项 A 当选）。

（3）债务人逾期 3 年以上未清偿，且有确凿证据证明已无力清偿债务的（选项 B 不当选）。

（4）与债务人达成债务重组协议或法院批准破产重整计划后，无法追偿的（选项 C 当选）。

（5）因自然灾害、战争等不可抗力导致无法收回的。

（6）国务院财政、税务主管部门规定的其他条件。

7.企业合并采用一般性税务处理时，下列处理符合税法规定的有（　　）。

A.被合并企业应按清算进行所得税处理

B.被合并企业的亏损可以在合并企业结转弥补

C.合并企业应按公允价值确定接受被合并企业资产的计税基础

D.被合并企业股东取得合并企业股权的计税基础，以其原持有的被合并企业股权的计税基础确定

【本题答案】AC

【本题解析】企业合并采用一般性处理时，当事各方的税务处理有：

（1）合并企业应按公允价值确定接受被合并企业各项资产和负债的计税基础（选项 C 当选）。

（2）被合并企业及其股东都应按清算进行所得税处理（选项 A 当选）。

（3）被合并企业的亏损不得在合并企业结转弥补（选项 B 不当选）。

（4）被合并企业股东取得合并企业股权的计税基础，以公允价值确定（选项 D 不当选）。

思维拓展

本题涉及企业重组的一般性税务处理这一考点。为了方便考生更好地掌握该考点，将相关知识要点归纳如下：

类型	税务处理
股权资产收购	（1）被收购方应确认股权、资产转让所得或损失。 （2）收购方取得股权或资产的计税基础应以公允价值为基础确定
企业合并	（1）合并企业应按公允价值确定接受被合并企业各项资产和负债的计税基础。 （2）被合并企业及其股东都按清算进行所得税处理。 （3）被合并企业的亏损不得在合并企业结转弥补

续表

类型	税务处理
企业分立	（1）被分立企业对分立出去资产应按公允价值确认资产转让所得或损失。 （2）分立企业应按公允价值确认接受资产的计税基础。 （3）被分立企业继续存在时，其股东取得的对价应视同被分立企业分配进行处理。 （4）被分立企业不再继续存在时，被分立企业及其股东都应按清算进行所得税处理。 （5）企业分立相关企业的亏损不得相互结转弥补

8.下列所得应按照"偶然所得"项目计算缴纳个人所得税的有（　　）。

A.退休人员取得的再任职收入

B.个人从资产购买方企业取得的不竞争款项

C.个人从非任职受雇的商家取得随机发放的网络红包

D.个人在非任职受雇的企业开办的年会中奖获得的奖品

【本题答案】BCD

【本题解析】选项B当选，资产购买方企业向个人支付的不竞争款项，属于个人因偶然因素取得的一次性所得，应按照"偶然所得"项目计算缴纳个人所得税。选项CD当选，企业在业务宣传、广告等活动中，以及在年会、座谈会、庆典以及其他活动中，向本单位以外的人员赠送的礼品（包括网络红包），个人应按照"偶然所得"项目计算缴纳个人所得税。选项A不当选，退休人员取得的再任职收入按照"工资、薪金所得"应税项目计算缴纳个人所得税。

历年考情

2023年单项选择题第11题考查过"个人所得税税目——特许权使用费所得"、2021年多项选择题第9题考查过"个人所得税税目——工资、薪金所得"、2020年单项选择题第6题考查过"个人所得税税目——经营所得"、2019年单项选择题第11题考查过"个人所得税税目——综合所得"、2019年多项选择题第5题考查过"个人所得税税目——劳务报酬所得"的相关知识点，请考生注意对比联合学习。

9.对居民个人取得的下列所得，应按照"工资、薪金所得"项目计算缴纳个人所得税的有（　　）。

A.个人办理提前退休取得一次性补贴收入

B.个人股东从被投资企业无偿取得车辆所有权

C.已办理内部退养手续的个人从原任职单位取得收入

D.以单车承包方式运营的出租车驾驶员取得客货营运收入

【本题答案】ACD

【本题解析】选项A当选，个人办理提前退休取得的一次性补贴收入，按照"工资、薪金所得"单独适用综合所得税率表，计算纳税。

选项C当选，实行内部退养的个人在其办理内部退养手续后至法定离退休年龄之间从原任职单位取得的工资、薪金，不属于离退休工资，应按"工资、薪金所得"项目计征个人所得税。

选项D当选，以单车承包方式运营的出租车驾驶员取得客货营运收入，按"工资、薪金所得"项目征税；出租车属个人所有，但挂靠出租汽车经营单位或企事业单位，驾驶员向挂靠单位缴纳管理费的，或出租汽车经营单位将出租车所有权转移给驾驶员的，出租车驾驶员取得的收入，都应按照"经营所得"项目计征个人所得税。

选项B不当选，个人独资企业、合伙企业为个人投资者或者家庭成员购买车辆的，按照"经营所得"项目计征个人所得税；对除个人独资企业、合伙企业以外的其他企业为个人投资者或者其家庭成员购买车辆，视为企业对个人的红利分配，按照"利息、股息、红利所得"项目计征个人所得税；对企业其他人员取得的上述所得，按照"工资、薪金所得"项目计征个人所得税。

历年考情

2023年单项选择题第11题考查过"个人所得税税目——特许权使用费所得"、2021年多项选择题第8题考查过"个人所得税税目——偶然所得"、2020年多项选择题第6题考查过"个人所得税税目——经营所得"、2019年单项选择题第10题考查过"个人所得税税目——综合所得"、2019年多项选择题第5题考查过"个人所得税税目——劳务报酬所得"的相关知识点，请考生注意对比联合学习。

10.应税船舶负责人每次申报纳税时，可按规定选择申领一种期限的吨税执照。下列期限属于可选择吨税执照期限的有（　　）。

A. 30日　　　　　　　　B. 90日

C. 180日　　　　　　　 D. 1年

【本题答案】ABD

【本题解析】选项ABD当选，应税船舶负责人在每次申报纳税时，可以按照《吨税税目、税率表》选择申领一种期限的吨税执照，《吨税税目、税率表》中有30日、90日和1年三种期限。

11.下列项目中,属于资源税征税范围的有( )。

A.地热
B.森林
C.草场
D.宝石原矿

【本题答案】AD

【本题解析】选项A当选,地热属于"能源矿产"的征税范围。选项D当选,宝石原矿属于"非金属矿产"的征税范围。选项BC不当选,目前的资源税主要是针对矿产资源和盐进行征收,森林、草场不属于资源税的征税范围。

历年考情

2023年单项选择题第14题考查过"水资源税的征税范围"的相关知识点,请考生注意对比联合学习。

> **审题要点**
> 本题考核的是耕地占用税的税收优惠。耕地占用税对占用耕地实行一次性征收,生产经营单位和个人无减免税政策(即使国家机关占用耕地也要纳税),仅对"公益性单位"和"需照顾群体"设立减免税。

12.下列项目占用耕地,<u>需要缴纳耕地占用税</u>的有( )。

A.运煤专用铁路
B.城区内机动车道
C.学校教职工住房
D.军用侦察观测站

【本题答案】ABC

【本题解析】选项AB当选,专用铁路和城内机动车道占用耕地的,按照当地适用税额缴纳耕地占用税。选项C当选,学校内经营场所和教职工住房占用耕地的,按照当地适用税额缴纳耕地占用税。选项D不当选,军用侦查观测站属于军事设施占用耕地,免征耕地占用税。

思维拓展

本题涉及耕地占用税的减免税优惠政策这一考点。为了方便考生更好地掌握该考点,将相关知识要点归纳如下:

减免税类型	具体情形
免征	(1)军事设施占用耕地。 (2)学校、幼儿园、社会福利机构、医疗机构占用耕地。 (3)农村烈士遗属、因公牺牲军人遗属、残疾军人以及符合农村最低生活保障条件的农村居民,在规定用地标准以内新建自用住宅,免征耕地占用税。 (4)农村居民经批准搬迁,新建自用住宅占用耕地不超过原宅基地面积的部分,免征耕地占用税
减征	(1)铁路线路、公路线路、飞机场跑道、停机坪、港口、航道、水利工程占用耕地,减按每平方米2元的税额征收耕地占用税。 (2)农村居民在规定用地标准以内占用耕地新建自用住宅,按照当地适用税额减半征收耕地占用税

13.下列获得房屋产权的行为中,需要缴纳契税的有( )。

A.买房拆料
B.取得抵债房屋

C.等价交换房屋　　　　　　D.中奖取得房产

【本题答案】ABD

【本题解析】选项A当选，买房用于经营，由产权承受方缴纳契税。选项B当选，以房产抵债，视同房屋买卖，由产权承受方缴纳契税。选项D当选，以获奖方式取得房屋产权，属于赠与行为，由承受方缴纳契税。选项C不当选，土地使用权互换、房屋互换，互换价格相等的，互换双方计税依据为零，无须缴纳契税；互换价格不相等的，以其差额为计税依据，由支付差额的一方缴纳契税。

历年考情

2023年多项选择题第11题考查过"契税的征税范围"的相关知识点，请考生注意对比联合学习。

14.某交通运输企业的下列车船，属于车船税征税范围的有（　　）。

A.购置的节能汽车

B.购置的纯电动汽车

C.租入的外国籍船舶

D.未在车船管理部门登记，而在其单位内部场所作业的船舶

【本题答案】AD

【本题解析】选项A当选，节能汽车属于车船税征税范围，但是对于符合标准的节能汽车减半征收车船税。选项D当选，依法不需要在车船管理部门登记，在单位内部场所行驶或者作业的机动车辆和船舶，也属于车船税征税范围所规定的车辆、船舶。选项B不当选，纯电动乘用车不属于车船税征税范围，对其不征车船税。选项C不当选，境内单位和个人租入外国籍船舶的，不征收车船税；境内单位和个人将船舶出租到境外的，应依法征收车船税。

历年考情

2019年多项选择题第11题考查过"车船税的征税范围"的相关知识点，请考生注意对比联合学习。

15.下列关于税务机关采取税收保全措施的表述中，符合规定的有（　　）。

A.应经县以上税务局（分局）局长批准

B.冻结的存款数额以纳税人应纳税额为限

C.应当拍卖纳税人的部分财产用于抵缴税款

> **审题要点**
> 本题考核的是税收保全措施，需要将税收保全措施与税收强制执行措施进行区分。

D.保全后纳税人已按期缴纳税款的应在税务机关收到税款之日起1日内解除保全

【本题答案】ABD

【本题解析】选项C不当选,属于税收强制执行措施。在保全措施下,税务机关可以扣押、查封纳税人的价值相当于应纳税款的商品、货物或其他财产,但不能拍卖。

思维拓展

本题涉及税收保全措施和税收强制执行措施的区分这一考点。为了方便考生更好地掌握该考点,将相关知识要点归纳如下:

	税收保全措施	税收强制执行措施
时间点	规定的纳税期限之前,或责令限期缴纳的限期之内	规定的纳税期限之后,责令限期缴纳的期限届满之后
批准层级	县级以上税务局(分局)局长批准	
适用情形和法定程序	(1)在规定的纳税期之前或责令限期缴纳的限期之内,有根据认为纳税人有逃避纳税义务的行为。 (2)责令纳税人提前缴纳税款。 (3)在限期内发现纳税人有明显转移、隐匿其应纳税的商品、货物及其他财产迹象的。 (4)责令其提供纳税担保,但纳税人不能提供纳税担保的	(1)纳税人未按照规定期限缴纳税款,经责令限期缴纳,逾期仍未缴纳。 (2)应坚持"告诫在先"原则
具体措施	(1)书面通知纳税人开户银行或其他金融机构冻结纳税人的金额相当于应纳税款的存款。 (2)扣押、查封纳税人的价值相当于应纳税款的商品、货物或者其他财产	(1)书面通知开户银行或者其他金融机构从其存款中扣缴税款。 (2)扣押、查封、依法拍卖或者变卖其价值相当于应纳税款的商品、货物或者其他财产,以拍卖或者变卖所得抵缴税款。 注意:采用强制执行措施时,对未缴纳的滞纳金应同时强制执行

历年考情

2020年单项选择题第23题考查过"税收保全措施"的相关知识点,请考生注意对比联合学习。

16.下列关于税务行政复议调解的表述中,符合规定的有( )。

A.遵循客观、公正和合理原则

B.尊重申请人和被申请人的意愿

C.在查明案件事实的基础上进行调解

D.不得损害社会公共利益和他人合法权益

【本题答案】ABCD

【本题解析】税务行政复议调解应当符合下列要求：

（1）尊重申请人和被申请人的意愿（选项B当选）。

（2）在查明案件事实的基础上进行（选项C当选）。

（3）遵循客观、公正和合理原则（选项A当选）。

（4）不得损害社会公共利益和他人合法权益（选项D当选）。

三、计算问答题（本题型共4小题20分。）

1.（本小题5分。）小汽车生产企业甲为增值税一般纳税人，2021年6月相关业务如下：

（1）以预收账款方式将100辆A型小汽车销售给网约车平台公司，不含税销售价格18万元/辆，已收到全款，约定月底交付全部车辆，实际交付80辆。

（2）将10辆A型燃油小汽车奖励给"生产先进个人"，该小汽车当月平均不含税销售价格19万元/辆，最高不含税销售价格23万元/辆。

（3）委托具有出口经营权的外贸企业出口A型小汽车150辆，海关审定的实际离岸价格18.5万元/辆。

（4）1月份销售的50辆B型小汽车因故障被经销商退回，不含税销售价格25万元/辆。

（其他相关资料：A型小汽车消费税税率3%，B型小汽车消费税税率5%。）

要求：根据上述资料，按照下列序号回答问题，如有计算需计算出合计数。

（1）计算业务（1）甲企业应缴纳的消费税。

（2）计算业务（2）甲企业应缴纳的消费税。

（3）判断业务（3）甲企业是否适用出口退还增值税、消费税政策。

（4）判断业务（4）甲企业能否申请退还消费税，如能申请，请计算应退税款并说明退税手续。

审题要点

题目告知"以预收账款方式销售小汽车"，而预收账款方式销售的消费税纳税义务发生时间为发出应税消费品的当天，故应以实际交付的80辆不含税售价作为计税依据。

审题要点

对于"自产自用应税消费品"，只有"换取生产资料和消费资料、投资入股和抵偿债务"三类情形，以纳税人同类消费品的最高销售价格作为计税依据；用于其他方面时，计税依据为同类消费品的平均销售价格，所以本题奖励给"生产先进个人"的计税依据应为平均不含税销售价格19万元/辆。

审题要点

对于生产企业自营出口或委托外贸企业出口货物，增值税实行免征和退还政策；消费税只免征但不退税，因此本题出口小汽车无须办理退还消费税。

审题要点

对于纳税人销售的应税消费品，因质量等原因发生退货的，其已缴纳的消费税税款可予以退还。办理退税手续时，应将开具的红字增值税发票、退税证明等资料报主管税务机关备案。主管税务机关核对无误后办理退税。

【本题答案】

（1）应纳税额=18×80×3%=43.2（万元）

（2）应纳税额=19×10×3%=5.7（万元）

（3）不享受消费税退税，但可以享受增值税退税。

（4）能申请退还消费税。

应退税款=25×50×5%=62.5（万元）

需要提供开具的红字增值税发票、退税证明等资料交主管税务机关备案，主管税务机关核对无误后办理退税。

思维拓展

本题第（3）小题涉及增值税留抵退税与增值税免抵退税的适用条件。为了方便考生更好地掌握该考点，将相关知识要点归纳如下：

（1）增量留抵税额退还的一般纳税人，要同时符合以下条件：

①自2019年4月税款所属期起，连续六个月增量留抵税额均大于零，且第六个月增量留抵税额不低于50万元；

②纳税信用等级为A级或者B级；

③申请退税前36个月未发生骗取留抵退税、出口退税或虚开增值税专用发票情形；

④申请退税前36个月未因偷税被税务机关处罚两次及以上；

⑤自2019年4月1日起未享受即征即退、先征后返（退）。

（2）增值税免抵退税的适用条件：

方法	含义	适用范围
免抵退税办法	出口零税率，相应的进项税额抵减应纳增值税额，未抵减完的部分予以退还	（1）生产企业出口自产货物和视同自产货物，以及列名的生产企业出口非自产货物。 （2）对外提供加工修理修配劳务。 （3）适用零税率的跨境服务和无形资产
免退税办法	出口零税率，相应的进项税额予以退还	（1）不具有生产能力的出口企业或其他单位出口货物劳务——外贸企业出口货物或劳务。 （2）外贸企业外购的研发服务和设计服务出口（直接将服务或自行研发的无形资产出口，实行免抵退税办法）

历年考情

2023年单项选择题第4题考查过"增量留抵退税与增值税免抵退税"的相关知识点，请考生注意对比联合学习。2023年计算问答题第3题考查过"增值税纳税义务发生时间和进项税额抵扣"、2023年综合题第1题考查过"增值税应纳税额计算"、2022年综合题第1题考查过"增值税应纳税额计算"、2021年综合题第1题考查过"增值税应纳税额计算"、2020年综合题第1题考查过"增值税应纳税额计算"、2019年综合题第1题考查过"增值税应纳税额计算"的相关知识点，请考生注意对比联合学习。

2.（本小题5分。）居民个人张某在**某省会城市**工作，其2020年的收入与部分支出情况如下：

（1）每月工资10 000元，**含按国家标准缴纳的"三险一金"**2 500元。

（2）因**在工作城市无住房**，每月以2 000元的租金在单位附近租房居住；**每月为位于外地的首套住房偿还贷款4 000元。**

（3）12月从单位领取**年终奖30 000**

> 📝 **审题要点**
>
> 对于在省会城市工作，张某住房租金的专项附加扣除为1 500元/月。

> 📝 **审题要点**
>
> 由于本题告知每月工资10 000元是未扣除专项扣除之前的工资，在本题计算时专项扣除的标准为2 500元。

> 📝 **审题要点**
>
> 此处表明纳税人可以自行选择住房贷款利息和住房租金的专项附加扣除。住房贷款利息和住房租金只能二选一。

> 📝 **审题要点**
>
> 需要特别关注税法规定的住房贷款"利息"每月1 000元定额扣除，住房租金每月1 500元定额扣除。本题个人支付2 000元租金金额，超过了税法规定的定额标准，只可以按照每月租金限额1 500元扣除。此外，首套住房偿还贷款金额4 000元，属于贷款还款本息金额，不能作为住房贷款利息扣除的标准。

> 📝 **审题要点**
>
> 居民个人取得全年一次性奖金，在2023年12月31日前，可选择不并入当年综合所得，以全年一次性奖金除以12个月得到的数额（商数），按其商数依照按月换算后的综合所得税率表确定适用税率和速算扣除数，单独计算纳税。

元，选择单独计税。

（其他相关资料：相关专项附加扣除均由张某100%扣除，张某已向单位报送其专项附加扣除信息。）

附：综合所得个人所得税税率表（部分）

级数	全年应纳税所得额	税率	速算扣除数
1	不超过36 000元	3%	0
2	超过36 000元至144 000元的部分	10%	2 520
3	超过144 000元至300 000元的部分	20%	16 920

附：按月换算后的综合所得个人所得税税率表（部分）

级数	月应纳税所得额	税率	速算扣除数
1	不超过3 000元	3%	0
2	超过3 000元至12 000元的部分	10%	210
3	超过12 000元至25 000元的部分	20%	1 410

要求：根据上述资料，按照下列序号回答问题，如有计算需计算出合计数。

（1）回答在住房贷款利息专项附加扣除与住房租金专项附加扣除两项扣除中，张某选择哪项扣除对自己更有利，并简要说明理由。

（2）计算2020年张某应就其综合所得缴纳的个人所得税。

（3）计算2020年张某获得的年终奖应缴纳的个人所得税。

（4）从税收策划角度出发，回答张某对其年终奖选择单独纳税与并于综合所得合并纳税，哪种方式对自己更有利，并简要说明理由。

【本题答案】

（1）应选择享受住房租金专项附加扣除对自己更有利。

住房租金专项附加扣除标准每月1 500元＞住房贷款利息专项附加扣除

标准每月1 000元，因此选择享受住房租金专项附加扣除对自己更有利。

（2）综合所得应纳税所得额=10 000×12-60 000-2 500×12-1 500×12=12 000（元）

综合所得应缴纳个人所得税=12 000×3%-0=360（元）

（3）年终奖按12个月分摊后，每月的奖金=30 000÷12=2 500（元）

年终奖应纳所得税额=30 000×3%-0=900（元）

（4）应选择单独计税更有利。

或：不选择合并计税更有利。

单独计税，当年综合所得应纳所得税额=360+900=1 260（元）

合并计税，当年度综合所得应纳税所得额=12 000+30 000=42 000（元）

当年度综合所得应纳所得税额=42 000×10%-2 520=1 680（元）

历年考情

2023年计算问答题第1题考查过"稿酬所得计算、财产转让所得计算、个税税收优惠"、2022年计算问答题第1题考查过"财产转让所得的计算、综合所得的计算、年终奖个税的计算"、2020年计算问答题第2题考查过"财产租赁所得的计算、综合所得的计算和汇算清缴"、2019年计算问答题第2题考查过"工资薪金、劳务报酬预扣预缴个税的计算、综合所得的计算、年终奖个税的计算"的相关知识点，请考生注意对比联合学习。

3.（本小题5分。）某高档化妆品生

产公司为增值税一般纳税人。2021年6月开具增值税专用发票共取得高档化妆品销售收入300万元、销项税额39万元，另开具普通发票取得高档化妆品价税合计收入22.6万元；当月生产领用外购的已税高档化妆品50万元（不含增值税）作为原料生产高档化妆品。由于各种原因未按期申报缴纳6月份的消费税税款，到7月27日经主管税务机关发现并发出催缴通知书，限该公司在3日内申报缴纳。但该公司以资金困难为由，逾期仍未申报缴纳6月份的消费税税款。

（其他相关资料：该公司以一个月为消费税纳税期，高档化妆品消费税税率为15%。）

要求：根据上述资料，按照下列序号回答问题，如有计算需计算出合计数。

（1）计算该公司6月份应缴纳的消费税。

（2）回答该公司未按期缴纳6月份消费税税款，依据《税收征收管理法》应如何处理？

（3）回答该公司逾期仍未申报缴纳消费税税款，依据《税收征收管理法》税务机关可采取什么措施？

【本题答案】

（1）该公司6月应缴纳消费税=［300+22.6÷（1+13%）］×15%−50×15%=40.5（万元）

（2）税务机关可责令限期缴纳；税务机关除责令限期缴纳外，可加收滞纳金，从滞纳税款之日起，按日加收滞纳税款万分之五的滞纳金。

> ✎ 审题要点
>
> 22.6万元为价税合计收入，需进行价税分离，换算为不含增值税的收入。

> ✎ 审题要点
>
> 领用外购的高档化妆品为原料生产高档化妆品的，准予扣除已纳税款，按照当月的生产领用量计算准予扣除的外购应税消费品已纳的消费税税款。当期准予扣除的已纳税款=当期准予扣除的外购应税消费品的买价×外购应税消费品适用税率。

> ✎ 审题要点
>
> 纳税人未按期缴纳税款，税务机关可责令限期缴纳，除此之外，可以从滞纳之日起，按日加收滞纳税款万分之五的滞纳金。

> ✎ 审题要点
>
> 逾期仍未缴纳税款的，经县以上税务局（分局）局长批准，税务机关可以采取下列强制执行措施：
> （1）书面通知其开户银行或者其他金融机构从其存款中扣缴税款。
> （2）扣押、查封、依法拍卖或者变卖其价值相当于应纳税款的商品、货物或者其他财产，以拍卖或者变卖所得抵缴税款。税务机关采取强制执行措施时，对上述规定中所列纳税人未缴纳的滞纳金同时执行。

（3）逾期仍未缴纳的，经县以上税务局（分局）局长批准，税务机关可以采取强制执行措施，强制执行措施为扣押银行存款或拍卖财产抵缴税款和滞纳金。

> 📅 **历年考情**

2020年计算问答题第1题考查过"消费税税额的计算"、2019年计算问答题第1题考查过"消费税税额的计算"的相关知识点，请考生注意对比联合学习。

4.（本小题5分。）在境外注册并实质性经营的X公司在其所在国设立了持股平台M公司，并通过M公司在我国设立了N公司，其股权架构图如下所示，持股比例均为100%。M公司<u>没有配置相关的资产以及人员，除了对N公司的长期股权投资之外没有任何其他境内外资产</u>。2021年该集团发生了以下业务：

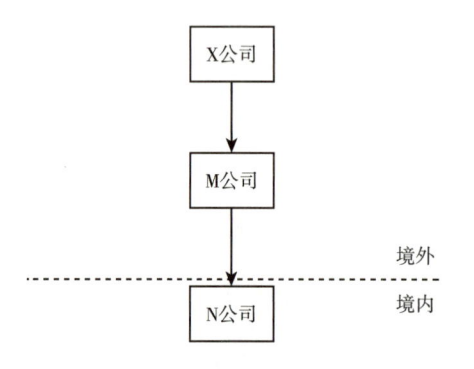

```
        ┌─────┐
        │ X公司 │
        └──┬──┘
           │
        ┌──▼──┐
        │ M公司 │
        └──┬──┘
           │            境外
    ─ ─ ─ ─│─ ─ ─ ─ ─ ─ ─ ─
           │            境内
        ┌──▼──┐
        │ N公司 │
        └─────┘
```

（1）2021年4月，N公司向X公司支付了<u>商标使用费价税合计636万元，涉及的预提所得税由X公司负担</u>。

（2）2021年6月，X公司<u>将M公司的股权转让给了第三方境外企业Y</u>。

（其他相关资料：根据X公司所在

> 🔍 **审题要点**
>
> 此处说明M公司资产总额的100%都是直接由在中国境内的投资构成，应直接认定为不具有合理的商业目的。

> 🔍 **审题要点**
>
> 境外单位向境内单位销售服务、无形资产等，由购买方作为扣缴义务人代扣代缴增值税的处理。对于增值税，商标使用费为无形资产，适用6%的税率作价税分离。
> 对于企业所得税，特许权使用费所得的来源地按照负担、支付所得的企业或者机构、场所所在地确定，X公司取得来源于我国的特许权使用费所得，因此由支付方N公司源泉扣缴企业所得税。

> 🔍 **审题要点**
>
> 由于本题X公司对M公司的股权进行了转让，被认定其不具有合理的商业目的，而非居民企业通过实施不具有合理商业目的的安排，间接转让中国居民企业股权规避企业所得税纳税义务的，应该重新定性该间接转让交易，确定为直接转让中国居民企业股权。

国与我国的税收协定，特许权使用费的协定税率为7%。N公司为增值税一般纳税人。）

要求：根据上述资料，按照下列序号回答问题，如有计算需计算出合计数。

（1）在享受协定待遇的前提下，计算业务（1）N公司支付商标使用费应代扣代缴的增值税及企业所得税。

（2）说明业务（2）X公司转让M公司的股权需要在我国缴纳企业所得税的理由，并简要说明交易双方主动向税务机关报告间接转让事项时所需要提交的相关资料。

【本题答案】

（1）N公司应代扣代缴的增值税=636÷（1+6%）×6%=36（万元）

N公司应缴纳的预提所得税=636÷（1+6%）×7%=42（万元）

（2）非居民企业通过实施不具有合理商业目的的安排，间接转让中国居民企业股权，规避企业所得税纳税义务的，应该重新定性该间接转让交易，确定为直接转让中国居民企业股权。

相关资料包括：股权转让合同或协议，股权转让前后的企业股权架构图，境外企业及直接或间接持有中国应税财产的下属企业上两个年度财务、会计报表。

间接转让中国应税财产交易不适用重新定性间接转让的理由。

历年考情

该知识点属于常考出题点，2022

年计算问答题第5题、2020年计算问答题第5题考查过"非居民企业代扣代缴增值税和企业所得税"的计算的相关知识点,请考生注意对比联合学习。

四、综合题(本题型共2小题30分。涉及计算的,要求列出计算步骤。)

1.(本小题14分。)<u>位于市区</u>的某文创企业为增值税一般纳税人。2021年5月经营业务如下:

(1)完成文创产品设计服务,收取服务费价税合计954万元,<u>尚未开具发票</u>。

(2)<u>转让2015年购买</u>的本市区商品房一套,取得含税销售额515万元,购房发票记载的该商品房的购入价为200万元。企业选择简易计税方法计征增值税。

(3)取得流动资金<u>存款利息收入</u>2万元。

(4)<u>购买燃油小汽车1辆自用</u>,取得机动车销售统一发票,支付含税款项39.55万元。

(5)向境外客户提供<u>广告投放地在境外的广告服务</u>,取得收入200万元。

(6)员工因公境内出差,取得<u>注明旅客身份信息的航空电子客票行程单</u>,票价总计4.8万元,燃油附加费总计0.65万元,民航发展基金总计0.54万元。

(7)支付信息技术服务费,取得增值税专用发票注明金额400万元、税额24万元。

(其他相关资料:小汽车车船税年

✏️ **审题要点**

此处表明城市维护建设税的税率为7%。

✏️ **审题要点**

对于增值税纳税义务发生时间,纳税人发生应税销售行为的,为收讫款或者索取销售款项凭据的当天。所以尚未开具发票,但仍要将954万元进行价税分离,按6%税率计算缴纳增值税。

✏️ **审题要点**

一般纳税人转让2016年4月30日前取得(不含自建)的不动产,可以选择适用简易计税办法计税,以取得的全部价款和价外费用扣除不动产购置原价或取得不动产时的作价后的余额为销售额,按照5%的征收率计算应纳税额。

应纳税额=(全部价款和价外费用−购置不动产的原价或作价)÷(1+5%)×5%

✏️ **审题要点**

存款利息收入不征收增值税。

✏️ **审题要点**

此处考查购买并自用的小汽车车辆购置税和车船税的处理。
车辆购置税计税依据为不含增值税的价款。
车船税的纳税义务发生时间为取得车辆的当月,所以需要缴纳8个月(5月至12月)的车船税。

✏️ **审题要点**

向境外单位销售的广告投放地在境外的广告服务,免征增值税。

✏️ **审题要点**

纳税人购进"国内旅客运输"取得注明旅客身份信息的航空电子客票行程单的,按照下列公式计算进项税额:

航空旅客运输进项税额=(票价+燃油附加费)÷(1+9%)×9%,计税依据中只包括票价和燃油附加费,不包括民航发展基金。

税额480元/辆；该企业符合增值税进项税额加计抵减条件，上期末加计抵减余额为0；员工与该企业签订了劳动合同。）

> **审题要点**
>
> 此处是对事项（6）的补充，能够抵扣进项税的"国内旅客属于服务"，限于与本单位签订了劳动合同的员工，以及本单位作为用工单位接受的劳务派遣员工发生的国内旅客运输服务。

要求：根据上述资料，按照下列顺序计算回答问题，如有计算需计算出合计数。

（1）计算业务（1）的销项税额。

（2）计算业务（2）应缴纳的增值税。

（3）判断业务（3）是否需要缴纳增值税，并说明理由。

（4）计算业务（4）应缴纳的车辆购置税；2021年应缴纳的车船税。

（5）判断业务（5）是否需要缴纳增值税，并说明理由。

（6）判断业务（6）能否抵扣进项税额，并说明理由。

（7）计算5月可抵扣的进项税额。

（8）计算5月可加计抵减的进项税额。

（9）计算5月应缴纳的增值税。

（10）计算5月应缴纳的城市维护建设税、教育费附加和地方教育附加。

【本题答案】

（1）业务（1）的销项税额=954÷（1+6%）×6%=54（万元）

（2）业务（2）应缴纳的增值税=（515−200）÷（1+5%）×5%=15（万元）

（3）业务（3）不需要缴纳，存款利息收入不征收增值税。

（4）业务（4）应缴纳的车辆购置税=39.55÷（1+13%）×10%=3.5（万元）

业务（4）2021年应缴纳的车船税

=480÷12×8=320（元）

（5）业务（5）不需要缴纳，向境外单位提供广告投放地在境外的广告服务免增值税。

（6）业务（6）可以抵扣进项税额。

与单位签订了劳动合同的员工发生的国内旅客运输服务，取得注明旅客身份信息航空电子行程单的，可以扣除进项税额。

（7）5月可抵扣进项税额=39.55÷（1+13%）×13%+（4.8+0.65）÷（1+9%）×9%+24=29（万元）

（8）5月可加计抵减的进项税额=29×10%=2.9（万元）

（9）5月应缴纳的增值税=54+15−29−2.9=37.1（万元）

（10）5月应缴纳的城市维护建设税=37.1×7%=2.597（万元）

5月应缴纳的教育费附加=37.1×3%=1.113（万元）

5月应缴纳的地方教育附加=37.1×2%=0.742（万元）

历年考情

2023年计算问答题第3题考查过"增值税纳税义务发生时间和进项税额抵扣"、2023年综合题第1题考查过"增值税应纳税额计算"、2022年综合题第1题考查过"增值税应纳税额计算"、2021年计算问答题第1题考查过"增值税应纳税额计算"、2020年综合题第1题考查过"增值税应纳税额计算"、2019年综合题第1题考查过"增值税应纳税额计算"的相关知识点，请考生注意对比联合学习。

2.（本小题16分。）甲软件企业为增值税一般纳税人。2020年取得营业收入85 000万元、投资收益600万元、其他收益2 800万元；发生营业成本30 000万元、税金及附加2 300万元、管理费用12 000万元、销售费用10 000万元、财务费用1 000万元、营业外支出800万元。2020年度甲企业自行计算的会计利润为32 300万元。

2021年2月甲企业进行2020年企业所得税汇算清缴时，聘请了某会计师事务所进行审核，发现如下事项：

（1）1月将一栋原值4 000万元的办公楼进行改建，支出500万元用于安装中央空调，该办公楼于5月31日改建完毕并投入使用，该办公楼改建当年未缴纳房产税。

（2）研发费用中含研发人员工资及"五险一金"5 000万元、外聘研发人员劳务费用300万元、直接投入材料费用400万元。

（3）4月接受乙公司委托进行技术开发，合同注明研究开发经费和报酬共计1 000万元，其中研究开发经费800万元、报酬200万元。甲企业未就该合同缴纳印花税。

（4）其他收益中含软件企业实际税负超3%的部分即征即退增值税800万元，企业将其作为不征税收入处理。

（5）5月25日支付100万元从A股市场购入股票10万股，另支付交易费用0.1万元，企业将其划入交易性金融资产，企业的会计处理为：

> **审题要点**
>
> 软件企业发生的职工培训费用享受全额企业所得税税前扣除优惠政策；在增值税中，有即征即退的税收优惠政策。

> **审题要点**
>
> 改建期间要按照原来的原值计算缴纳房产税，改建完成之后要按照新的原值计算缴纳房产税。因此，本题计算房产税时注意分段计算，从改建完成的次月开始用调整后的房产原值，所以1月至5月按4 000万元计算缴纳房产税，6月至12月份按4 500万元计算缴纳房产税，需调减应纳税所得额。

> **审题要点**
>
> 研发人员的工资及"五险一金"、外聘研发人员劳务费用以及直接投入材料费用都属于允许加计扣除的研发费用。
> 此外，软件企业属于一般企业，研发费用加计扣除比例是75%，需调减应纳税所得额。

> **审题要点**
>
> 对于技术合同的印花税，只就合同所载的报酬金额计税，研究开发经费不作为计税依据。

> **审题要点**
>
> 软件企业实际税负超3%的部分即征即退增值税，属于企业所得税中国务院规定的其他不征税收入，因此本题中企业处理是正确的，无须调整应纳税所得额。

> **审题要点**
>
> 购买交易性金融资产支付的交易费用在会计上冲减投资收益，但是在税法上计入该项交易性金融资产的成本中，不能在当期扣除，需调增应纳税所得额。

借：交易性金融资产 1 000 000
　　投资收益 1 000
　贷：银行存款 1 001 000

（6）财务费用中含向关联企业丙公司支付的1月1日至12月31日的借款利息200万元，借款本金为3 000万元，金融机构同期同类贷款利率为6%，该交易不符合独立交易原则。丙公司对甲企业的权益性投资额为1 000万元，且实际税负低于甲企业。

（7）成本费用中含实际发生的工资总额21 000万元、职工福利费4 000万元、职工教育经费3 000万元（含职工培训费用2 000万元）、拨缴工会经费400万元，工会经费取得合法票据。

（8）管理费用中含业务招待费1 000万元。

（9）营业外支出中含未决诉讼确认的预计负债600万元。

（其他相关资料：该企业享受的"两免三减半"优惠已过期，当地规定计算房产余值的扣除比例为30%，技术合同印花税税率为0.3‰，各扣除项目均在汇算清缴期取得有效凭证。）

要求：根据上述资料，按照下列顺序计算回答问题，如有计算需计算出合计数。

（1）判断业务（1）中甲企业未缴纳房产税是否正确并说明理由；若应缴纳房产税，请计算应缴纳的房产税及应调整的企业所得税应纳税所得额。

（2）回答研发费用税前加计扣除范围，并计算业务（2）研发费用应调整

审题要点
企业从其关联方接受的债权性投资与权益性投资的比例超过规定标准而发生的利息支出，不得在税前扣除，除金融企业以外的企业，债权性投资与权益性投资的比例为2∶1。同时，除满足债资比之外，还需不超过金融企业同期同类贷款利率。所以，应按照本金2 000万元，利率6%计算准予扣除的利息费用。

审题要点
对于三项经费的扣除，职工福利的扣除限额为实际发生的工资总额的14%，职工教育经费的扣除限额为实际发生工资总额的8%，工会经费的扣除限额为实际发生工资总额的2%。

审题要点
软件企业的职工培训费，是可以全额扣除的。

审题要点
业务招待费扣除限额的销售收入中包括：主营业务收入，其他业务收入和视同销售收入。此外，计算业务招待费的扣除有两个限额：一是业务招待费实际发生额的60%；二是销售收入的5‰，两者取较低的那一个金额作为扣除金额。

审题要点
预计负债属于预提的损失，并未实际发生，不允许在税前扣除，需要调增应纳税所得额。

的企业所得税应纳税所得额。

（3）计算业务（3）应缴纳的印花税及应调整的企业所得税应纳税所得额。

（4）判断业务（4）甲企业将其作为不征税收入是否正确，说明理由并计算业务（4）应调整的企业所得税应纳税所得额。

（5）计算业务（5）应调整的企业所得税应纳税所得额。

（6）计算业务（6）应调整的企业所得税应纳税所得额并说明理由。

（7）计算事项（7）职工福利费、职工教育经费、工会经费应调整的企业所得税应纳税所得额。

（8）计算事项（8）业务招待费应调整的企业所得税应纳税所得额。

（9）计算事项（9）营业外支出应调整的企业所得税应纳税所得额。

（10）计算甲企业2020年度应缴纳的企业所得税额。

【本题答案】

（1）甲企业未缴纳房产税错误。纳税人因房屋大修导致连续停用半年以上的，在房屋大修期间免征房产税。甲企业房屋改建时间为5个月，应照常缴纳房产税。

业务（1）应缴纳的房产税＝4 000×（1－30%）×1.2%÷12×5＋（4 000＋500）×（1－30%）×1.2%÷12×7＝14＋22.05＝36.05（万元）

业务（1）应调减企业所得税应纳税所得额＝36.05万元

（2）研发费用税前加计扣除范围：

人员人工费用；直接投入费用；折旧费用；无形资产摊销费用；新产品设计费、新工艺规程制定、新药研制的临床试验、勘探开发技术的现场试验费；其他相关费用。

业务（2）研发费用应调减应纳税所得额=（5 000+300+400）×75%=4 275（万元）

（3）业务（3）应缴纳的印花税=（1 000-800）×0.3‰=0.06（万元）

业务（3）应调减企业所得税应纳税所得额=0.06万元

（4）业务（4）处理正确。

软件企业实际税负超3%的部分即征即退增值税属于企业所得税中国务院规定的其他不征税收入，其他不征税收入是指企业取得的，由国务院财政、税务主管部门规定专项用途并经国务院批准的财政性资金。

财政性资金，是指企业取得的来源于政府及其有关部门的财政补助、补贴、贷款贴息，以及其他各类财政专项资金，包括直接减免的增值税和即征即退、先征后退、先征后返的各种税收，但不包括企业按规定取得的出口退税款。

业务（4）应调减企业所得税应纳税所得额=800万元

（5）业务（5）应调增企业所得税应纳税所得额=0.1万元

（6）企业实际支付给关联方的利息支出，不超过规定比例和税法规定计算的部分，准予扣除。

业务（6）应调增企业所得税应纳税所得额=200-2×1 000×6%=80（万元）

（7）职工福利费限额=21 000×14%=2 940（万元）

超过限额，调增应纳税所得额=4 000–2 940=1 060（万元）。

职工教育经费限额=21 000×8%=1 680（万元），职工培训费用可全额扣除。

未超过限额，不需要调整。

工会经费扣除限额=21 000×2%=420（万元），未超过限额，不需要调整。

（8）业务招待费限额1=85 000×5‰=425（万元）；限额2=1 000×60%=600（万元）

超过限额，调增应纳税所得额=1 000–425=575（万元）。

（9）营业外支出应调增应纳税所得额600万元。

（10）应纳税所得额=32 300–36.5–4 275–0.06–800+0.1+80+1 060+575=28 903.54（万元）

甲企业应缴纳企业所得税=28 903.54×25%=7 225.89（万元）

思维拓展

本题涉及企业所得税按照税法规定限额扣除项目的计算这一知识点。为了方便考生更好地掌握该考点，相关知识要点归纳见2023年综合题第2题【思维拓展】。

抢分秘籍

企业所得税的计算属于《税法》考试中难度大的题目，需要综合考虑会计核算、其他税费的计算、企业所得税纳税调整、企业所得税税收优惠等多个知识要点。

但是只要把握核心公式"企业所得税税额=（利润总额+纳税调整增加额–纳税调整减少额）×适用税率"就可以提高得分率。

为了考生更好地应对土地增值税的计算，对该类题目计算步骤归纳见相关知识要点归纳见2023年综合题第2题【抢分秘籍】。

历年考情

2023年综合题第2题考查过"不征税收入、劳务派遣费用、研发费用加计扣除、职工三项经费"、2022年综合题第2题考查过"不征税收入、业务招待费的扣除、广告费和业务宣传费扣除、职工三项经费、公益捐赠的扣除"、2020年综合题第2题考查过"不征税收入、业务招待费的扣除、广告费和业务宣传费扣除、职工三项经费的扣除、以前年度亏损的弥补"、2019年综合题第2题考查过"业务招待费的扣除、广告费和业务宣传费扣除、职工三项经费、劳务派遣费用、研发费用加计扣除、不得扣除项目"的相关知识点，请考生注意对比联合学习。

2020年注册会计师全国统一考试《税法》真题详解

一、单项选择题（本题型共24小题，每小题1分，共24分。每小题只有一个正确答案，请从每小题的备选答案中选出一个你认为正确的答案，用鼠标点击相应的选项。）

1.现行证券交易印花税收入在中央政府与地方政府之间划分的比例是（   ）。

A.100%归中央政府

B.100%归地方政府

C.中央政府与地方政府各分享50%

D.中央政府分享97%，地方政府分享3%

【本题答案】A

【本题解析】选项A当选，证券交易印花税全部归中央政府，其余印花税归地方政府。

思维拓展

本题涉及税收收入的划分这一考点。为了方便考生更好地掌握该考点，相关知识要点归纳见2023年多项选择题第1题【思维拓展】。

2.增值税一般纳税人发生的下列应税行为中，适用6%税率计征增值税的是（   ）。

A.提供建筑施工服务

B.销售非现场制作食品

C.出租2020年新购入的房产

D.通过省级土地行政主管部门设立的交易平台转让补充耕地指标

【本题答案】D

【本题解析】选项D当选，一般纳税人通过省级土地行政主管部门设立的交易平台转让补充耕地指标按照"销售无形资产"缴纳增值税，适用增值税税率为6%。选项A不当选，一般纳税人提供建筑施工服务属于建筑服务，适用增值税税率为9%。选项B不当选，一般纳税人现场制作食品并销售属于餐饮服务；销售非现场制作食品属于正常的销售货物行为适用增值税税率为13%或9%。选项C不当选，一般纳税人出租2020年新购入的房产属于不动产租赁服务，按照一般计税方法适用增值税税率9%。

思维拓展

一般纳税人转让土地使用权，适用增值税税率为9%，而转让补充耕地指标适用增值税税率为6%。

3.下列增值税应税服务项目中，应按照"租赁服务"计征增值税的是（　　）。

A.融资性售后回租

B.写字楼广告位出租

C.航空运输的湿租业务

D.提供会议场地及配套服务

【本题答案】B

【本题解析】选项B当选，写字楼广告位出租属于"现代服务——租赁服务"。选项A不当选，融资性售后回租业务，按照"金融服务——贷款服务"缴纳增值税。选项C不当选，航空运输的湿租业务，按照"交通运输服务——航空运输服务"缴纳增值税；航空运输的干租业务，按照"现代服务——租赁服务"缴纳增值税。选项D不当选，提供会议场地及配套服务，按照"现代服务——会议展览服务"缴纳增值税。

> **审题要点**
> 本题考核的是增值税征税范围中的"租赁服务"。在判断某项业务是否属于租赁服务时，不能仅仅根据"租赁"字样判断，而需要对交通运输服务、金融服务与现代服务——租赁服务进行区分。

历年考情

在2023年单项选择题第2题考查过"生活服务"、2022年单项选择题第2题考查过"金融服务"、2021年单项选择题第2题考查过"其他现代服务"、2021年多项选择题第2题考查过"征税范围"、2019年单项选择题第2题考查过"陆路运输服务"的相关知识点，请考生注意对比联合学习。

4.下列产品中，在计算缴纳消费税时准许扣除外购应税消费品已纳消费税的是（　　）。

A.外购已税烟丝连续生产的卷烟

B.外购已税游艇生产的应税游艇

C.外购已税溶剂油生产的应税涂料

D.外购已税摩托车生产的应税摩托车

【本题答案】A

【本题解析】外购以下应税消费品用于连续生产应税消费品的，允许扣除外购消费品已纳的消费税税款的范围（9项）：

（1）外购已税烟丝生产的卷烟（选项A当选）。

> **审题要点**
> 从选项中可以判断本题考核的是"外购应税消费品用于连续生产应税消费品"的情况。

（2）外购已税高档化妆品生产的高档化妆品。

（3）外购已税珠宝玉石生产的贵重首饰及珠宝玉石。

（4）外购已税鞭炮焰火生产的鞭炮焰火。

（5）外购已税杆头、杆身和握把为原料生产的高尔夫球杆。

（6）外购已税木制一次性筷子为原料生产的木制一次性筷子。

（7）外购已税实木地板为原料生产的实木地板。

（8）以外购已税汽油、柴油、石脑油、燃料油、润滑油用于连续生产应税成品油。

（9）从葡萄酒生产企业购进、进口葡萄酒连续生产应税葡萄酒。

> **思维拓展**
>
> 本题涉及委托加工应税消费品收回后的税务处理这一考点。为了方便考生更好地掌握该考点，将相关知识要点归纳如下：

情形	具体规定	扣除范围限制
直接出售（不高于受托方的计税价格）	不再缴纳消费税	—
以高于受托方的计税价格出售	需按规定申报缴纳消费税，在计税时准予按"销售比例"扣除受托方已代收代缴的消费税	无限制
用于连续生产应税消费品	需按规定申报缴纳消费税，在计税时准予按"生产领用数量"扣除受托方已代收代缴的消费税	有限制（8类）

5.下列产品中，属于消费税征税范围的是（　　）。

A.果啤　　　　　　　　B.高尔夫车

C.变压器油　　　　　　D.洗发香波

【本题答案】A

【本题解析】选项A当选，果啤应按"酒——啤酒"税目征收消费税。选项B不当选，沙滩车、雪地车、卡丁车、高尔夫车不属于消费税征收范围，不征收消费税。选项C不当选，变压器油、导热类油等绝缘油类产品不属于润滑油，不征收消费税。选项D不当选，高档化妆品包括高档美容、修饰类化妆品、高档护肤类化妆品和成套化妆品；不包含洗发香波。

> **历年考情**
>
> 2023年单项选择题第5题考查过"消费税税目——成品油"、2019年单项选择题第5题考查过"消费税税目"的相关知识点，请考生注意

对比联合学习。

6.（已按最新政策修改）某公司2022年从业人数130人，资产总额2 000万元，年度应纳税所得额210万元，则该公司当年应纳企业所得税为（   ）。

A. 5.25万元　　　　　　　B. 8万元

C. 42万元　　　　　　　　D. 52.5万元

【本题答案】B

【本题解析】选项B当选，具体过程如下：

该企业当年应纳企业所得税=100×12.5%×20%+110×25%×20%=8（万元）。

选项A不当选，因为该选项的计算等式为：应纳企业所得税=210×12.5%×20%=5.25（万元），误将全部应纳税所得额210万元减按12.5%作为计税基础。

选项C不当选，因为该选项的计算等式为：应纳企业所得税=210×20%=42（万元），只考虑到了小微企业税率的优惠为20%，未考虑应纳税所得额的优惠。

选项D不当选，因为该选项的计算等式为：应纳企业所得税=210×25%=52.5（万元），未能识别出该企业为小微企业，从而应当享受税收优惠，而是直接按照一般居民企业税率25%计算。

7.某企业成立于2019年5月，其财务人员于2020年4月向聘请的注册会计师咨询可享受企业所得税优惠政策的小型微利企业认定标准。财务人员的下列表述中，符合税法规定的是（   ）。

A.小型微利企业优惠政策可适用于限制性行业

B.小型微利企业资产总额指标按企业全年的季度平均值确定

C.计算小型微利企业从事人数指标时不包括企业接受的劳务派遣人数

D.年度中间开业的小型微利企业从下一实际经营期开始确定相关指标

【本题答案】B

【本题解析】选项A不正确，小型微利企业优惠政策不适用于限制性行业。选项C不正确，计算小型微利企业从业人数指标时包括企业接受的劳务派遣人数。选项D不正确，年度中间开业或者终止经营活动的，以其实际经营期作为一个纳税年度确定上述指标。

8.个人取得的下列利息收入中，应缴纳个人所得税的是（   ）。

审题要点

本题考核的是小型微利企业的企业所得税优惠。在小型微利企业的企业所得税时，需要考虑两个方面：

（1）先判断企业类型：对于从事国家非限制和禁止行业，且同时符合年度应纳税所得额不超过300万元、从业人数不超过300人、资产总额不超过5 000万元三项条件的企业，属于小型微利企业。

本题的企业年应纳税所得额未超过300万元、从业人数未超过300人、资产总额未超过5 000万元，属于小型微利企业。

（2）小微企业的企业所得税税收优惠包括：

①减按20%的税率征收企业所得税。

②年应纳税所得额不超过100万元的部分，减按12.5%计入应纳税所得额；年应纳税所得额超过100万元但不超过300万元的，减按25%计入应纳税所得额。

审题要点

本题实际考核的是个人取得利息收入可以享受的个人所得税税收优惠政策。

A.财政部发行国债的利息
B.个人教育储蓄存款的利息
C.企业发行公司债券的利息
D.国家发行金融债券的利息

【本题答案】C

【本题解析】选项C当选，个人取得企业发行公司债券的利息应按"利息、股息、红利所得"缴纳个人所得税。选项ABD不当选，国债利息、国家发行金融债券的利息及个人储蓄存款的利息免征个人所得税。

思维拓展

本题涉及各类债券利息是否缴纳增值税、企业所得税及个人所得税的税收优惠这几个考点。为了方便考生更好地掌握该考点，相关知识要点归纳见2021年单项选择题第12题【思维拓展】。

历年考情

2021年单项选择题第12题考查过"个人所得税税收优惠"、2019年单项选择题第8题考查过"个人所得税税收优惠"的相关知识点，请考生注意对比联合学习。

9.居民个人取得的下列所得中，在计缴个人所得税时可享受专项附加扣除的是（　　）。

A.综合所得　　　　　　B.偶然所得
C.财产租赁所得　　　　D.财产转让所得

【本题答案】A

【本题解析】选项A当选，纳税人取得的综合所得可以享受专项附加扣除。

坑点提示

取得综合所得和经营所得的居民个人可以享受专项附加扣除。

10.下列关于城市维护建设税税务处理的表述中，符合税法规定的是（　　）。

A.纳税人违反增值税法规定被加收的滞纳金应计入城市维护建设税的计税依据
B.海关进口产品代征的增值税应同时代征城市维护建设税
C.退还出口产品增值税时应同时退还已缴纳的城市维护建设税

D.实行增值税期末留抵退税的纳税人,准予从城市维护建设税的计税依据中扣除退还的增值税税额

【本题答案】D

【本题解析】(1)城市维护建设税计税依据应包括的项目有:

①实际缴纳的增值税、消费税。

②被查补的增值税、消费税。

③出口产品退还增值税、消费税(不退附加)(选项C不当选)。

④出口业务的增值税免抵税额。

(2)城市维护建设税计税依据中不应包括的项目有:

①纳税人违反规定而被加收的滞纳金和罚款(选项A不当选)。

②进口货物或境外向境内销售劳务、服务、无形资产缴纳的增值税、消费税(选项B不当选)。

③直接减免的增值税、消费税。

④期末留抵退税退还的增值税(选项D当选)。

11.因纳税义务人违反规定而造成的少征关税,海关可以自纳税义务人缴纳税款或者货物、物品放行之日起的一定期限内追征。这一期限是( )。

A. 1年 B. 3年

C. 5年 D. 10年

【本题答案】B

【本题解析】选项B当选,根据《中华人民共和国海关法》和《中华人民共和国进出口关税条例》的规定,因纳税人违反规定而造成的少征或者漏征税款,自纳税人缴纳税款或者货物、物品放行之日起3年内追征,按日加收少征或者漏征税款万分之五的滞纳金。

📋 思维拓展

本题涉及关税的追征与补征。为了方便考生更好地掌握该考点,将相关知识要点归纳如下:

(1)追征:指因纳税人原因造成的少征关税。

关税追征的规定为:因纳税人违反规定而造成的少征或者漏征税款,自纳税人缴纳税款或者货物、物品放行之日起3年内追征,按日加收少征或者漏征税款万分之五的滞纳金。

(2)补征:指非因纳税人原因造成的少征关税。

关税补征的规定为:进出境货物和物品放行后,海关发现少征或

者漏征税款，应当自缴纳税款或者货物、物品放行之日起1年内，向纳税义务人补征税款。这种情况下没有加征滞纳金的规定。

12.在以成交价格估价方法确定进口货物完税价格时，下列各项费用应计入完税价格的是（　　）。

A.由买方负担的购货佣金

B.在进口货物价款中单独列明的设备进口后发生的维修费

C.在进口货物价款中单独列明的设备进口后发生的保修费用

D.在进口货物价款中单独列明的在境内复制进口货物而支付的费用

【本题答案】C

【本题解析】选项A不当选，由买方负担的除购货佣金以外的佣金和经纪费应计入完税价格，买方负担的"购货佣金"不计入完税价格。

选项B不当选、选项C当选，厂房、机械、设备等货物进口后发生的建设、安装、装配、维修或者技术援助不计入完税价格，但是保修费用除外。

选项D不当选，由在进口货物价款中单独列明的为在境内复制进口货物而支付的费用，不应计入关税完税价格。

思维拓展

本题涉及关税完税价格的确定这一考点。为了方便考生更好地掌握该考点，将相关知识要点归纳如下：

应计入关税完税价格的项目	不应计入关税完税价格的项目
（1）由买方负担的除购货佣金以外的佣金和经纪费。 （2）由买方负担的与该货物视为一体的容器费用。 （3）由买方负担的包装材料费用和包装劳务费用。 （4）与该货物的生产和向我国境内销售有关的，由买方以免费或低于成本方式提供的材料、部件、零件、工具、模具等货物，以及在境外进行的设计、研发、制图等服务。 （5）与该货物有关并作为卖方向我国销售该货物的一项条件，应由买方向卖方或者有关方直接或间接支付的特许权使用费。 （6）卖方直接或间接从买方对该货物进口后转售、处置或使用所得中获得的收益	单独列明的下列项目，不计入该货物的完税价格： （1）厂房、机械或者设备等货物进口后发生的建设、安装、装配、维修或者技术援助费用，但是保修费用除外。 （2）进口货物运抵我国境内输入地点起卸后发生的运输及其相关费用、保险费。 （3）进口关税、进口环节海关代征税及其他国内税。 （4）为在境内复制进口货物而支付的费用。 （5）境内外技术培训及境外考察费用。 （6）符合条件的为购买进口货物而融资所产生的利息费用

历年考情

2023年单项选择题第13题考查过"关税完税价格的估价方法"、2022年单项选择题第13题考查过"关税完税价格的估价方法"、2021年单项选择题第13题考查过"关税完税价格的估价方法"的相关知识点,请考生注意对比联合学习。

13.下列开采资源的情形中,依法免征资源税的是(　　)。

A.开采稠油

B.开采页岩气

C.从衰竭期矿山开采的矿产品

D.煤炭开采企业因安全生产需要抽采的煤层气

【本题答案】D

【本题解析】选项D当选,煤炭开采企业因安全生产需要抽采的煤层气免征资源税。选项A不当选,稠油、高凝油资源税减征40%。选项B不当选,对页岩气资源税按6%的规定税率减征30%(自2018年4月1日至2023年12月31日)。选项C不当选,从衰竭期矿山开采的矿产品,资源税减征30%。

思维拓展

本题涉及资源税减免征项目的优惠政策这一考点。为了方便考生更好地掌握该考点,将相关知识要点归纳如下:

减免税优惠		具体适用情形
免税		(1)开采原油以及油田范围内运输原油过程中用于加热的原油、天然气。 (2)煤炭开采企业因安全生产需要抽采的煤成(层)气
减税	减征20%	从低丰度油气田开采的原油、天然气
	减征30%	(1)高含硫天然气、三次采油和从深水油气田开采的原油、天然气。 (2)从衰竭期矿山开采的矿产品
	减征40%	稠油、高凝油
其他减免税		自2014年12月1日至2023年8月31日,对充填开采置换出来的煤炭,资源税减征50%

历年考情

2022年多项选择题第10题考查过"资源税税收优惠"的相关知识点,请考生注意对比联合学习。

14.下列关于城镇土地使用税征收方法的表述中，符合税法规定的是（　　）。

A.按月计算缴纳　　　　　　B.按季计算缴纳

C.按年计算、分期缴纳　　　D.按半年计算、分期缴纳

【本题答案】C

【本题解析】选项C当选，城镇土地使用税按年计算、分期缴纳。

思维拓展

城镇土地使用税和房产税，都是持有财产期间缴纳的税种，都是按年计算、分期缴纳的征收方法，具体纳税期限由省、自治区、直辖市人民政府确定。

15.下列房屋及建筑物中，属于房产税征税范围的是（　　）。

A.加油站的遮阳棚

B.农村的居住用房

C.位于市区的经营性用房

D.建在室外的露天游泳池

【本题答案】C

【本题解析】选项C当选，该房屋位于市区，属于"城市、县城、建制镇和工矿区"的房产，在房产税的征税范围内。选项AD不当选，加油站的遮阳棚、建在室外的露天游泳池，没有屋面和围护结构、不能遮风避雨，不属于房产税中的"房产"，不征收房产税。选项B不当选，房产税的征税范围不包括农村。

> **审题要点**
>
> 本题实际考核的是"房产税的征税范围"。房产税是以房产为征税对象。所谓房产，是指有屋面和围护结构（有墙或两边有柱），能够遮风避雨，可供人们在其中生产、学习、工作、娱乐、居住或储藏物资的场所。

16.居民甲将一套价值为100万元的一居室住房与居民乙交换成一套两居室住房，支付给乙换房差价款50万元，当地契税税率为4%。则甲应缴纳的契税为（　　）。

A.0万元　　　　　　　　　B.2万元

C.4万元　　　　　　　　　D.6万元

【本题答案】B

【本题解析】选项B当选，具体过程如下：

甲应缴纳契税=50×4%=2（万元）。

选项A不当选，此选项误认为契税是卖方税或是交换住房免征契税。

选项C不当选，因为该选项的计算等式为：应缴纳的契税=100×4%=4（万元），误将换出房屋的价值作为契税的计税依据。

> **审题要点**
>
> 本题实际考核的是契税税额的计算。本题关于契税税额的计算，需要注意两点：
> （1）计算契税时，对于土地使用权交换、房屋交换行为，其计税依据是所交换的土地使用权、房屋的价格差额。
> （2）交换价格相等时，免征契税。交换价格不等时，因契税是买方承受的税，所以由多交付的货币、实物、无形资产或者其他经济利益的一方缴纳契税。

选项D不当选，因为该选项的计算等式为：应缴纳的契税=（100+50）×4%=6（万元），误将换出房屋的价值和支付的差价之和作为契税的计税依据。

> **思维拓展**
>
> 本题涉及在房地互换的情形中契税和土地增值税的规定。为了方便考生更好地掌握该考点，将相关知识要点归纳如下：
>
> （1）契税的规定：由支付差价的一方按照差价作为计税依据计算契税，单位和个人均适用。
>
> （2）土地增值税的规定：双方均应该按照换出房产的价值减去可扣除项目计算出的增值额作为计税依据。但是个人之间转让自有居住用房产，经当地税务机关核实，免征土地增值税。企业之间房产互换无税收优惠，应征收土地增值税。

17.下列行为中，属于土地增值税征税范围的是（　　）。

A.企业间的房屋置换

B.某人将自有房产无偿赠与子女

C.某人将自有的一套闲置住房出租

D.某企业通过福利机构将一套房产无偿赠与养老院

【本题答案】A

【本题解析】选项B不当选，房地产赠与直系亲属，不属于土地增值税的征税范围。选项C不当选，房地产的出租，没有发生产权转移，不属于土地增值税的征税范围。选项D不当选，房产所有人、土地使用权所有人通过中国境内非营利的社会团体、国家机关将房屋产权、土地使用权赠与教育、民政和其他社会福利、公益事业的，不属于土地增值税的征税范围。

> **思维拓展**
>
> 本题涉及土地增值税和契税不征税和免税的情形这一考点。为了方便考生更好地掌握该考点，将相关知识要点归纳如下：

产权转移方式	土地增值税的情形	契税的情形
赠与	不征：（1）赠与直系亲属或承担直接赡养义务人的。 （2）通过中国境内非营利的社会团体、国家机关赠与教育、民政和其他社会福利、公益事业的	免征：婚姻关系存续期间夫妻之间变更土地、房屋权属

171

续表

产权转移方式	土地增值税的情形	契税的情形
互换	免征：个人互换自有住房	无须缴纳：互换价格相等时
继承	不征：均不属于征税范围	不征：法定继承

📖 历年考情

2021年单项选择题第18题考查过"土地增值税的征税范围"的相关知识点，请考生注意对比联合学习。

18.下列车船中，免征车船税的是（　　）。

A.洒水车　　　　　　　B.非机动驳船

C.纯天然气动力船舶　　D.双燃料轻型商用车

【本题答案】C

【本题解析】选项C当选，纯天然气动力船舶属于新能源船舶，对新能源车船免征车船税。选项A不当选，洒水车属于专业作业车在车船的征税范围内，且无税收优惠。选项B不当选，非机动驳船按照机动船舶税额的50%计算缴纳车船税，而非免税。选项D不当选，免征车船税的新能源汽车，是指纯电动"商用车"、插电式（含增程式）混合动力汽车、燃料电池"商用车"，双燃料轻型商用车是符合标准的双燃料轻型和重型商用车，应减半征收车船税。

📖 坑点提示

（1）纯电动乘用车和燃料电池乘用车不属于车船税征税范围，对其不征车船税。

（2）设有固定装置的非运输专用作业车免征车辆购置税，但是不免车船税。

📖 历年考情

2022年单项选择题第21题考查过"车船税税收优惠"的相关知识点，请考生注意对比联合学习。

19.货物运输合同计征印花税的计税依据是（　　）。

A.运费收入　　　　　　B.运费收入加保险费

C.运费收入加装卸费　　D.运费收入加所运货物金额

【本题答案】A

【本题解析】选项A当选，运输合同的计税依据为取得的运输费金额，但不包括所运货物金额、装卸费和保险费用等。

> 📋 **历年考情**

2019年单项选择题第20题考查过"印花税的计税依据"的相关知识点，请考生注意对比联合学习。

20.预约定价安排中确定关联交易利润水平应采取的方法是（　　）。

A.中位值法　　　　　　B.四分位法

C.八分位法　　　　　　D.百分位法

【本题答案】B

【本题解析】选项B当选，预约定价安排采用四分位法确定价格或利润水平。执行期间，如果企业当年实际经营结果在四分位区间之外，税务机关可以将实际经营结果调整到四分位区间中位值。

21.某居民企业2019年境内应纳税所得额500万元，其在甲国非独立纳税的分支机构发生亏损600万元，则该分支机构可以无限期向后结转弥补的亏损额为（　　）。

A. 0万元　　　　　　　B. 100万元

C. 500万元　　　　　　D. 600万元

【本题答案】C

【本题解析】选项C当选，企业整体是亏损的，即境内外应纳税所得额=500-600=-100（万元），小于0；因此要将境外亏损拆分为两个部分，相当于境内所得的部分（500万元）是企业的非实际亏损额，可以无限期向后结转弥补；超过境内所得的部分100万元（600-500），只能在我国企业所得税法规定的补亏期内结转弥补。

选项A不当选，该选项误认为境外分支机构发生的亏损不可以结转弥补。

选项B不当选，因为该选项的计算等式为：该分支机构可以无限期向后结转弥补的亏损额=600-500=100（万元），误以为境外分支机构发生的亏损可以抵减境内盈利，未抵减部分可以无限期结转弥补亏损。

选项D不当选，误以为境外分支机构发生的亏损可以无限期结转弥补亏损。

22.下列关于纳税信用修复的表述中，符合税法规定的是（　　）。

A.非正常户失信行为一个纳税年度内可申请两次纳税信用修复

B.纳税信用修复完成后，纳税人之前已适用的税收政策和管理服务措施要作追溯调整

C.主管税务机关自受理纳税信用修复申请之日起30日内完成审核,并向纳税人反馈结果

D.纳税人履行相应法律义务并由税务机关依法解除非正常户状态的,可在规定期限内向税务机关申请纳税信用修复

【本题答案】D

【本题解析】选项D当选,纳税人履行相应法律义务并由税务机关依法解除非正常户状态的,可在规定期限内向税务机关申请纳税信用修复。

选项A不当选,非正常户失信行为信用修复,一个纳税年度内只能申请一次(纳税年度自公历1月1日起至12月31日止)。

选项B不当选,纳税信用修复完成后,纳税人按照修复后的纳税信用级别适用相应的税收政策和管理服务措施,之前已适用的税收政策和管理服务措施不作追溯调整。

选项C不当选,主管税务机关自受理纳税信用修复申请之日起15日内完成审核,并向纳税人反馈结果。

历年考情

2019年单项选择题第23题考查过"纳税信用管理"的相关知识点,请考生注意对比联合学习。

23.下列关于税务机关在实施税收保全措施时应注意事项的表述中,符合税法规定的是(　　)。

A.经税务所长批准后即能施行

B.可由1名税务人员单独执行货物查封

C.税务机关可通知纳税人开户银行冻结其大于应纳税款的存款

D.解除保全措施的时间是收到税款或银行转回的完税凭证之日起1日内

【本题答案】D

【本题解析】选项D当选,如果纳税人在税务机关采取税收保全措施后按照税务机关规定的期限缴纳了税款,税务机关应当自收到税款或银行转回的完税凭证之日起1日内解除税收保全。选项A不当选,实施税收保全措施须经"县以上税务局(分局)局长"批准。选项B不当选,税务机关执行扣押、查封商品、货物或其他财产时,必须由"2"名以上税务人员执行,并通知被执行人。选项C不当选,可书面通知纳税人的开户银行或其他金融机构冻结纳税人的"金额相当于应纳税款"

的存款。

> **思维拓展**

本题涉及税收保全措施和税收强制执行措施的区分这一知识点。为了方便考生更好地掌握该考点，相关知识要点归纳见2021年多项选择题第15题【思维拓展】。

> **历年考情**

2021年多项选择题第15题考查过"税收保全措施"的相关知识点，请考生注意对比联合学习。

24.下列关于税务行政处罚权设定的表述中，符合税法规定的是（　　）。

A.省级税务机关可以设定罚款

B.市级税务机关可以设定警告

C.国务院可以设定各种税务行政处罚

D.税务行政规章对非经营活动中的违法行为设定罚款不得超过1 000元

【本题答案】D

【本题解析】选项AB不当选，尚未制定法律、行政法规的，国家税务总局可以通过规章的形式设定警告和罚款。省级市级税务机关没有设定税务行政处罚的权限，只能在税收法律、法规、规章规定给予行政处罚的行为、种类和幅度的范围内作出具体规定。选项C不当选，国务院可以通过行政法规的形式设定"除限制人身自由以外"的税务行政处罚，全国人民代表大会及其常委会可以通过法律的形式设定各种税务行政处罚，应注意辨析细节。

> **历年考情**

2023年单项选择题第26题考查过"税务行政处罚的设定"的相关知识点，请考生注意对比联合学习。

二、多项选择题（本题型共14小题，每小题1.5分，共21分。每小题均有多个正确答案，请从每小题的备选答案中选出你认为正确的答案，用鼠标点击相应的选项。每小题所有答案选择正确的得分，不答、错答、漏答均不得分。）

1.下列税种中,由全国人民代表大会或其常务委员会通过,以国家法律形式发布实施的有( )。

A.资源税　　　　　　　B.增值税

C.车辆购置税　　　　　D.环境保护税

【本题答案】ACD

【本题解析】选项B不当选,目前我国增值税尚未立法,《增值税暂行条例》由全国人大授权国务院制定,不是以国家法律形式发布实施的。

抢分秘籍

记忆以"暂行条例"形式存在的税法,用排除法做题是相对简单的方式。

在现行税法中,已颁布并实施的法律有:《企业所得税法》《个人所得税法》《车船税法》《环境保护税法》《烟叶税法》《船舶吨税法》《车辆购置税法》《耕地占用税法》《资源税法》《契税法》《城市维护建设税法》《印花税法》《税收征收管理法》。

以"暂行条例"形式存在的有:《增值税暂行条例》《消费税暂行条例》《土地增值税暂行条例》《房产税暂行条例》《城镇土地使用税暂行条例》。

2.下列情形中的增值税专用发票,应列入异常凭证范围的有( )。

A.纳税人丢失的税控设备中已开具并上传的增值税专用发票

B.经税务总局大数据分析发现纳税人涉嫌虚开的增值税专用发票

C.非正常户纳税人未向税务机关申报缴纳税款的增值税专用发票

D.经税务总局大数据分析发现纳税人未按规定缴纳消费税的增值税专用发票

【本题答案】BCD

【本题解析】符合下列情形之一的增值税专用发票,列入异常凭证范围:

(1)纳税人丢失、被盗税控专用设备中"未开具或已开具未上传"的增值税专用发票(选项A不当选)。

(2)非正常户纳税人未向税务机关申报或未按规定缴纳税款的增值税专用发票(选项C当选)。

(3)增值税发票管理系统稽核比对发现"比对不符""缺联""作废"的增值税专用发票。

(4)经税务总局、省税务局大数据分析发现,纳税人开具的增值税专用发票存在涉嫌虚开、未按规定缴纳消费税等情形的（选项BD当选）。

（5）属于失联和走逃企业的增值税专用发票。

思维拓展

本题涉及列入异常凭证范围这一知识点，除了需要考虑本题所列的凭证外，还需要掌握走逃（失联）企业存续经营期间列入异常凭证的范围，即：

（1）商贸企业购进、销售货物名称严重背离的；生产企业无实际生产加工能力且无委托加工，或生产能耗与销售情况严重不符，或购进货物并不能直接生产其销售的货物且无委托加工的。

（2）直接走逃失踪不纳税申报，或虽然申报但通过填列增值税纳税申报表相关栏次，规避税务机关审核比对，进行虚假申报的。

历年考情

2022年多项选择题第3题考查过"增值税专用发票的开具"、2021年多项选择题第3题考查过"增值税专用发票的开具"的相关知识点，请考生注意对比联合学习。

3.消费税纳税人销售货物一并收取的下列款项中，应计入消费税计税依据的有（　　）。

A.增值税税款

B.价外收取的返还利润

C.销售白酒收取的包装物押金

D.运输发票开给购货方收回的代垫运费

【本题答案】BC

【本题解析】选项B当选，价外费用是指价外向购买方收取的基金、集资费、返还利润（选项B）、补贴、违约金、延期付款利息、手续费、包装费、优质费、代收款项、代垫款项以及其他各种性质的价外收费。选项C当选，对酒类产品生产企业销售除啤酒、黄酒外的酒类产品而收取的包装物押金，无论是否返还以及会计上如何核算，均应并入当期产品的销售额并征收消费税。选项A不当选，销售额为纳税人销售应税消费品向购买方收取的全部价款和价外费用，包括消费税但不包括增值税。选项D不当选，同时符合以下条件的代垫运输费用不作为消费税的计税依据：承运部门的运输费用发票开具给购买方的；纳税人将该项发票转交给购买方的。

4.企业取得的下列各项收入中,应缴纳企业所得税的有( )。

A.接受捐赠收入

B.企业资产溢余收入

C.逾期未退包装物押金收入

D.确实无法偿付的应付账款

【本题答案】ABCD

【本题解析】企业的收入总额包括以货币形式和非货币形式从各种来源取得的收入,具体有:销售货物收入,提供劳务收入,转让财产收入,股息、红利等权益性投资收益,利息收入,租金收入,特许权使用费收入,接受捐赠收入(选项A当选),其他收入。

其他收入,是指企业取得的除以上收入外的其他收入,包括企业资产溢余收入(选项B当选)、逾期未退包装物押金收入(选项C当选)、确实无法偿付的应付款项(选项D当选)、已作坏账损失处理后又收回的应收款项、债务重组收入、补贴收入、违约金收入、汇兑收益等。

5.下列关于研发费用加计扣除政策的表述中,符合企业所得税法规定的有( )。

A.企业委托境外机构的研发费用可全额加计扣除

B.临时聘用且直接参与研发活动临时工的劳务费用可全额加计扣除

C.委托关联企业开展研发活动发生的费用可按照实际发生额70%加计扣除

D.按规定对研发人员进行股权激励的支出可作为人员人工费用全额加计扣除

【本题答案】BD

【本题解析】选项A不当选,企业委托境外机构的研发费用,按照费用实际发生额的80%计入委托方的委托境外研发费用,不超过境内符合条件的研发费用2/3的部分,可以按规定在企业所得税前加计扣除。选项C不当选,委托关联企业开展研发活动发生的费用可按照实际发生额80%加计扣除。

6.从事生产、经营的个人取得的下列所得中,应按照"经营所得"项目计征个人所得税的有( )。

A.提供有偿咨询服务的所得

B.投资上市公司的股息所得

C.从事彩票代销业务的所得

D.从事个体出租车运营的所得

【本题答案】ACD

【本题解析】经营所得，是指：

（1）个体工商户从事生产、经营活动取得的所得，个人独资企业投资人、合伙企业的个人合伙人来源于境内注册的个人独资企业、合伙企业生产、经营的所得。

（2）个人依法从事办学、医疗、咨询以及其他有偿服务活动取得的所得（选项A当选）。

（3）个人对企业、事业单位承包经营、承租经营以及转包、转租取得的所得。

（4）个人从事其他生产、经营活动取得的所得：

①个人因从事彩票代销业务而取得的所得（选项C当选）。

②从事个体出租车运营的出租车驾驶员取得的收入（选项D当选）。

选项B不当选，应按照"利息、股息、红利所得"项目计征个人所得税。

历年考情

2023年单项选择题第11题考查过"个人所得税税目——特许权使用费所得"、2021年多项选择题第8题考查过"个人所得税税目——偶然所得"、2021年多项选择题第9题考查过"个人所得税税目——工资、薪金所得"、2019年单项选择题第10题考查过"个人所得税税目——综合所得"、2019年多项选择题第5题考查过"个人所得税税目——劳务报酬所得"的相关知识点，请考生注意对比联合学习。

7.下列关于城市维护建设税纳税地点的表述中，符合税法规定的有（　　）。

A.流动经营的纳税人，在其经营地缴纳城市维护建设税

B.代收代缴增值税的纳税人，在代收代缴地缴纳城市维护建设税

C.纳税人跨地区提供建筑服务，以预缴增值税为计税依据计算的城市维护建设税在机构所在地缴纳

D.跨省开采的油田，下属生产单位与核算单位不在一个省内的，其生产的原油，在机构所在地缴纳城市维护建设税

【本题答案】AB

【本题解析】选项AB当选，城市维护建设税的计税依据为纳税人实际缴纳的增值税和消费税税额，城市维护建设税的计算依附于这两个税种，一般情况下，其纳税地点和纳税义务发生时间与这两个税种一致。

选项C不当选，城市维护建设税的纳税期限分别与增值税、消费税的纳税期限一致。根据增值税法和消费税法的规定，增值税、消费税的纳税期限分别为1日、3日、5日、10日、15日或者1个月，具体由主管税务机关根据纳税人应纳税额大小分别核定，不能按照固定期限的，可以按次纳税。

选项D不当选，在中华人民共和国境内缴纳增值税、消费税的个人也为城市维护建设税的纳税人，应当依照规定缴纳城市维护建设税。

8.应税船舶在吨税执照期限内发生的下列情形中，海关可按照实际发生天数批注延长吨税执照期限的有（　　）。

A.避难并不上下客货的

B.武装警察部队征用的

C.补充供给不上下旅客的

D.防疫隔离不上下客货的

【本题答案】ABD

【本题解析】海关可按照实际发生天数批注延长吨税执照期限的情形包括：

（1）避难、防疫隔离、修理改造，并不上下客货的船舶（选项AD当选）。

（2）军队、武装警察部队征用的船舶（选项B当选）。

9.下列排放物中，属于环境保护税征税范围的有（　　）。

A.危险废物　　　　　　B.交通噪声

C.二氧化碳　　　　　　D.氮氧化物

【本题答案】AD

【本题解析】环境保护税税目包括大气污染物、水污染物、固体废物和噪声四大类。选项A当选，危险废物属于固定废物。选项D当选，氮氧化物属于大气污染物。选项B不当选，应税噪声特指的是工业噪声，不包括建筑噪声、交通噪声和生活噪声。选项C不当选，大气污染物征税范围不包括温室气体二氧化碳。

10.下列关于房产税计税依据的表述中，符合税法规定的有（　　）。

A.融资租赁房屋的，以房产余值计算缴纳房产税

B.经营租赁房屋的,以评估价格计算缴纳房产税

C.房屋出典的,由承典人按重置成本计算缴纳房产税

D.纳税人对原有房屋进行改建、扩建的,要相应增加房屋的原值

【本题答案】AD

【本题解析】选项A当选,融资租赁的房产,由承租人自融资租赁合同约定开始日的次月起依照房产余值缴纳房产税,合同未约定开始日的,由承租人自合同签订的次月起依照房产余值缴纳房产税。选项D当选,纳税人对原有房屋进行改建、扩建的,要相应增加房屋的原值。选项B不当选,经营租赁房屋,从租计征房产税,以房产租金收入为其计税依据。选项C不当选,产权出典的房产,由承典人依照房产余值缴纳房产税。

坑点提示

对于更换房屋附属设备和配套设施的,在将其价值计入房产原值时,可扣减原来相应设备和设施的价值;对附属设备和配套设施中易损坏、需要经常更换的零配件,更新后不再计入房产原值。

历年考情

2023年单项选择题第19题考查过"从租计征房产税"、2022年单项选择题第19题考查过"从租计征房产税"、2019年单项选择题第17题考查过"从价计征房产税"的相关知识点,请考生注意对比联合学习。

11.以下列方式取得的车辆中,应缴纳车辆购置税的有( )。

A.购置的二手汽车　　　　B.购买自用的汽车

C.自产自用的汽车　　　　D.以受赠方式取得的自用汽车

【本题答案】BCD

【本题解析】车辆购置税的纳税人是指在我国境内购置应税车辆的单位和个人,其中购置是指购买使用行为(选项B当选)、进口使用行为、受赠使用行为(选项D当选)、自产自用行为(选项C当选)、获奖使用行为以及以拍卖、抵债、走私、罚没等方式取得并使用的行为,这些行为都属于车辆购置税的应税行为。选项A不当选,车辆购置税实行一次性征收,购置的二手车已缴纳过车辆购置税,不再征收。

> **审题要点**
>
> 本题实际考核的是车辆购置税的纳税人。车辆购置税的纳税人是指在我国境内"购置"应税车辆的单位和个人。这里的"购置"强调的是取得新车(或未缴纳过车辆购置税的车辆),并自行使用。

历年考情

2023年单项选择题第20题考查过"车辆购置税征税范围"、2021年

单项选择题第20题考查过"车辆购置税征税范围"的相关知识点，请考生注意对比联合学习。

12.下列转让定价调整方法中，适用于有形资产购销关联交易的有（　　）。

A.成本加成法　　　　　　B.再销售价格法

C.交易净利润法　　　　　D.可比非受控价格法

【本题答案】ABCD

【本题解析】选项ABCD当选，均适用于有形资产所有权转让关联交易。

> 思维拓展

本题涉及转让定价方法及各自适用范围的规定。为了方便考生更好地掌握该考点，将相关知识要点归纳如下：

方法		适用范围
可比非受控价格法		所有类型的关联交易
再销售价格法		再销售者未对商品进行改变外形、性能、结构或者更换商标等实质性增值加工的简单加工或纯购销业务
成本加成法		有形资产使用权或所有权的转让、资金融通、劳务交易等
交易净利润法		不拥有重大价值无形资产企业的有形资产使用权或所有权的转让和受让、无形资产使用权受让以及劳务交易等
利润分割法	一般利润分割法和剩余利润分割法	各参与方关联交易高度整合且难以单独评估各方交易结果的情况

> 历年考情

2021年单项选择题第23题考查过"转让定价调整方法"的相关知识点，请考生注意对比联合学习。

13.企业破产清算时涉及的下列款项中，税务机关在人民法院公告的债权申报期限内，应向管理人申报的有（　　）。

A.所欠各种税款　　　　　B.滞纳金及罚款

C.企业欠缴的教育费附加　D.因特别纳税调整产生的利息

【本题答案】ABCD

【本题解析】自2020年3月1日起，税务机关在人民法院公告的债权申报期限内，向管理人申报企业所欠税款（含教育费附加、地方教育附加）（选项AC当选）、滞纳金及罚款（选项B当选）。因特别纳税调整产生的利息（选项D当选），也应一并申报。

14.税务行政复议申请人可以在知道税务机关作出具体行政行为之日起60日内提出行政复议申请。下列申请期限计算起点的表述中，正确的有（　　）。

A.当场作出具体行政行为的，自具体行政行为作出之日起计算

B.具体行政行为依法通过公告形式告知受送达人的，自公告之日起计算

C.载明具体行政行为的法律文书直接送达的，自受送达人签收之日起计算

D.被申请人能够证明申请人知道具体行政行为的，自证据材料证明其知道具体行政行为之日起计算

【本题答案】ACD

【本题解析】选项B不当选，具体行政行为依法通过公告形式告知受送达人的，行政复议申请期限自公告规定的期限届满之日起计算。

三、计算问答题（本题型共4小题24分。）

1.（本小题6分。）某涂料生产公司甲为增值税一般纳税人，2020年7月发生如下业务：

（1）5日**以直接收款方式销售涂料**取得不含税销售额350万元；**以预收货款方式销售涂料**取得不含税销售额200万元，本月已发出销售涂料的80%。

审题要点
以直接收款方式销售应税消费品，消费税的纳税义务发生时间为收到货款之日。

审题要点
以预收货款方式销售应税消费品，消费税的纳税义务发生时间为发出商品之日，本题告知发出80%，因此计税依据=200×80%=160（万元）。

（2）12日**赠送**给某医院20桶涂料用于装修，将100桶涂料用于换取其他厂家的原材料。当月不含税平均销售价500元/桶，最高不含税销售价540元/桶。

审题要点
在不同的"视同销售"方式下，消费税的计税依据不同： （1）赠送应税消费品，以"平均"销售价格"500元/桶"作为计税依据。 （2）换取生产资料和消费资料、投资入股和抵偿债务等方面的应税消费品，以纳税人同类应税消费品的"最高"销售价格"540元/桶"作为计税依据。 此外，需要注意增值税视同销售行为中"投资、分配、赠送"，以纳税人同期同类的"平均"销售价格作为计税依据。

（3）15日**委托某涂料厂乙加工涂料**，双方约定由甲公司提供原材料，材料成本80万元，乙厂开具的**增值税专用发票上注明加工费10万元（含代垫辅助材料费用1万元**）、增值税1.3万元。乙厂无同类产品对外销售。

审题要点
此处考查委托加工环节组成计税价格的计算。 委托加工计税价格需要按顺序确定： （1）首先按照受托方同类产品销售价格确定； （2）当没有受托方同类售价时按照组成计税价格计算： 组成计税价格=（材料成本+加工费）÷（1–消费税比例税率）

审题要点
题目告知"增值税专用发票上注明加工费"，因此本题的加工费包含代垫辅助材料的成本，不包含增值税税金。

（4）28日**收回委托乙厂加工的涂料并于本月售出**80%，取得不含税销售额85万元。

（其他相关资料：涂料消费税税率4%。）

要求：根据上述资料，按照下列序号回答问题，如有计算需计算出合计数。

审题要点
此处考查委托加工应税消费品收回后如何征税。 （1）收回后不加价直接售出（不继续加工应税消费品），直接售出时不再缴纳消费税； （2）加价后售出可按销售比例扣除已缴纳消费税，无扣除范围限制。 因此本题需要计算委托加工收回价格，与销售额85万元比较。

（1）计算业务（1）甲公司应缴纳的消费税。

（2）计算业务（2）甲公司应缴纳的消费税。

（3）计算业务（3）由乙厂代收代缴的消费税。

（4）说明业务（4）甲公司是否应缴纳消费税。如应缴纳，计算消费税应纳税额。

【本题答案】

（1）业务（1）甲公司以直接收款方式销售涂料应纳消费税 =350×4%=14（万元）

业务（1）甲公司以预收货款方式销售涂料应纳消费税 =200×80%×4%=6.4（万元）

（2）业务（2）甲公司无偿赠送涂料应纳消费税 =20×500÷10 000×4%=0.04（万元）

业务（2）甲公司换取原材料应纳消费税 =100×540÷10 000×4%=0.22（万元）

（3）业务（3）由乙厂代收代缴的消费税 =（80+10）÷（1–4%）×4%=93.75×4%=3.75（万元）

（4）销售额85万元大于计税价格（80+10+3.75）×80%=75（万元），甲公司应缴纳消费税。

甲公司应纳税额 =85×4%–75×4%=0.4（万元）

思维拓展

本题涉及消费税纳税义务的发生时间这一知识点。为了方便考生更好地掌握该考点，相关知识要点归纳见2021

年单项选择题第6题【思维拓展】。

📖 历年考情

2021年计算问答题第3题考查过"消费税税额的计算与税收征收管理"、2020年计算问答题第1题考查过"消费税税额的计算"、2019年计算问答题第1题考查过"消费税税额的计算"、在2023年单项选择题第7题考查过"进口应税消费品的消费税纳税义务发生时间"、2021年单项选择题第6题考查过"消费税纳税义务发生时间"的相关知识点,请考生注意对比联合学习。

2.(本小题6分。)居民个人王某**在某省会城市工作**,其**两个子女分别就读于中学和小学**。2019年王某与个人所得税汇算清缴相关的收入及支出如下:

(1)全年领取扣除按规定比例缴付的社保费用和住房公积金后的工资共计180 000元,单位已为其**预扣预缴个人所得税款9 480元**。

(2)**在工作地所在城市无自有住房**,租房居住每月支付房租5 000元。将其位于另一城市的**自有住房出租**,每月取得租金收入4 500元。

(其他相关资料:以上专项附加扣除均由王某100%扣除,**王某当年并未向单位报送其专项附加扣除信息**;不考虑出租房产涉及的其他税费。)

> 🖊 **审题要点**
> 王某在省会城市工作,其住房租金的专项附加扣除标准为1 500元/月。
>
> 🖊 **审题要点**
> 子女教育专项附加扣除和子女的个数有关,按每个子女每月1 000元的扣除标准计算。
>
> 🖊 **审题要点**
> 在计算汇算清缴补退税金额时,需要减去已经预缴的税金9 480元。
>
> 🖊 **审题要点**
> 此处表明满足住房租金扣除条件,且住房租金扣除标准以1 500元/月为限额,与实际支付的租金金额无关。
>
> 🖊 **审题要点**
> 财产租赁所得按次征收(以1个月内取得的收入为1次)个人所得税;个人出租住房有税收优惠,个人所得税税率减按10%计算。
>
> 🖊 **审题要点**
> 纳税人在预扣预缴时没有扣除专项附加扣除的,可以在汇算清缴时申报扣除。

附:综合所得个人所得税税率表(部分)

级数	全年应纳税所得额	税率	速算扣除数
1	不超过36 000元	3%	0
2	超过36 000元至144 000元的部分	10%	2 520
3	超过144 000元至300 000元的部分	20%	16 920

要求：根据上述资料，按照下列序号回答问题，如有计算需计算出合计数。

（1）计算王某2019年度出租房产应缴纳的个人所得税。

（2）回答王某是否可以享受2019年度专项附加扣除，如果可以，回答办理的时间期限和受理税务机关。

（3）计算王某2019年度可申请的综合所得退税额。

（4）王某如需办理2019年度个人所得税汇算清缴，回答其可选择哪些办理的渠道。

【本题答案】

（1）出租房产每月应纳个人所得税额=4 500×(1-20%)×10%=360（元）

出租房产年度应纳个人所得税额=360×12=4 320（元）

（2）可以享受2019年度专项附加扣除。

应在2020年（次年）3月1日至6月30日内，向纳税人任职受雇单位所在地主管税务机关办理汇算清缴时申报扣除。

（3）2019年综合所得应纳税所得额=180 000-60 000-12 000×2-18 000=78 000（元）

2019年综合所得应纳个人所得税额=78 000×10%-2 520=5 280（元）

2019年可申请综合所得退税额=9 480-5 280=4 200（元）

（4）办理渠道有：网上税务局（个人所得税App）、邮寄和办税服务厅。

历年考情

2023年计算问答题第1题考查过"稿酬所得计算、财产转让所得计算、个税税收优惠"、2022年计算问答题第1题考查过"财产转让所得的计算、综合所得的计算、年终奖个税的计算"、2021年计算问答题第2题考查过"综合所得的计算、年终奖个税的计算"、2019年计算问答题第2题考查过"工资薪金、劳务报酬预扣预缴个税的计算、综合所得的计算、年终奖个税的计算"的相关知识点,请考生注意对比联合学习。

3.(本小题6分。)某**房地产开发公司**是增值税一般纳税人,2020年5月,拟对其开发的位于市区的写字楼项目进行土地增值税清算。该项目资料如下:

> **审题要点**
> 房地产开发企业在土地增值税清算时,可扣除项目有5项,分别是:"取得土地使用权所支付的金额""房地产开发成本""房地产开发费""与转让房地产有关的税金"和"其他扣除项目"。

(1)2016年1月以8 000万元竞得国有土地一宗,并按规定**缴纳契税**。

> **审题要点**
> 房地产开发企业土地增值税清算时,应当将契税计入"取得土地使用权所支付的金额"中扣除。

(2)**2016年3月开始动工建设**,发生房地产开发成本15 000万元,其中包括**装修费用4 000万元**。

> **审题要点**
> 项目动工建设时间在2016年4月30日前,属于不动产老项目,一般纳税人可以选择适用一般计税方法或简易计税方法。

> **审题要点**
> 装修费用可以计入"房地产开发成本"。

(3)发生利息支出3 000万元,但**不能提供金融机构贷款证明**。

> **审题要点**
> 利息支出无法提供金融机构证明的,在计算允许扣除的"房地产项目开发费用"时,选择的公式为:
> 房地产项目开发费用=(取得土地使用权所支付的金额+房地产开发成本)×10%

(4) 2020年3月，该项目全部销售完毕，共计取得含税销售收入42 000万元。

> 📝 **审题要点**
>
> 此处告知"全部销售完毕"，表明应进行土地增值税清算。如果未全部销售完毕，需要将"房地产开发成本"和"房地产开发费用"按比例配比后扣除。

> 📝 **审题要点**
>
> 房地产开发企业销售不动产采用简易计税方法，以取得的全部价款和价外费用适用5%征收率，计算缴纳增值税。

(5) 该项目已预缴土地增值税450万元。

> 📝 **审题要点**
>
> 在土地增值税清算时，补缴金额=应纳税额−已预缴金额后的余额

(其他相关资料：契税税率为5%，利息支出不能提供金融机构贷款证明，当地省政府规定的房地产开发费用的扣除比例为10%，计算土地增值税允许扣除的有关税金及附加共计240万元，该公司对项目选择简易计税方法计缴增值税。)

要求：根据上述资料，按照下列序号回答问题，如有计算需计算出合计数。

(1) 说明该项目应进行土地增值税清算的原因。

(2) 计算土地增值税时允许扣除的取得土地使用权支付的金额。

(3) 计算该项目应缴纳的增值税额。

(4) 计算土地增值税时允许扣除的开发费用。

(5) 计算土地增值税时允许扣除项目金额的合计数。

(6) 计算该房地产开发项目应补缴的土地增值税额。

【本题答案】

(1) 房地产开发项目全部竣工、完成销售的，纳税人应进行土地增值税清算。

(2) 该项目清算土地增值税时允

许扣除的取得土地使用权支付的金额=8 000+8 000×5%=8 400（万元）

（3）应缴纳的增值税额=42 000÷（1+5%）×5%=2 000（万元）

（4）允许扣除的开发费用=（15 000+8 400）×10%=2 340（万元）

（5）允许扣除项目金额的合计数=8 400+15 000+2 340+240+（8 400+15 000）×20%=30 660（万元）

（6）应缴纳土地增值税税额的计算：

增值额=42 000÷（1+5%）–30 660=9 340（万元）

增值率=9 340÷30 660×100%=30.46%，适用税率30%。

应补缴土地增值税额=9 340×30%–450=2 352（万元）

思维拓展

本题涉及房地产开发公司土地增值税加计扣除项目的确定这一知识点。为了方便考生更好地掌握该考点，相关知识要点归纳见2022年多项选择题第12题【思维拓展】。

抢分秘籍

土地增值税扣除项目的计算与地价款及有关费用、开发成本两个项目密切相关。为了方便考生更好地理解记忆，对开发费用、加计扣除项目的计算归纳见2022年多项选择题第12题【抢分秘籍】。

历年考情

2023年多项选择题第12题考查过

"土地增值税扣除项目"、2022年多项选择题第12题考查过"土地增值税扣除项目"的相关知识点，请考生注意对比联合学习。

4.（本小题6分。）甲公司为未在我国境内设立机构场所的非居民企业，2019年发生的与我国境内相关的部分业务如下：

> **审题要点**
> 非居民企业适用10%的预提所得税税率。

（1）1月20日，向我国境内乙公司投资2 000万元，持有乙公司10%的股权。

> **审题要点**
> 甲公司持有乙公司的股份未达到25%，单凭此条件不构成关联关系。

（2）3月15日，委托我国境内丙公司，为其一项境外工程项目提供工程监理服务，合同注明价款为人民币80万元。

> **审题要点**
> 境内单位和个人销售的下列跨境应税行为免征增值税：工程项目在境外的建筑服务（包括总承包方、分包方为境外施工工程项目提供的建筑服务）、工程监理服务和工程、矿产资源在境外的工程勘察勘探服务。

（3）6月20日，为乙公司的一笔借贷资金提供担保服务，该笔借贷资金占乙公司全部借贷资金的20%，取得不含增值税担保费收入20万元（该笔借贷资金来自于非金融机构）。

> **审题要点**
> 甲乙两个企业之间，一方全部借贷资金总额的10%以上由另一方担保，构成关联关系，但与独立金融机构之间的借贷或者担保除外。

（4）12月30日，乙公司按持股比例向甲公司分派股息10万元。

> **审题要点**
> 此处的股息需要按照源泉扣缴代扣代缴预提税。

（其他相关资料：假设1美元折合人民币7元。甲公司在中国境内无常设机构，不考虑税收协定因素。）

要求：根据上述资料，按照下列序号回答问题，如有计算需计算出合计数。

（1）判断甲公司和乙公司是否构成关联关系并说明理由。

（2）判断丙公司是否需要缴纳增值税并说明理由。

（3）判断乙公司支付的担保费是否需要进行税务备案并说明理由。

（4）计算业务（4）中乙公司应代扣代缴的预提所得税。

【本题答案】

（1）甲公司和乙公司构成关联关系。

甲公司对乙公司仅持股10%，未达到25%的标准，但乙公司全部借贷资金总额的20%由甲公司担保，超过10%的比例，因此双方构成关联关系。

（2）丙公司无须缴纳增值税。

境内的单位发生的工程项目在境外的工程监理服务，免征增值税。

（3）乙公司不需要进行税务备案。

境内机构向境外单位支付等值5万美元以上的担保费，应向所在地主管税务机关进行税务备案。乙公司支付的担保费未超过5万美元，故不需要进行税务备案。

（4）乙公司业务（4）应代扣代缴的预提所得税=10×10%=1（万元）

历年考情

该知识点属于常考出题点，2022年计算问答题第5题、2021年计算问答题第5题考查过"非居民企业代扣代缴增值税和企业所得税"的计算的相关知识点，请考生注意对比联合学习。

四、综合题（本题型共2小题31分。涉及计算的，要求列出计算步骤。）

1.（本小题15分。）位于市区的某餐饮企业为增值税一般纳税人。2019年12月经营业务如下：

（1）当月取得餐饮服务收入价税合计848万元，通过税控系统实际开票价款为390万元。

> **审题要点**
> 此处表明城市维护建设税的税率为7%。

> **审题要点**
> 对于增值税纳税义务发生时间，当月取得收入可在收讫销售款当天确认；先开具发票的为开具发票的当天。因此，当月应该以848万元为计税依据，并依据餐饮服务适用的税率6%进行价税分离。

（2）将一家经营不善的餐厅连同所有资产、负债和员工一并打包转让给某个体工商户，取得转让对价100万元。

> **审题要点**
> 纳税人在资产重组过程中，通过合并、分立、出售、置换等方式，将全部或者部分实物资产以及与其相关联的债权、负债和劳动力一并转让给其他单位和个人，不属于增值税的征税范围，其中涉及的货物转让，不征收增值税。

（3）向居民张某租入一家门面房用于餐厅经营，合同约定每月租金为3万元，租期为12个月，签约后已在本月一次性支付全额租金。

> **审题要点**
> 承租方为餐饮企业，出租方为居民张某，增值税的纳税义务人为张某。

（4）当月向消费者发行餐饮储值卡3 000张，取得货币资金300万元；当月消费者使用储值卡购买了该餐饮企业委托外部工厂生产的点心礼盒，确认不含税收入100万元。

> **审题要点**
> 对于单用途预付卡业务中的增值税，接受充值的金额"300万元"不征收增值税；实际消费环节收入"100万元"需要计算缴纳增值税。
> 需要注意的是，售卡方如果收到手续费性质的收入，需要按规定缴纳增值税。

（5）将其拥有的某上市公司限售股在解禁流通后对外转让，相关收入和成本情况如下：

> **审题要点**
> 金融商品转让按差额确定销售额，公司首次公开发行股票并上市形成，应以该上市公司股票首次公开发行（IPO）的发行价为买入价。实际成本高于IPO发行价的，按照实际成本作为买入价，本题中的实际成本低于IPO发行价，应以IPO发行价6.82元/股为买入价。

股数	初始投资成本（元/股）	IPO 发行价（元/股）	售价（元/股）
500 000	1.20	6.82	10.00

（6）转让其拥有的一个餐饮品牌的连锁经营权，取得不含税收入300万元。

> **审题要点**
> 连锁经营权属于无形资产中的其他权益性资产，其适用的增值税税率为6%。

（7）当月申报抵扣的进项税额合计40万元，其中包含：由于仓库管理员失职丢失的一批食品，进项税额为3万元；外购用于公司周年庆典的装饰用品，进项税额为4万元；外购用于发放给优秀奖员工的手机，进项税额为2万元。

> **审题要点**
> 注意关键词是"包含"还是"不包含"，以免影响后续是否扣减。

> **审题要点**
> 失职丢失，属于管理不当造成的非正常损失，进项税额不得抵扣。

> **审题要点**
> 公司庆典装饰用品，属于生产经营，不属于进项税额不得抵扣的情形，其进项税额可以抵扣。

> **审题要点**
> 将外购的货物用于职工福利，进项税额不得抵扣。

（8）该企业符合增值税加计抵减的条件，上期末加计抵减余额为6万元。

（其他相关资料：财产租赁合同的印花税税率为0.1‰。）

要求：根据上述资料，按照下列顺序计算回答问题，如有计算需计算出合计数。

（1）计算业务（1）的销项税额。

（2）判断业务（2）是否需要缴纳增值税，并说明理由。

（3）判断业务（3）张某个人出租房屋是否可以享受增值税免税待遇，并说明理由。

（4）计算业务（3）餐饮企业应缴纳的印花税。

（5）计算业务（4）的销项税额。

（6）计算业务（5）的销项税额。

（7）计算业务（6）的销项税额。

（8）计算当期可以加计抵减的进项税额。

（9）计算当期应缴纳的增值税。

（10）计算当期应缴纳的城市维护建设税、教育费附加及地方教育附加。

【本题答案】

（1）业务（1）的销项税额=848÷（1+6%）×6%=48（万元）

（2）业务（2）不需要缴纳增值税。

纳税人在资产重组过程中，通过合并、分立、出售、置换等方式，将全部或者部分实物资产以及与其相关联的债权、负债和劳动力一并转让给其他单位和个人，不属于增值税的征税范围。

（3）业务（3）可以享受增值税免税待遇。

个人采取一次性收取租金形式出租不动产取得的租金收入，可在对应的租赁期内平均分摊，分摊后的月租金收入未超过10万元的，免征增值税。

（4）业务（3）餐饮企业应缴纳的印花税=360 000×0.1‰=360（元）

（5）业务（4）的销项税额=100×13%=13（万元）

（6）业务（5）的不含税销售额=500 000×（10−6.82）÷10 000÷（1+6%）=150（万元）

销项税额=150×6%=9（万元）

（7）业务（6）的销项税额=300×6%=18（万元）

（8）当期可以加计抵减的进项税额=（40−3−2）×15%=5.25（万元）

（9）当期的销项税额=（48+13+9+18）=88（万元）

当期可抵扣的进项税额=40−3−2=35（万元）

应缴纳增值税=88−35−5.25−6=41.75（万元）

（10）当期应缴纳的城市维护建设税额=41.75×7%=2.92（万元）

当期应缴纳的教育费附加=41.75×3%=1.25（万元）

当期应缴纳的地方教育附加=41.75×2%=0.84（万元）

历年考情

2023年计算问答题第3题考查过"增值税纳税义务发生时间和进项税额抵扣"、2023年综合题第1题考查过"增值税应纳税额计算"、2022年综合题第1题考查过"增值税应纳税额计算"、2021年计算问答题第1题考查过"增值税应纳税额计算"、2021年综合题第1题考查过"增值税应纳税额计算"、2019年综合题第1题考查过"增值税应纳税额计算"的相关知识点，请考生注意对比联合学习。

2.（本小题16分。）某饮料生产企业甲为增值税一般纳税人，适用企业所得税税率25%。2019年度实现营业收入80 000万元，自行核算的2019年度会计利润为5 600万元，2020年5月经聘请的会计师事务所审核后，发现如下事项：

（1）2月份收到市政府支持产业发展拨付的财政激励资金500万元，会计处理全额计入营业外收入，企业将其计入企业所得税不征税收入，经审核符合税法相关规定。

（2）3月份转让持有的部分国债，取得收入1 285万元，其中包含持有期间尚未兑付的利息收入20万元。该部分国债按照先进先出法确定的取得成本为1 240万元。

> 🖊 审题要点
>
> "饮料生产企业"提示广告费和业务宣传费的扣除标准是当年销售收入的30%。
> 注意：对化妆品制造或销售、医药制造和饮料制造企业，广告费和业务宣传费的扣除标准是当年销售（营业）收入的30%。其他行业扣除比例是15%。

> 🖊 审题要点
>
> 营业收入会作为计算广宣费和业务招待费限额的基数。

> 🖊 审题要点
>
> 该表述提及利润，意味着以下业务中有可能存在税会处理差异，进而影响应纳税所得额的计算。需要注意的是，公益性捐赠支出的扣除限额是以"正确"的会计利润为基础计算的。

> 🖊 审题要点
>
> 此处可考查专项用途的财政资金不征税的条件及此情形下的纳税调整，不征税收入不计入应纳税所得额，需要纳税调减500万元。

> 🖊 审题要点
>
> 对于国债利息收入，不管是否已经兑付，均可享受免税优惠，因此需要纳税调减20万元。而国债转让收益应当缴纳企业所得税。

> 🖊 审题要点
>
> 此处提到先进先出法，说明极有可能考查国债的成本确定方法。

（3）5月份接受百分之百控股母公司乙无偿划转的一台设备。该设备原值3 000万元，已按税法规定计提折旧500万元，其市场公允价值为2 200万元。该业务符合特殊性重组条件，企业选择采用特殊性税务处理。

> ✎ 审题要点
> 在特殊性税务处理下，划入方资产的计税基础应以账面净值作为计税基础。
> 需要注意的是：如果不满足特殊性税务处理的条件，采用一般性税务处理，此时划入方资产的计税基础为公允价值。

（4）6月份购置一台生产线支付的不含税价格为400万元，会计核算按照使用期限5年、预计净残值率5%计提了累计折旧，企业选择一次性在企业所得税前进行扣除。

> ✎ 审题要点
> 对于按照税法规定可以实行加速折旧的固定资产，需要将会计折旧算出，进行纳税调整。
> 会计口径核算按照预计净残值率5%、使用期限5年计提折旧，当年末累计折旧=400×（1-5%）÷5×6/12=38（万元）。
> 税法口径原值400万元允许一次性扣除，选择按税法口径扣除，故纳税调减额=400-38=362（万元）。

（5）发生广告费和业务宣传费用7 300万元，其中300万元用于冠名的真人秀于2020年2月制作完成并播放，企业所得税汇算清缴结束前尚未取得相关发票。

> ✎ 审题要点
> 汇算清缴前未取得相关发票的支出不允许税前扣除，需要纳税调增。

（6）成本费用中含发放的合理职工工资6 000万元，发生的职工福利费900万元、职工教育经费500万元，取得工会经费代收凭据注明的拨缴工会经费100万元。

> ✎ 审题要点
> 对于三项经费的扣除，职工福利的扣除限额为实际发生的工资总额的14%，职工教育经费的扣除限额为实际发生工资总额的8%，工会经费的扣除限额为实际发生工资总额的2%。

（7）发生业务招待费800万元。

> ✎ 审题要点
> 业务招待费扣除限额计算基数中的销售收入包括：主营业务收入，其他业务收入和视同销售收入。此外，计算业务招待费的扣除有两个限额：一是业务招待费实际发生额的60%；二是销售收入的5‰，两者取较低的那一个金额作为扣除金额。

（8）12月1日签订两项借款合同，向非关联供货商借款1 000万元，向银行借款4 000万元，未计提印花税。甲企业于2020年3月1日补缴印花税税款及滞纳金，借款合同印花税税率为0.05‰。

> ✎ 审题要点
> 对于借款合同的印花税，需要考虑以下要点：
> 首先，应纳印花税的借款合同范围是：企业和非金融企业的借款合同不需要缴纳印花税，只有和银行及其他金融企业签订的借款合同，才缴纳印花税。
> 其次，补缴的印花税属于可税前扣除的税金，应调减"会计利润"并调减应纳税所得额，但滞纳金本不可税前扣除，故无须纳税调整。

> **审题要点**
>
> 对于"亏损弥补",根据企业所得税法律制度,企业某一纳税年度发生的亏损可以用下一年度的所得弥补,下一年度的所得不足以弥补的,可以逐年延续弥补,但最长不得超过5年。该企业2013年至2015年累计亏损=4 000+2 000+600=6 600(万元),其中,截至2018年末已弥补亏损=1 200+1 800+3 000=6 000(万元),剩余6 600-6 000=600(万元)(2015年未弥补亏损)可于2019年计算应纳税所得额时弥补。

(9)企业从**2013年以来经税务机关审核后的应纳税所得额**数据如下:

年份	2013年	2014年	2015年	2016年	2017年	2018年
应纳税所得额(万元)	-4 000	-2 000	-600	1 200	1 800	3 000

要求:根据上述资料,按照下列顺序计算回答问题,如有计算需计算出合计数。

(1)回答税法关于财政性资金计入企业所得税不征税收入的相关条件。

(2)计算业务(1)应调整的企业所得税应纳税所得额。

(3)回答企业转让不同时间购买的同一品种国债时,税法规定转让成本的确定方法。

(4)计算业务(2)应调整的企业所得税应纳税所得额。

(5)业务(3)符合特殊性税务重组,请确认甲公司接受无偿划转设备的计税基础。

(6)计算业务(4)应调整的企业所得税应纳税所得额。

(7)计算业务(5)应调整的企业所得税应纳税所得额。

(8)计算业务(6)应调整的企业所得税应纳税所得额。

(9)计算业务(7)业务招待费应调整的企业所得税应纳税所得额。

(10)计算业务(8)应调整的企业所得税应纳税所得额。

（11）计算2019年企业所得税前可弥补的亏损额。

（12）计算2019年甲企业应缴纳的企业所得税。

【本题答案】

（1）财政性资金计入不征税收入应同时满足下列条件：

企业能够提供规定资金专项用途的资金拨付文件；财政部门或其他拨付资金的政府部门对该资金有专门的资金管理办法或具体管理要求；企业对该资金以及以该资金发生的支出单独进行核算。

（2）应调减应纳税所得额500万元。

（3）国债转让成本的确定方法包括先进先出法、加权平均法、个别计价法，计价方法一经选用，不得随意改变。

（4）转让未到期国债，持有期间尚未兑付的国债利息收入，免征企业所得税；应调减应纳税所得额20万元。

（5）接受无偿划转设备的计税基础为划出方资产净值即2 500万元。

（6）400-400×（1-5%）÷（5×12）×6=400-38=362（万元），应调减应纳税所得额362万元。

（7）广告和业务宣传费限额：80 000×30%=24 000（万元），未超过限额；但未播放的部分不能扣除，应调增企业所得税应纳税所得额300万元。

（8）职工福利费限额：6 000×14%=840（万元），应调增60万元。

职工教育经费限额：6 000×8%

=480（万元），应调增20万元。

职工工会经费：6 000×2%=120（万元），无需调整。

合计应调增：60+20=80（万元）

（9）业务招待费调整：销售营业收入×0.5%=80 000×0.5%=400（万元）

实际发生额×60%=800×60%=480（万元），可扣除400万元。

应调增：800-400=400（万元）

（10）金融机构借款合同缴纳印花税，非金融机构借款不用缴纳印花税。

4 000×0.05‰=0.2（万元），应调减0.2万元。

（11）(1 200+1 800+3 000)-(4 000+2 000)-600=-600（万元），可弥补亏损为600万元。

（12）应纳税额=(5 600-500-20-362+300+80+400-0.2-600)×25%=4 897.8×25%=1 224.45（万元）

思维拓展

本题涉及企业所得税按照税法规定限额扣除项目的计算这一知识点。为了方便考生更好地掌握该考点，相关知识要点归纳见2023年综合题第2题【思维拓展】。

抢分秘籍

企业所得税的计算属于《税法》考试中难度大的题目，需要综合考虑会计核算、其他税费的计算、企业所得税纳税调整、企业所得税税收优惠等多个知识要点。但是只要把握核心公式"企业所得税税额=(利润总额+纳税调整增加额-纳税调整减少额)×适用税率"就可以提高得分率。为了考生更好地应对土地增值税的计算，对该类题目计算步骤归纳见2023年综合题第2题【抢分秘籍】。

历年考情

2023年综合题第2题考查过"不征税收入、劳务派遣费用、研发费用加计扣除、职工三项经费"、2022年综合题第2题考查过"不征税收入、业务招待费的扣除、广告费和业务宣传费扣除、职工三项经费、公益捐赠的扣除"、2021年综合题第2题考查过"不征税收入、业务招待费的扣除、广告费和业务宣传费扣除、职工三项经费的扣除"、2019年综合题第2题考查过"业务招待费的扣除、广告费和业务宣传费扣除、职工三项经费、劳务派遣费用、研发费用加计扣除、不得扣除项目"的相关知识点，请考生注意对比联合学习。

2019年注册会计师全国统一考试《税法》真题详解

一、单项选择题（本题型共24小题，每小题1分，共24分。每小题只有一个正确答案，请从每小题的备选答案中选出一个你认为正确的答案，用鼠标点击相应的选项。）

1.某税务稽查局2019年6月对辖区内一家企业进行纳税检查时，发现该企业2018年6月新增的注册资金按万分之五的税率缴纳了印花税，检查结束后检查人员告知该企业可去申请退还印花税已缴纳金额的50%。该检查人员的这一做法遵循的税法适用原则是（　　）。

A.税收公平原则　　　　B.税收效率原则

C.实质重于形式原则　　D.新法优于旧法原则

> **审题要点**
> 本题考核的是"税法适用原则"，因此需要与税法基本原则区分开。

【本题答案】D

【本题解析】选项D当选，新法优于旧法原则是指新法、旧法对同一事项有不同规定时，新法的效力优于旧法。纳税人在2018年6月时可以按照新法享受"资金账簿"的税收优惠（减半征收），体现了新法优于旧法原则［自2022年7月1日起实施的《印花税法》规定"实收资本（股本）、资本公积合计金额的税率是万分之二点五"］。选项ABC不当选，税法的基本原则包含税收法定原则、税收公平原则、税收效率原则和实质课税原则，本题考查的是税法适用原则。

2.出租车公司向使用本公司自有出租车的司机收取的管理费用，应缴纳增值税。该业务属于增值税征税范围中的是（　　）。

A.物流辅助服务　　　B.陆路运输服务

C.商务辅助服务　　　D.居民日常服务

【本题答案】B

【本题解析】选项B当选，出租车公司向使用本公司自有出租车的出租车司机收取的管理费用，按照"陆路运输服务"缴纳增值税。

历年考情

2023年单项选择题第2题考查过"生活服务"、2022年单项选择题第2题考查过"金融服务"、2021年单项选择题第2题考查过"其他现代服务"、2021年多项选择题第2题考查过"征税范围"、2020年单项选择题第3题考查过"租赁服务"的相关知识点，请考生注意对比联合学习。

审题要点

本题考核的是增值税混合销售，需要关注增值税混合销售行为成立必须同时满足两个标准：
（1）销售行为必须是同一项；
（2）该项行为同时涉及货物与服务。

3.下列经营行为中，属于增值税混合销售行为的是（　　）。

A.4S店销售汽车及内饰用品

B.商场销售空调并提供安装服务

C.餐厅提供餐饮及音乐舞蹈表演

D.酒店提供住宿及机场接送服务

【本题答案】B

【本题解析】选项B当选，销售空调并提供安装服务，同时涉及货物和服务，并且是同一项销售行为。选项A不当选，销售汽车及内饰用品，该行为只涉及货物，不符合混合销售行为成立的第二个标准。选项C不当选，餐饮和音乐舞蹈表演均为服务，不符合混合销售行为成立的第二个标准。选项D不当选，住宿及机场接送服务均为服务，不符合混合销售行为成立的第二个标准。

思维拓展

销售外购"机器设备"同时提供安装服务并且分别核算的情况下按照兼营处理。但是商场销售外购家用空调并提供安装的，不属于"机器设备"范畴，应按混合销售征收增值税，安装服务不能选择简易计税，应一并按照主业确定税率，适用税率为13%。

审题要点

本题考核的是"消费税免税不退税"，需要关注只有有出口经营权的生产型企业自营出口或生产企业委托外贸企业代理出口自产的应税消费品，才可以依据其实际出口数量免税但不退税。

4.下列出口应税消费品的行为中，适用消费税免税不退税政策的是（　　）。

A.有出口经营权的酒厂出口自产白酒

B.商业批发企业委托外贸企业代理出口卷烟

C.外贸企业受其他外贸企业委托代理出口实木地板

D.有出口经营权的外贸企业购进高档化妆品直接出口

【本题答案】A

【本题解析】选项A当选，有出口经营权的生产型企业自营出口或生产企业委托外贸企业代理出口自产的应税消费品，依据其实际出口数量免税但不退税。其原理是生产型企业在出口或委托出口时已经免征生产环节消费税，该应税消费品出口时，不含消费税，所以不退税。选项B不当选，除生产企业、外贸企业以外的其他企业，具体指一般商贸企业，这类企业委托外贸企业代理出口应税消费品一律不免税也不退税。选项CD不当选，有出口经营权的外贸企业购进应税消费品直接出口，以及外贸企业受其他外贸企业委托代理出口应税消费品，适用出口免税并退税政策。

📋 历年考情

2022年多项选择题第6题考查过"消费税出口退（免）税"、2021年计算问答题第1题考查过"消费税出口退（免）税"的相关知识点，请注意对比联合学习。

5.下列商品属于消费税征收范围的是（　　）。

A.酒精　　　　　　　B.调味料酒

C.橡胶填充油　　　　D.高尔夫球袋

【本题答案】D

【本题解析】选项D当选，"高尔夫球及球具"属于消费税征税范围，具体包括高尔夫球、高尔夫球杆（含杆头、杆身和握把）、高尔夫球包（袋）。选项AB不当选，征收消费税的"酒"不包括酒精及调味料酒。选项C不当选，变压器油、导热类油等绝缘油类产品不属于润滑油，不征收消费税。

📋 历年考情

该知识点在2023年单项选择题第5题考查过"消费税税目——成品油"、2020年单项选择题第5题考查过"消费税税目"的相关知识点，请考生注意对比联合学习。

6.企业发生的下列支出中，在计算企业所得税应纳税所得额时**准予扣除**的是（　　）。

A.税收滞纳金

B.被没收财物的损失

C.向投资者支付的股息

D.因延期交货支付给购买方的违约金

【本题答案】D

【本题解析】选项D当选，因延期交货支付给购买方的违约金、赔偿金，支付给银行的加息、罚息属于经营性处罚，准予扣除。选项AB不当选，罚金、罚款和没收财物的损失，指行政性罚款或刑法中的附加刑（罚金），是政府行政机关的处罚，不允许税前扣除；税收滞纳金的性质与罚金、罚款类似，也不允许税前扣除。选项C不当选，向投资者支付的股息、红利等权益性投资收益款项，是从税后利润中作出的分配，在计算企业所得税时不得扣除。

> ✏️ 审题要点
>
> 本题考核的是在计算企业所得税应纳税所得额时"准予扣除"的项目。

7.在中国境内未设立机构、场所的非居民企业，计算企业所得税应

审题要点
本题考核的是非居民企业计算企业所得税应纳税所得额的方式。对于非居民企业，有两种方式计算企业所得税应纳税所得额： （1）以收入全额为应纳税所得额； （2）以收入减除财产净值后的余额为应纳税所得额。

纳税所得额所用的下列方法中，<u>符合税法规定</u>的是（　　）。

A.股息所得以收入全额为应纳税所得额

B.财产转让所得以转让收入全额为应纳税所得额

C.租金所得以租金收入减去房屋折旧为应纳税所得额

D.特许权使用费所得以收入减去特许权摊销费用为应纳税所得额

【本题答案】A

【本题解析】选项A当选、选项BCD不当选，对于在中国境内未设立机构、场所的非居民企业，或者虽设立机构、场所但取得的所得与其所设机构、场所没有实际联系的非居民企业取得来源于中国境内的所得，对于股息、红利等权益性投资收益、利息、租金、特许权使用费所得，以收入全额为应纳税所得额；对于财产转让所得，以收入全额减除财产净值后的余额为应纳税所得额。

8.下列收入免征个人所得税的是（　　）。

A.退休人员再任职取得的收入

B.提前退休人员取得的一次性补贴收入

C.员工从破产企业取得的一次性安置费

D."长江学者奖励计划"特聘教授取得的岗位津贴

【本题答案】C

【本题解析】选项C当选，企业依照国家有关法律规定宣告破产，员工从破产企业取得的一次性安置费收入，免征个人所得税。选项A不当选，退休人员再任职取得的收入，在减除规定的费用扣除标准后，按照"工资、薪金所得"项目计征个人所得税。选项B不当选，提前退休人员取得的一次性补贴收入，应按照办理提前退休手续至法定离退休年龄之间实际年度数平均分摊，确定适用税率和速算扣除数，单独适用综合税率表，计算应纳税额。选项D不当选，个人因公务用车和通讯制度改革而取得的公务用车、通讯补贴收入，扣除一定标准的公务费用后，按照"工资、薪金所得"项目计征个人所得税。

📖 历年考情

2021年单项选择题第12题考查过"个人所得税税收优惠"、2020年单项选择题第8题考查过"利息的个人所得税税收优惠"的相关知识点，请考生注意对比联合学习。

9.下列关于个人所得税专项附加扣除时限的表述中，符合税法规定的是（　　）。

A.住房贷款利息，扣除时限最长不得超过120个月

B.同一学历继续教育，扣除时限最长不得超过24个月

C.技能人员职业资格继续教育，扣除时间为取得相关证书的当年

D.大病医疗，扣除时间为医疗保障信息系统记录的医药费用实际支出的次年

【本题答案】C

【本题解析】选项C当选，技能人员职业资格继续教育、专业技术人员职业资格继续教育扣除时间为取得相关证书的当年。选项A不当选，住房贷款利息扣除时限最长不得超过240个月（即20年）。选项B不当选，同一学历继续教育扣除时限最长不得超过48个月（即4年）。选项D不当选，大病医疗扣除时间为医疗保障信息系统记录的医药费用实际支出的当年。

> 审题要点
>
> 本题考核的是个人所得税的综合所得，具体包括工资、薪金所得，劳务报酬所得，稿酬所得和特许权使用费所得4个项目。

10.居民个人取得的下列所得，应纳入综合所得计征个人所得税的是（　　）。

A.偶然所得　　　　　B.特许权使用费

C.财产转让所得　　　D.利息、股息、红利所得

【本题答案】B

【本题解析】选项B当选、选项ACD不当选，居民个人的综合所得，包括工资、薪金所得，劳务报酬所得，稿酬所得和特许权使用费所得。

历年考情

2023年单项选择题第11题考查过"个人所得税税目——特许权使用费所得"、2021年多项选择题第8题考查过"个人所得税税目——偶然所得"、2021年多项选择题第9题考查过"个人所得税税目——工资、薪金所得"、2020年单项选择题第6题考查过"个人所得税税目——经营所得"、2019年多项选择题第5题考查过"个人所得税税目——劳务报酬所得"的相关知识点，请考生注意对比联合学习。

> 审题要点
>
> 本题考核的是城市维护建设税的计算，对于城市维护建设税需要关注两个要点：
> (1)位于不同位置的企业适用的城市维护建设税税率不同。本题的企业位于县城、镇，其城市维护建设税税率为5%。
> (2)城市维护建设税的计税依据是纳税人实际缴纳的增值税、消费税税额之和，对进口货物或境外向境内销售劳务、服务、无形资产缴纳的"两税"，不征收城市维护建设税，所以需要将进口部分的增值税和消费税从实缴总金额中扣除。

11.位于某镇的甲企业2019年7月缴纳增值税50万元，其中含进口环节增值税10万元；缴纳消费税30万元，其中含进口环节消费税10万元。甲企业当月应缴纳的城市维护建设税为（　　）。

A.1万元　　　　　　B.2万元

C.3万元　　　　　　D.4万元

【本题答案】C

【本题解析】选项C当选，具体过程如下：城市维护建设税的计税依据=（50-10+30-10）=60（万元），甲企业当月应缴纳的城市维护建设税=60×5%=3（万元）。

选项A不当选，因为该选项的计算等式为：应缴纳的城市维护建设税=（10+10）×5%=1（万元），仅将进口环节缴纳的增值税和消费税作为计税依据。

选项B不当选，因为该选项的计算等式为：应缴纳的城市维护建设税=（50-10）×5%=2（万元），计税依据中未考虑实际缴纳的消费税。

选项D不当选，应缴纳的城市维护建设税=（50+30）×5%=4（万元），没有将进口环节缴纳的增值税、消费税从计税依据中扣除。

思维拓展

我国的城市维护建设税、教育费附加、资源税实行"进口不征，出口不退"。

12.按照随进口货物的价格由高至低而由低至高设置的关税税率计征的关税是（ ）。

A.滑准税　　　　　　B.复合税

C.选择税　　　　　　D.从量税

【本题答案】A

【本题解析】选项A当选，滑准税是根据货物的价格变动而增减进出口税率的一种关税，商品价格上涨，采用较低税率，商品价格下跌则采用较高税率。选项B不当选，复合税在征税时采用从量和从价两种税率计征税款。选项C不当选，从价税是一种最常用的关税计税标准。它是以货物的价格或者价值为征税标准，以应征税额占货物价格或者价值的百分比为税率，价格越高，税额越高。选项D不当选，从量税是按货物的计量单位（重量、长度、面积、容积、数量等）作为征税标准，以每一计量单位应纳的关税金额作为税率。

> **审题要点**
>
> 本题考核的是关税的计算，需要关注两个要点：
> （1）计算关税的计税基础为关税完税价格，关税完税价格包括货价、货物运抵我国境内输入地点起卸前的运输及其相关费用、保险费。
> （2）如果进口货物的保险费无法确定或者未实际发生时，按照"货价加运费"两者总额的3‰计算保险费。

13.某进出口公司2019年7月进口化妆品一批，购买价34万元，该公司另支付入关前运费3万元，保险费无法确定。化妆品关税税率为30%，该公司应缴纳的关税为（ ）。

A.10.20万元　　　　B.10.23万元

C.11.10万元　　　　D.11.13万元

【本题答案】D

【本题解析】选项D当选，具体过程如下：进口化妆品应缴纳的关税=（34+3）×（1+3‰）×30%=11.13（万元）。选项A不当选，因为该选项的计算等式为：应缴纳的关税=34×30%=10.20（万元），仅仅将货价作为关税完税价格。选项B不当选，因为该选项的计算等式为：应缴纳的关税=（34+3×3‰）×30%=10.23（万元），误按货价的3‰计算入关前的运费和保险费。选项C不当选，因为该选项的计算等式为：应缴纳的关税=（34+3）×30%=11.10（万元），关税完税价格中未包含无法确定的保险费。

14.下列应税污染物中，在确定计税依据时只对超过规定标准的部分征收环境保护税的是（　　）。

  A.固体废物　　　　　　B.工业噪声
  C.水污染物　　　　　　D.大气污染物

【本题答案】B

【本题解析】选项B当选，噪声的计税依据为"超过国家规定标准的分贝数"，同时，应税噪声污染目前只包括工业噪声。选项A不当选，固体废物的计税依据为"固体废物排放量"。选项CD不当选，大气污染物和水污染物的计税依据为"污染当量数"。

历年考情

2022年单项选择题第15题考查过"环境保护税计税依据"、2019年多项选择题第8题考查过"环境保护税计税依据"的相关知识点，请考生注意对比联合学习。

15.下列项目占用耕地，可以直接**免征耕地占用税**的是（　　）。

  A.军事设施　　　　　　B.机场跑道
  C.港口码头　　　　　　D.铁路线路

【本题答案】A

【本题解析】选项A当选，军事设施占用耕地免征耕地占用税。选项BCD不当选，铁路线路、公路线路、飞机场跑道、停机坪、港口、航道、水路工程占用耕地，减按每平方米2元的税额征收耕地占用税。注意：选项BCD属于减税，而不是免税。

> **审题要点**
> 本题考核的是"免征"耕地占用税的项目，需要排除减征耕地占用税的选项。

历年考情

2022年单项选择题第17题考查过"耕地占用税税收优惠"的相关知识点，请考生注意对比联合学习。

16.某企业2018年初占用土地25 000平方米，其中托儿所占地1 000

审题要点
本题考核的是城镇土地使用税的计算。对于城镇土地使用税的计算,需要关注两个要点: (1)企业办的各类学校、托儿所、幼儿园自用的房产、土地,免征城镇土地使用税。 (2)6月购入的办公楼,应自"次月"起缴纳城镇土地使用税,题目"6元/平方米"是年税额,注意"年月换算"。

平方米,其余为生产经营用地;6月购置一栋办公楼,占地2 000平方米。该企业所在地城镇土地使用税年税额为6元/平方米,则该企业2018年应缴纳城镇土地使用税为( )。

A. 144 000元
B. 150 000元
C. 151 000元
D. 156 000元

【本题答案】B

【本题解析】选项B当选,具体过程如下:当年该企业应缴纳的城镇土地使用税=(25 000–1 000)×6+2 000×6×6/12=150 000(元)。选项A不当选,因为该选项的计算等式为:应缴纳的城镇土地使用税=(25 000–1 000)×6=144 000(元),未计算6月购买办公楼部分的城镇土地使用税。选项C不当选,因为该选项的计算等式为:应缴纳的城镇土地使用税=(25 000–1 000)×6+2 000×6×7÷12=151 000(元),在计算6月购入办公楼对应的城镇土地使用税时,误从购入当月起算。选项D不当选,因为该选项的计算等式为:应缴纳的城镇土地使用税=(25 000–1 000)×6+2 000×6=156 000(元),未考虑托儿所占地免征城镇土地使用税或者忘记按月计算新购入办公楼对应的城镇土地使用税。

审题要点
本题考核的是"从价"计征房产税的情形,需要排除从租计征房产税的选项。

17.下列情形中,应该从价计征房产税的是( )。

A.单位出租地下人防设施的
B.以劳务为报酬抵付房租的
C.个人出租房屋用于生产经营的
D.以居民住宅区内业主共有的经营性房产进行自营的

【本题答案】D

【本题解析】选项D当选,以居民住宅区内业主共有的经营性房产进行自营,"从价计征"房产税。选项A不当选,出租地下建筑物,按照出租地上房屋建筑物的有关规定"从租计征"房产税。选项B不当选,接受劳务抵付房租,其虽以劳务的形式偿付,但本质仍是收取房屋租金,金额根据当地同类房产的租金水平,确定一个标准租金额"从租计征"房产税。选项C不当选,个人出租房屋用于生产经营,"从租计征"房产税。

思维拓展

本题涉及房产税的计征方法这一知识点。为了方便考生更好地掌握该考点,相关知识要点归纳见2022年单项选择题第19题【思维拓展】。

📖 坑点提示

本题的坑点在于准确判断房产税计征方法的适用情形。详见2022年单项选择题第19题【坑点提示】。

📖 历年考情

2023年单项选择题第19题考查过"从租计征房产税"、2022年单项选择题第19题考查过"从租计征房产税"、2020年多项选择题第10题考查过"房产税计税依据"的相关知识点，请考生注意对比联合学习。

18.下列房产转让的情形中，产权承受方免予缴纳契税的是（　　）。

A.将房产赠与非法定继承人

B.以获奖方式承受土地、房屋权属

C.以自有房产投资入股本人独资经营的企业

D.以预付集资建房款方式承受土地、房屋权属

【本题答案】C

【本题解析】选项C当选，以自有房产投资入股本人独资经营的企业，其实质上产权并未发生转移，不征契税。选项A不当选，将房产赠与非法定继承人，属于赠与行为，由非法定继承人缴纳契税。选项B不当选，以获奖方式承受土地、房屋权属，属于赠与行为，由承受方缴纳契税。选项D不当选，以实物交换房屋，应视同房屋买卖，由产权承受方缴纳契税。

📖 历年考情

2022年单项选择题第18题考查过"契税税收优惠"的相关知识点，请考生注意对比联合学习。

19.下列税费中，应计入车辆购置税计税依据的是（　　）。

A.购车时支付的增值税

B.购车时随购车款同时支付的车辆装饰费

C.购车时支付的已取得保险公司票据的保险费

D.购车时支付的已取得公安交管部门票据的临时牌照费

【本题答案】B

【本题解析】车辆购置税的计税依据知识点汇总如下：

（1）纳税人购买自用应税车辆的计税价格，以发票电子信息中的

不含增值税价作为计税价格（选项A不当选）。

（2）消费税属于价内税，购车时支付的消费税应计入车辆购置税的价税依据中。

（3）计税价格不包括销售方代办保险等而向购买方收取的保险费，以及向购买方收取的代购买方缴纳的车辆购置税、车辆牌照费（选项CD不当选）。

历年考情

2022年单项选择题第20题考查过"车辆购置税退税额的计算"、2021年单项选择题第21题考查过"车辆购置税退税额的计算"的相关知识点，请考生注意对比联合学习。

20.甲企业与运输公司签订货物运输合同，记载货物价款100万元、装卸费15万元、运输费20万元。甲企业按"货物运输合同"税目计算缴纳印花税的计税依据为（　　）。

A.20万元　　　　　　　　B.100万元

C.120万元　　　　　　　D.135万元

【本题答案】A

【本题解析】选项A当选，选项BCD不当选，运输合同的计税依据为取得的运输费金额（即运费收入），不包括所运货物的金额、装卸费和保险费等。

历年考情

2020年单项选择题第19题考查过"印花税的计税依据"的相关知识点，请考生注意对比联合学习。

21.境内机构对外付汇的下列情形中，需要进行税务备案的是（　　）。

A.境内机构在境外发生差旅费10万美元以上的

B.境内机构在境外发生会议费10万美元以上的

C.境内机构向境外支付旅游服务费5万美元以上的

D.境内机构发生在境外的进出口贸易佣金5万美元以上的

【本题答案】C

【本题解析】境内机构和个人向境外单笔支付等值5万美元以上的下列外汇资金，除无须备案的情形外，其他应向所在地主管税务机关进行备案：

（1）境外机构或个人从境内获得的包括运输、旅游、通信、建筑安装及劳务承包、保险服务、金融服务、计算机和信息服务、专有权利使用和特许、体育文化和娱乐服务、其他商业服务、政府服务等服务贸易收入（选项C当选）。

（2）境外个人在境内的工作报酬，境外机构或个人从境内获得的股息、红利、利润、直接债务利息、担保费以及非资本转移的捐赠、赔偿、税收、偶然性所得等收益和经常转移收入。

（3）境外机构或个人从境内获得的融资租赁租金、不动产的转让收入、股权转让所得以及外国投资者其他合法所得。

选项ABD不当选，属于无须备案的情形。

注意：外国投资者以境内直接投资合法所得在境内再投资，即使单笔等值超过5万美元，也无须进行税务备案。

思维拓展

本题涉及境内机构对外付汇税务备案的规定这一知识点。详见2022年多项选择题第14题【思维拓展】。

历年考情

2023年单项选择题第23题考查过"对外付汇的税务备案"、2022年多项选择题第14题考查过"对外付汇的税务备案"、2020年计算问答题第5题考查过"对外付汇的税务备案"的相关知识点，请考生注意对比联合学习。

22.某居民企业2018年度境内应纳税所得额为800万元；设立在甲国的分公司就其境外所得在甲国已纳企业所得税40万元，甲国企业所得税税率为20%。该居民企业2018年度企业所得税应纳税所得额是（　　）。

A. 760万元　　　　　　　B. 800万元

C. 840万元　　　　　　　D. 1 000万元

【本题答案】D

【本题解析】选项D当选，具体过程如下：

（1）根据该居民企业在甲国缴纳的企业所得税40万元，可知其应纳税所得额=40÷20%=200（万元）。

（2）居民企业承担全球（境内、境外）纳税的义务。

综上，居民企业年度企业所得税应纳税所得额=800+200=1 000

（万元）。

选项A不当选，因为该选项的计算等式为：应纳税所得额=800-40=760（万元），用境外已经缴纳的企业所得税抵减了境内的应纳税所得额后作为应纳税所得额。

选项B不当选，应纳税所得额中只考虑了境内所得，未考虑境外所得。

选项C不当选，因为该选项的计算等式为：应纳税所得额=800+40=840（万元），直接将境内应纳税所得额加上境外已缴纳的企业所得税后作为应纳税所得额。

抢分秘籍

（1）题目已知条件如果为境外的税后净利润和境外的所得税税率，可以按给出的所得税税率还原成税前"应纳税所得额"。

（2）题目已知条件如果为境外税后净利润和境外已纳所得税额，可以用税后净利润加境外已纳所得税额，即为税前"应纳税所得额"。

历年考情

2022年单项选择题第23题考查过"可抵免境外税额的适用汇率"的相关知识点，请考生注意对比联合学习。

23.下列关于纳税信用管理的表述中，符合规定的是（   ）。

A.按年进行纳税信用信息采集

B.税务机关每年3月确定上一年度纳税信用评价结果

C.以直接判级进行纳税信用评价适用于有严重失信行为的纳税人

D.纳税年度内因涉嫌税收违法被立案查处尚未结案的纳税人，也参加本期评价

【本题答案】C

【本题解析】选项C当选，"直接判级"适用于有严重失信行为的纳税人。选项A不当选，纳税信用信息采集工作由国家税务总局和省税务机关组织实施，按月采集。选项B不当选，税务机关每年4月确定上一年度纳税信用评价结果，并为纳税人提供自我查询服务。选项D不当选，纳税年度内纳税人因涉嫌税收违法被立案查处尚未结案的，不能参加本期评价。

历年考情

2020年单项选择题第22题考查过"纳税信用修复"的相关知识点，

请考生注意对比联合学习。

24.下列可以作为税务行政复议申请人的是（　　）。

A.有权申请行政复议的公民死亡的，其近亲属

B.有权申请行政复议的股份制企业，其董事会

C.有权申请行政复议的合伙企业，其任一合伙人

D.与被审查的税务具体行政行为有利害关系的第三人

【本题答案】A

【本题解析】选项A当选，有权申请行政复议的公民死亡的，其近亲属可以申请行政复议。选项B不当选，股份制企业的股东大会、股东代表大会、董事会认为税务具体行政行为侵犯企业合法权益的，可以"以企业的名义"申请行政复议。选项C不当选，有权申请行政复议的合伙企业，应当以"核准登记的企业"为申请人。选项D不当选，与被审查的税务具体行政行为有利害关系的，行政复议机关可以通知其"作为第三人"参加行政复议，但第三人不是作为申请人提出行政复议申请。

二、多项选择题（本题型共14小题，每小题1.5分，共21分。每小题均有多个正确答案，请从每小题的备选答案中选出你认为正确的答案，用鼠标点击相应的选项。每小题所有答案选择正确的得分，不答、错答、漏答均不得分。）

1.下列涉税服务内容，会计师事务所可以从事的有（　　）。

A.税务咨询　　　　　　　B.纳税审查

C.税收策划　　　　　　　D.税务顾问

【本题答案】ABCD

【本题解析】涉税专业服务机构是指从事涉税专业服务的会计师事务所、律师事务所、代理记账机构、税务代理公司、财税类咨询公司等机构。

涉税专业服务机构涉税业务内容如下：（1）纳税申报代理；（2）一般税务咨询（选项A当选）；（3）专业税务顾问（选项D当选）；（4）税收策划（选项C当选）；（5）涉税鉴证；（6）纳税情况审查（选项B当选）；（7）其他税务事项代理；（8）其他涉税服务。

2.下列金融业务中，免征增值税的有（　　）。

A.金融机构间的转贴现业务

B.商业银行提供国家助学贷款业务

C.人民银行对金融机构提供贷款业务

D.融资租赁公司从事的融资性售后回租业务

【本题答案】ABC

【本题解析】选项D不当选，融资性售后回租按照"金融服务——贷款服务"缴纳增值税。

注意：国债利息收入、地方政府债券利息收入免征增值税，企业债利息收入征收增值税。

📋 历年考情

2022年单项选择题第4题考查过"增值税免税优惠"、2021年单项选择题第3题考查过"增值税免税优惠"的相关知识点，请考生注意对比联合学习。

> **审题要点**
>
> 本题考核的是在"零售"环节缴纳消费税的情形，需要关注"金银首饰"（包括金基、银基合金首饰，以及金、银和金基、银基合金的镶嵌首饰）、钻石及钻石饰品、铂金首饰只在"零售环节"缴纳消费税。

3.某商场2019年5月零售的下列首饰中，应缴纳消费税的有（　　）。

A.翡翠项链　　　　B.钻石戒指

C.金银首饰　　　　D.玉石手镯

【本题答案】BC

【本题解析】选项BC当选，金银首饰（包括金基、银基合金首饰，以及金、银和金基、银基合金的镶嵌首饰）、钻石及钻石饰品、铂金首饰只在"零售环节"缴纳消费税，税率5%。选项AD不当选，翡翠项链、玉石手镯属于珠宝玉石，珠宝玉石和其他珠宝首饰，在生产销售、委托加工或者进口环节缴纳消费税，税率10%。

提示：人造宝石也在消费税"贵重首饰及珠宝玉石"的征税范围内。

📋 历年考情

2023年多项选择题第4题考查过"消费税计税环节"、2022年单项选择题第5题考查过"消费税计税环节"、2021年单项选择题第5题考查过"消费税计税环节"考查过"消费税计税环节"的相关知识点，请考生注意对比联合学习。

4.下列关于所得来源地确定方法的表述中，符合企业所得税法规定的有（　　）。

A.股权转让所得按照转出方所在地确定

B.销售货物所得按照交易活动发生地确定

C.不动产转让所得按照不动产所在地确定

D.特许权使用费所得按照收取特许权使用费所得的企业所在地确定

【本题答案】BC

【本题解析】选项A不当选,股权转让所得,属于权益性投资资产,所得来源地按照"被投资企业所在地"确定。选项D不当选,利息所得、租金所得、特许权使用费所得,所得来源地按照负担、支付所得的企业或者机构、场所所在地确定。

5.居民个人取得的下列收入中,按照劳务报酬项目预扣预缴个人所得税的有(　　)。

A.保险营销员取得的佣金收入

B.公司职工取得的用于购买企业国有股权的劳动分红

C.企业对非雇员以免费旅游形式给予的营销业绩奖励

D.仅担任董事而不在该公司任职的个人取得的董事费

【本题答案】ACD

【本题解析】选项B不当选,公司职工取得的用于购买企业国有股权的劳动分红,按照"工资、薪金所得"计征个人所得税。

> 审题要点
>
> 本题考核的是按照"劳务报酬所得"预扣预缴个人所得税的项目,需要与"工资、薪金所得"(与任职、受雇有关系)进行区分。

坑点提示

(1)仅担任董事而不在该公司任职的个人取得的董事费,按照"劳务报酬所得"征收个人所得税。

(2)如果个人既在公司(包括关联公司)任职、受雇,又担任董事、监事的,其取得的董事费、监事费收入应按照"工资、薪金所得"计征个人所得税。

历年考情

2023年单项选择题第11题考查过"个人所得税税目——特许权使用费所得"、2021年多项选择题第8题考查过"个人所得税税目——偶然所得"、2021年多项选择题第9题考查过"个人所得税税目——工资、薪金所得"、2020年多项选择题第6题考查过"个人所得税税目——经营所得"、2019年单项选择题第10题考查过"个人所得税税目——综合所得"的相关知识点,请考生注意对比联合学习。

6.2019年7月,甲市某烟草公司向乙县某烟叶种植户收购了一批烟叶,收购价款90万元、价外补贴9万元。下列关于该笔烟叶交易涉及烟叶税征收管理的表述中,符合税法规定的有(   )。

A.纳税人为烟叶种植户

B.应纳税额为19.8万元

C.应在次月15日内申报纳税

D.应向乙县主管税务机关申报纳税

【本题答案】BCD

【本题解析】选项B当选,纳税人收购烟叶实际支付的价款总额包括纳税人支付给烟叶生产销售单位和个人的烟叶收购价款和价外补贴;其中,价外补贴统一按烟叶收购价款的10%计算,烟叶税税额=90×(1+10%)×20%=19.8(万元)。选项C当选,纳税人应当自纳税义务发生月度终了之日起15日内申报纳税。选项D当选,纳税人收购烟叶,应当向烟叶收购地(乙县)主管税务机关申报纳税。选项A不当选,烟叶税的纳税人是在我国境内依法收购烟叶的单位,不包括个体工商户和其他个人。

7.下列进口的货物或物品中,免征关税的有(   )。

A.无商业价值的广告品

B.国际组织无偿赠送的货物

C.在海关放行前损失的货物

D.外国政府无偿援助的物资

【本题答案】ABCD

【本题解析】关税税收优惠的项目如下:

(1)关税税额在人民币50元以下的一票货物,可免征关税。

(2)无商业价值的广告品和货样,可免征关税(选项A当选)。

(3)外国政府、国际组织无偿赠送的物资,可免征关税(选项BD当选)。

(4)进出境运输工具装载的途中必需的燃料、物料和饮食用品,可免征关税。

(5)在海关放行前损失的货物,可免征关税(选项C当选)。

(6)在海关放行前遭受损坏的货物,可以根据海关认定的受损程度减征关税。

(7)我国缔结或者参加的国际条约规定减征、免征关税的货物、物品,按照规定予以减免关税。

(8)法律规定减征、免征关税的其他货物、物品。

注意:外国企业无偿援助的物资不属于免征关税的范围,需要照章缴纳关税。

思维拓展

本题涉及减免关税的优惠政策。详见2022年多项选择题第9题【思维拓展】。

历年考情

2022年多项选择题第9题考查过"关税税收优惠"的相关知识点，请考生注意对比联合学习。

8.下列应税污染物中，按照污染物排放量折合的污染当量数作为环境保护税计税依据的有（　　）。

A.噪声　　　　　　　　B.煤矸石
C.水污染物　　　　　　D.大气污染物

【本题答案】CD

【本题解析】应税污染物的计税依据，按照下列方法确定：

（1）应税大气污染物、水污染物按照污染物排放量折合的污染当量数确定（选项CD当选）。

（2）应税固体废物按照固体废物的排放量确定（选项B不当选）。

（3）应税噪声按照超过国家规定标准的分贝数确定（选项A不当选）。

历年考情

2022年单项选择题第15题考查过"环境保护税计税依据"、2019年单项选择题第14题考查过"环境保护税计税依据"的相关知识点，请考生注意对比联合学习。

9.下列关于城镇土地使用税纳税义务发生时间的表述中，符合税法规定的有（　　）。

A.纳税人出租房产，自交付出租房产之次月起纳税
B.纳税人出借房产，自交付出借房产之次月起纳税
C.纳税人新征用的耕地，自批准征用之次月起纳税
D.纳税人购置新建商品房，自房屋交付使用之次月起纳税

【本题答案】ABD

【本题解析】选项C不当选，纳税人新征用的"耕地"，自批准征用之日起满1年时开始纳税；纳税人新征用的"非耕地"，自批准征用次

月起纳税。

> **坑点提示**
>
> 购置新建商品房，自房屋交付使用之次月起纳税；购置存量房，自房地产权属登记机关签发房屋权属证书之次月起纳税。

10.（已根据最新政策修改）下列关于契税的表述中，符合税法规定的有（   ）。

A.对承受国有土地使用权所支付的土地出让金应计征契税

B.承受已装修房屋的，装修费用不计入总价款

C.对个人购买90平方米以下的普通住房且该住房属于家庭唯一住房的免征契税

D.婚姻关系存续期间夫妻之间变更房屋所有权免征契税

【本题答案】AD

【本题解析】选项B不当选，承受已装修房屋的，装修费用应计入总价款。选项C不当选，对个人购买家庭唯一住房，面积为90平方米及以下的，契税减按1%征收。

11.下列车船中，属于车船税征税范围的有（   ）。

A.拖拉机　　　　　　B.节能汽车

C.非机动驳船　　　　D.纯电动乘用车

【本题答案】BC

【本题解析】选项B当选，节能汽车属于车船税征税范围，享受减半征收的优惠。选项C当选，拖船、非机动驳船分别按照机动驳船税额的50%计算车船税。选项A不当选，车船税税目"其他车辆"包括专用作业车、轮式专用机械车，不包括拖拉机。选项D不当选，纯电动乘用车、燃料电池乘用车不属于车船税征收范围，对其不征车船税；但是，纯电动商用车、燃料电池商用车、插电式（含增程式）混合动力企业属于车船税征税范围，享受免征车船税优惠。

> **历年考情**
>
> 2021年多项选择题第14题考查过"车船税的征税范围"的相关知识点，请考生注意对比联合学习。

12.间接转让中国应税财产的交易双方及被间接转让股权的中国居民企业可以向主管税务机关报告股权转让事项，并提交相关资料。以下各项资料中属于该相关资料的有（   ）。

A.股权转让合同

B.股权转让前后的企业股权架构图

C.间接转让中国应税财产的交易双方的公司章程

D.境外企业及直接或间接持有中国应税财产的下属企业上两个年度财务会计报表

【本题答案】ABD

【本题解析】间接转让中国应税财产的交易双方及被间接转让股权的中国居民企业可以向主管

税务机关报告股权转让事项,并提交以下资料:

(1)股权转让合同或协议(外文文本的需同时附送中文译本,下同)(选项A当选)。

(2)股权转让前后的企业股权架构图(选项B当选)。

(3)境外企业及直接或间接持有中国应税财产的下属企业上两个年度财务、会计报表(选项D当选)。

(4)间接转让中国应税财产交易不适用于一般反避税规定的理由。

(5)有关间接转让中国应税财产交易整体安排的决策或执行过程信息。

(6)境外企业及直接或间接持有中国应税财产的下属企业在生产经营、人员、账务、财产等方面的信息,以及内外部审计情况。

(7)用以确定境外股权转让价款的资产评估报告以及其他作价依据。

(8)间接转让中国应税财产交易在境外应缴纳所得税的情况。

(9)与上述第(2)条和第(3)条有关的证据。

13.在办理税务注销时,对未处于税务检查状态、无欠税及罚款、已缴销增值税专用发票及税控专用设备,且符合下列情形之一的纳税人,可以采取"承诺制"容缺办理的有(   )。

A.纳税信用级别为B级的纳税人

B.未达到增值税纳税起征点的纳税人

C.省级人民政府引进人才创办的企业

D.控股母公司纳税信用级别为B级的M级纳税人

【本题答案】ABC

【本题解析】申请一般注销的纳税人,未处于税务检查状态、无欠税(滞纳金)及罚款、已缴销增值税专用发票及税控设备,且符合下列情形之一的纳税人,采取"承诺制"容缺办理:

（1）纳税信用级别为A级和B级的纳税人（选项A当选）。

（2）控股母公司纳税信用级别为A级的M级纳税人（选项D不当选）。

（3）省级人民政府引进人才或经省级以上行业协会等机构认定的行业领军人才等创办的企业（选项C当选）。

（4）未纳入纳税信用级别评价的定期定额个体工商户。

（5）未达到增值税纳税起征点的纳税人（选项B当选）。

▣ **历年考情**

2023年多项选择题第15题考查过"承诺制容缺办理税务注销"的相关知识点，请考生注意对比联合学习。

> ✎ **审题要点**
>
> 本题考核的是税务行政复议与行政诉讼程序设置的规定。纳税人对税务机关作出的下列行政行为不服时，可以选择先申请行政复议后行政诉讼，也可以直接向人民法院提起行政诉讼，但是对于"征税行为"必须先复议后诉讼。

14.纳税人对税务机关作出的下列行政行为不服时，<u>可以申请行政复议，也可以直接向人民法院提起行政诉讼</u>的有（　　）。

A.收缴发票行为　　　　　　B.阻止出境行为

C.暂停免税办理　　　　　　D.没收违法所得

【本题答案】ABD

【本题解析】申请人对"征税行为"以外的其他具体行政行为不服，可以申请行政复议，也可以直接向人民法院提起行政诉讼，包括：

（1）行政许可、行政审批行为。

（2）发票管理行为，包括发售、收缴、代开发票等（选项A当选）。

（3）税收保全措施、强制执行措施。

（4）行政处罚行为：罚款；没收财物和违法所得；停止出口退税权（选项D当选）。

（5）不依法履行职责的行为。

（6）资格认定行为。

（7）不依法确认纳税担保的行为。

（8）政府信息公开工作中的具体行政行为。

（9）纳税信用等级评定行为。

（10）通知出入境管理机关阻止出境行为（选项B当选）。

（11）其他具体行政行为。

▣ **思维拓展**

本题涉及税务行政复议与行政诉讼程序设置的规定。除了上述"可以申请行政复议，也可以直接向人民法院提起行政诉讼"的情形外，需要特别关注"必须先复议后诉讼"的情形。对于征税行为必须先经过税务行政复议，未经行政复议程序不得提起行政诉讼，具体情形包括：

（1）确认纳税主体、征税对象、征税范围、减税、免税、退税、抵扣税款、适用税率、计税依据、纳税环节、纳税期限、纳税地点和税款征收方式等具体行政行为。

（2）征收税款、加收滞纳金的具体行政行为。

（3）扣缴义务人、受税务机关委托的单位和个人作出的代扣代缴、代收代缴、代征行为等。

注意：除征税行为以外的其他行为，可先复议后诉讼，也可直接诉讼。

历年考情

2022年单项选择题第26题考查过"税务复议前置"的相关知识点，请考生注意对比联合学习。

三、计算问答题（本题型共4小题24分。）

1.（本小题6分。）甲卷烟厂为增值税一般纳税人，2019年3月发生下列业务：

（1）<u>以直接收款方式销售A牌卷烟</u>80箱，取得销售额256万元。

（2）<u>以分期收款方式销售A牌卷烟</u>350箱，销售额1 330万元，合同约定当月收取50%的货款，实际收到30%。

（3）甲厂提供烟叶<u>委托乙卷烟厂加工一批烟丝</u>，烟叶成本120万元；乙厂收取加工费20万元、代垫部分辅助材料的费用5万元；烟丝当月完工并交付甲厂，乙厂无同类烟丝销售。

（4）甲厂<u>将委托加工收回烟丝的20%直接销售</u>，取得销售额58万元。

（5）从丙卷烟厂购入一批烟丝，甲<u>厂用90箱A牌卷烟抵顶货款</u>；双方均开具了增值税专用发票。

> ✏ **审题要点**
> 以直接收款方式销售应税消费品，消费税的纳税义务发生时间为收讫销售款或者索取销售款凭据的当天，3月份需要确认256万元销售额。
> 此外，需要注意卷烟采用复合计征方式计征消费税。
> 需要判断A牌卷烟为甲类卷烟还是乙类卷烟从而选择对应的税率，每条（1箱=250条）不含增值税调拨价在70元以上（含70元）为甲类卷烟，70元以下为乙类卷烟。本题在其他相关资料中直接告知该类卷烟为甲类卷烟，因此此处无须自行判断。
> 在用适用税率计算时，容易出错的是从量计征部分直接计算出来的结果单位为"元"，而从价计征计算出来的结果单位为"万元"，切记统一单位。

> ✏ **审题要点**
> 以分期收款方式销售应税消费品，消费税的纳税义务发生时间为"书面合同约定"的收款日期的当天。此处应按照合同约定收取50%货款的金额缴纳消费税，实际收到30%的价款为干扰条件。

> ✏ **审题要点**
> 此处考查委托加工环节组成计税价格的计算。
> 委托加工计税价格需要按顺序确定：
> （1）首先按照受托方同类产品销售价格确定；
> （2）当没有受托方同类售价时选择组成计税价格计算。
> 组成计税价格=（材料成本+加工费）÷（1-消费税比例税率）。本题的"材料成本"为120万元；"加工费"为25万元（加工费指受托加工方应税消费品向委托方收取的全部费用，包含代垫辅料费用）。

> ✏ **审题要点**
> 此处考查委托加工应税消费品收回后如何征税。
> （1）收回后不加价直接售出（不继续加工应税消费品），直接售出不再缴纳消费税；
> （2）加价后售出可按销售比例扣除已缴纳消费税，无扣除范围限制。
> 因此本题需要计算委托加工收回价格，与销售额58万元比较。

> ✏ **审题要点**
> 在不同的"视同销售"方式下，消费税的计税依据不同：
> （1）将应税消费品用于馈赠、赞助、广告、样本、职工福利的，以加权"平均"销售价格作为计税依据。
> （2）将应税消费品用于换取生产资料和消费资料、投资入股和抵偿债务等方面的应税消费品，以纳税人同类应税消费品的"最高"销售价格作为计税依据。本题属于抵偿债务，需要先计算（1）（2）两笔业务各自的单价，再取较高者作为计税依据。

（其他相关资料：A牌卷烟为甲类卷烟，甲类卷烟消费税税率56%加每箱150元，烟丝消费税税率30%，上述销售额和费用均不含增值税。）

要求：根据上述资料，按照下列序号回答问题，如有计算需计算出合计数。

（1）计算业务（1）应缴纳的消费税额。

（2）计算业务（2）应缴纳的消费税额。

（3）计算业务（3）乙厂应代收代缴的消费税额。

（4）回答业务（4）应缴纳消费税的理由并计算消费税额。

（5）计算业务（5）应缴纳的消费税额。

> **审题要点**
>
> 题目告知以上金额均为不含税销售额，因此无须价税分离。

【本题答案】

（1）业务（1）应缴纳的消费税额=256×56%+80×150÷10 000=143.36+1.2=144.56（万元）

（2）业务（2）应缴纳的消费税额=1 330×50%×56%+350×150÷10 000×50%=375.03（万元）

（3）业务（3）代收代缴消费税计税价格=（120+20+5）÷（1-30%）=207.14（万元）

乙厂代收代缴的消费税额=207.14×30%=62.14（万元）

（4）207.14×20%=41.43（万元）＜58（万元），销售额大于计税价格，应缴纳消费税。

应纳消费税额=58×30%-41.43×30%=4.97（万元）

（5）以应税消费品换取生产资料，应当按当期消费品的最高销售价计税。

业务（5）应缴纳的消费税额=1 330÷350×90×56%+90×150÷10 000=192.87（万元）

历年考情

2021年计算问答题第3题考查过"消费税税额的计算与税收征收管理"、2020年计算问答题第1题考查过"消费税税额的计算"的相关知识点，请考生注意对比联合学习。

2.（本小题6分。）居民个人张某为独生子女，父母均已年满65周岁，其独生子就读于某小学。2019年张某收入及部分支出如下：

（1）每月从单位领取扣除社保费用和住房公积金后的工资10 000元，截至11月底累计已预扣预缴个人所得税款330元。

（2）取得年终奖60 000元，选择单独计税。

（3）利用业余时间为某公司设计图纸取得劳务报酬20 000元。

审题要点

张某父母均已年满60周岁，并且张某为独生子女，因此可享受赡养老人专项附加扣除，扣除标准为2 000元/月。需要注意的是，该项附加扣除与赡养老人的人数无关；如果张某有兄弟姐妹，应分摊扣除，每人每月额度不超过1 000元。

审题要点

结合"其他相关资料"，可以确定张某可100%享受子女教育专项附加扣除，扣除标准是1 000元/月。

审题要点

"工资、薪金所得"按照累计预扣法计算预扣税款，在计算12月应预扣预缴的个人所得税额时允许扣除之前累计已预扣预缴税款。

计算公式包括：

（1）本期应预扣预缴税额=（累计预扣预缴应纳税所得额×预扣率-速算扣除数）-累计减免税额-累计已预扣预缴税额

（2）累计预扣预缴应纳税所得额=累计收入-累计免税收入-累计减除费用-累计专项扣除-累计专项附加扣除-累计依法确定的其他扣除-捐赠

审题要点

居民个人取得的全年一次性奖金，在2023年12月31日前，可以选择单独计税，以全年一次性奖金收入除以12个月得到的数额（商数），查找按月换算后的综合所得税率表，确定适用税率和速算扣除数，年终奖应纳税额=全年一次性奖金收入×适用税率-速算扣除数。

由于单独计税的全年一次性奖金60 000÷12=5 000（元），用5 000元查找按月换算后的综合所得税率表，适用税率为10%、速算扣除数为210元。

审题要点

在计算劳务报酬所得应纳税所得额时，有相应的费用扣除标准，预扣预缴和年度汇算清缴时费用扣除标准不同：

（1）劳务报酬所得属于综合所得，需要预扣预缴。预扣预缴税额=收入额×预扣率-速算扣除数。

每次收入不超过4 000元的：收入额=收入-800；每次收入4 000元以上的：收入额=收入×（1-20%）。

此处劳务报酬所得为20 000元，超过4 000元，减除费用按照收入的20%计算。

（2）在计算综合所得年度应纳税额时，劳务报酬所得按收入的80%计入收入额，无须再与4 000元比较。即计算综合所得年度应纳税额时，并入综合所得的金额=收入×（1-20%）。

（3）预扣预缴税率适用三级超额累进税率表，需要记忆；综合所得税率表（年度表）在考试时为已知条件。

（4）每月**按首套住房贷款利率偿还房贷5 000元**。

> **审题要点**
> 需要特别关注税法规定的住房贷款"利息"按照每月1 000元定额扣除。本题首套住房偿还贷款金额5 000元，属于贷款还款本息金额，不能作为住房贷款利息扣除的标准。

（其他相关资料：**以上专项附加扣除均由张某100%扣除**。）

> **审题要点**
> 本题张某当年可以享受的专项附加扣除有：子女教育、赡养老人、住房贷款利息三项，并且可以在预扣预缴个人所得税时扣除。

附：综合所得个人所得税税率表暨居民个人工资薪金所得预扣预缴率表（部分）

级数	全年应纳税所得额 （累计预扣预缴应纳税所得额）	预扣率	速算扣除数
1	不超过36 000元	3%	0
2	超过36 000元至144 000元的部分	10%	2 520
3	超过144 000元至300 000元的部分	20%	16 920

按月换算后的综合所得税率表（部分）

级数	月应纳税所得额	税率	速算扣除数
1	不超过3 000元	3%	0
2	超过3 000元至12 000元的部分	10%	210
3	超过12 000元至25 000元的部分	20%	1 410

要求：根据上述资料，按照下列序号回答问题，如有计算需计算出合计数。

（1）计算12月工资应预扣预缴的个人所得税额。

（2）计算年终奖应缴纳的个人所得税额。

（3）计算劳务报酬应预扣预缴的个人所得税额。

（4）计算2019年综合所得应缴纳的个人所得税额。

（5）计算张某就2019年综合所得向主管税务机关办理汇算清缴时，应补缴的税款或申请的应退税额。

【本题答案】

（1）12月累计预扣预缴应纳税

所得额=120 000–60 000–24 000–12 000–12 000=12 000（元）

12月应预扣预缴税额=12 000×3%–330=360–330=30（元）

（2）年终奖应纳税额=60 000×10%–210=5 790（元）

（3）劳务报酬应预扣预缴税额=20 000×（1–20%）×20%=3 200（元）

（4）2019年综合所得应纳税所得额=120 000+20 000×（1–20%）–60 000–24 000–12 000–12 000=28 000（元）

2019年综合所得应纳税额=28 000×3%=840（元）

（5）应退税额=330+30+3 200–840=2 720（元）

> **历年考情**
>
> 2023年计算问答题第1题考查过"稿酬所得计算、财产转让所得计算、个税税收优惠"、2022年计算问答题第1题考查过"财产转让所得的计算、综合所得的计算、年终奖个税的计算"、2021年计算问答题第2题考查过"综合所得的计算、年终奖个税的计算"、2020年计算问答题第2题考查过"财产租赁所得的计算、综合所得的计算和汇算清缴"的相关知识点，请考生注意对比联合学习。

3.（本小题6分。）某**房地产开发企业**是增值税一般纳税人，拟对其开发的**位于市区**的一房地产项目进行土地增值税清算，该项目相关信息如下：

（1）2016年1月以9 000万元竞得国有土地一宗，并按规定**缴纳契税**。

> **审题要点**
>
> 房地产开发企业在土地增值税清算时，可扣除项目有5项，分别是："取得土地使用权所支付的金额""房地产开发成本""房地产开发费""与转让房地产有关的税金"和"其他扣除项目"。

> **审题要点**
>
> "市区"表明城市维护建设税税率为7%。

> **审题要点**
>
> 房地产开发企业为取得土地使用权所支付的契税，计入"取得土地使用权所支付的金额"中扣除。

（2）该项目 2016 年开工建设，《建筑工程施工许可证》注明的开工日期为 2 月 25 日，2018 年 12 月底竣工；发生房地产开发成本 6 000 万元；开发费用 3 400 万元。

> **审题要点**
> 项目动工建设时间为 2016 年 4 月 30 日前，属于不动产老项目，一般纳税人可以选择适用一般计税方法或简易计税方法。
> 需要注意的是：判断项目是否为不动产老项目看的是《建筑工程施工许可证》注明的开工日期，而不是工程竣工日期；如果未取得《建筑工程施工许可证》，看的是建筑工程承包合同注明的开工日期。

（3）该项目所属幼儿园建成后已无偿移交政府，归属于幼儿园的开发成本 600 万元。

> **审题要点**
> 此条件为干扰条件。房地产开发费用，不可以按照会计制度上核算的实际发生费用进行扣除，而必须按照土地增值税法规中的规定进行扣除。

（4）2019 年 4 月，该项目销售完毕，取得含税销售收入 36 750 万元。

（其他相关资料：契税税率为 4%，利息支出无法提供金融机构证明，当地省政府规定的房地产开发费用的扣除比例为 10%，企业对该项目选择简易计税方法计缴增值税。）

要求：根据上述资料，按照下列序号回答问题，如有计算需计算出合计数。

（1）说明该项目选择简易计税方法计征增值税的理由。

（2）计算该项目应缴纳的增值税额。

（3）计算土地增值税时允许扣除的城市维护建设税额、教育费附加和地方教育附加。

（4）计算土地增值税时允许扣除的开发费用。

（5）计算土地增值税时允许扣除项目金额的合计数。

（6）计算该房地产开发项目应缴纳的土地增值税额。

> **审题要点**
> 此条件为干扰条件。房地产开发企业开发建造的与清算项目配套的幼儿园，建成后无偿移交政府的，其成本、费用可以扣除。无须从开发成本 6 000 万元中减除归属幼儿园的开发成本。

> **审题要点**
> 此处告知"销售完毕"，表明应进行土地增值税清算。
> 如果未全部销售完毕，需要将"房地产开发成本"和"房地产开发费用"按比例配比后扣除。

> **审题要点**
> 房地产开发企业销售不动产采用简易计税方法，以取得的全部价款和价外费用适用 5% 征收率，计算缴纳增值税。

> **审题要点**
> 利息支出无法提供金融机构证明的，在计算允许扣除的"房地产项目开发费用"时，选择的公式为：
> 房地产项目开发费用 =（取得土地使用权所支付的金额 + 房地产开发成本）× 10%

【本题答案】

（1）房地产开发企业的一般纳税人销售自行开发的房地产老项目适用简易计税方法。房地产老项目是指《建筑工程施工许可证》注明的合同开工日期在2016年4月30日前的建筑工程项目。

（2）应缴纳的增值税额=36 750÷（1+5%）×5%=1 750（万元）

（3）允许扣除的城市维护建设税额=1 750×7%=122.5（万元）

允许扣除的教育费附加=1 750×3%=52.5（万元）

允许扣除的地方教育附加=1 750×2%=35（万元）

合计=210万元

（4）允许扣除的开发费用=[6 000+9 000×（1+4%）]×10%=1 536（万元）

（5）允许扣除项目金额的合计数=9 360+6 000+1 536+210+（9 360+6 000）×20%=20 178（万元）

（6）应缴纳土地增值税税额的计算：

增值额=36 750÷（1+5%）–20 178=14 822（万元）

增值率=14 822÷20 178×100%=73.46%

应缴纳土地增值税额=14 822×40%–20 178×5%=4 919.9（万元）

思维拓展

本题涉及房地产开发公司土地增值税加计扣除项目的确定这一知识点。为了方便考生更好地掌握该考点，相关知识要点归纳见2022年多项选择题第12题【思维拓展】。

坑点提示

本题的坑点在于准确判断房地产开发公司土地增值税加计扣除项目。详见2022年多项选择题第12题【坑点提示】。

抢分秘籍

土地增值税扣除项目的计算与地价款及有关费用、开发成本两个项目密切相关。详见2022年多项选择题第12题【抢分秘籍】。

历年考情

2023年多项选择题第12题考查过"土地增值税扣除项目"、2022年多项选择题第12题考查过"土地增值税扣除项目"的相关知识点，请考生注意对比联合学习。

4.（本小题6分。）2010年境外A公司出资3 500万元在我国境内成立M公司。A公司、M公司2018年部分业务如下：

（1）截至2017年12月31日，M公司账面累计未分配利润300万元。2018年1月20日，M公司董事会作出利润分配决定，向A公司分配股利200万元。

> **审题要点**
> 向A公司分配股利200万元，不属于增值税征税范围，但是需要对其预提企业所得税（有暂不征收规定，需关注题目中"其他相关资料"提供的补充信息）。

（2）1月20日A公司决议将M公司应分回股利用于购买我国境内非关联方C公司的股权，同日相关款项直接从M公司转入C公司股东账户。

> **审题要点**
> 结合"其他相关资料"提供的补充信息，可知境外投资者A公司以分得利润200万元进行了直接投资，用于直接投资的款项从利润分配企业的账户（M公司）直接转入被投资企业账户（非关联非上市的C公司），未通过其他账户周转，A公司分得的200万元利润，可以享受暂不征收预提所得税政策。

（3）3月5日，M公司支付1 060万元委托境外机构进行新产品研发。

> **审题要点**
> 境内企业委托境外进行研发，研发费用有扣除限额的规定。即：企业委托境外的研发费用按照费用实际发生额的80%计入委托方的委托境外研发费用，不超过境内符合条件的研发费用2/3的部分，可按规定加计扣除。
> 此处1 060万元是含税金额，价税分离用6%的税率，所以实际发生额=1 060÷（1+6%）=1 000（万元）。

（4）8月10日，M公司向A公司支付商标费530万元。

> **审题要点**
> 非居民企业在中国境内未设立机构、场所的，应当就其来源于中国境内的所得缴纳企业所得税，适用税率为10%。
> 需要注意的是，如果题目没有特别说明，默认此处商标费为含税金额，需要价税分离，支付商标费适用的增值税税率为6%。

（其他相关资料：C公司为非上市企业，C公司所从事的业务为非禁止外商投资的项目和领域，不考虑税收协定因素。）

> **审题要点**
> 此处表明该项投资符合直接投资暂免征收预提所得税的规定。

要求：根据上述资料，按照下列序号回答问题，如有计算需计算出合计数。

（1）说明A公司分得利润享受暂不征收预提所得税政策的理由及其所需符

合的条件特征。

（2）回答A公司可以享受暂不征收预提所得税政策的分配股利的金额。

（3）回答M公司委托境外研究开发费用企业所得税税前加计扣除限额的规定。

（4）计算M公司业务（4）应代扣代缴的企业所得税额。

（5）说明M公司解缴代扣企业所得税的期限。

【本题答案】

（1）A公司分得利润享受暂不征收预提所得税的理由：为了进一步促进外资增长，提高外资质量，鼓励境外投资者持续扩大在华投资，国家出台了对境外投资者以分配利润直接投资暂不征收预提所得税的政策。

A公司分得利润享受上述政策的条件特征：

①以分得利润从非关联方收购境内居民企业股权，属于直接投资；

②分得利润属于M公司已经实现的留存收益；

③200万元收购价款直接从M公司账户转入C公司账户。

（2）该笔业务中A公司在境内可以享受暂不征收预提所得税政策的分配利润的金额为200万元。

（3）企业委托境外的研发费用按照费用实际发生额的80%计入委托方的委托境外研发费用，不超过境内符合条件的研发费用2/3的部分，可以按规定在企业所得税前加计扣除。

（4）业务（4）应代扣代缴的企

业所得税额=530÷(1+6%)×10%=50（万元）

（5）M公司应当自扣缴义务发生之日起7日内向扣缴义务人所在地主管税务机关申报和解缴代扣税款。

历年考情

属于常考出题点，2022年计算问答题第5题、2021年计算问答题第5题考查过"非居民企业代扣代缴增值税和企业所得税"的计算的相关知识点，请考生注意对比联合学习。

四、综合题（本题型共2小题31分。涉及计算的，要求列出计算步骤。）

1.（本小题15分。）位于市区的某集团总部为增值税一般纳税人，2019年7月经营业务如下：

（1）销售一批货物，价税合计2 260万元，因购货方在两天内付款，给予现金折扣，实际收取2 100万元。

（2）向境外客户提供完全在境外消费的咨询服务，取得30万元。

（3）向境内客户提供会展服务，取得价税合计金额424万元。

（4）将一栋位于市区的办公楼对外出租，预收半年的租金价税合计105万

审题要点

"市区"表明城市维护建设税税率为7%。

审题要点

"销售货物"表明适用13%的增值税税率，该销售额为价税合计金额，需要作价税分离。

审题要点

给予现金折扣不得从销售额中减除，实际收取价款2 100万元为干扰条件。
如果是采用"折扣销售"的方式，并且销售额和折扣额在同一张发票金额栏内分别注明的，可按照折扣后的销售额征收增值税。

审题要点

向境外客户提供完全在境外消费的咨询服务，属于免征增值税的情形。

审题要点

"会议展览服务"属于现代服务，适用增值税税率为6%，424万元是含税金额，需要进行价税分离。
如果题干表述为提供会议展览地点在境外的会议展览服务，则免征增值税。

审题要点

纳税人提供租赁服务采取预收款方式的，其纳税义务发生时间为收到预收款的当天，应以收到的全部租金作为销售额。

元，该楼于2015年购入，<u>选择简易方法计征增值税</u>。

> **审题要点**
> 简易计税方法下，出租不动产适用的征收率是5%，105万元是含税金额，需要按5%征收率进行价税分离。

（5）购买银行<u>非保本理财产品取得收益300万元</u>。

> **审题要点**
> 非保本意味着不是利息及利息性质的收入，不属于增值税征税范围，不征收增值税。

（6）<u>处置使用过的一台设备，当年采购该设备时按规定未抵扣进项税税额</u>，取得含税金额1.03万元，按购买方要求开具增值税专用发票。

> **审题要点**
> 一般纳税人销售自己使用过的不得抵扣且未抵扣进项税的固定资产，可适用简易办法依照3%征收率减按2%征收增值税政策，也可以放弃减税，按照简易办法依照3%征收率缴纳增值税，并可以开具增值税专用发票。
> 由于本题告知"按购买方要求开具增值税专用发票"，因此属于放弃减税，按照简易办法依照3%征收率缴纳增值税。

（7）<u>转让位于市区的一处厂房，取得含税金额1 040万元，该厂房2010年购入，购置价200万元，能够提供购房发票，选择简易方法计征增值税</u>。

> **审题要点**
> 一般纳税人转让其2016年4月30日前取得的（非自建）不动产采用简易计税方法计算应纳税额时，销售额中可扣除不动产的购置原价，征收率为5%。
> 需要注意的是：本题转让厂房的不动产所在地和公司的机构所在地在同一市，如果不在同一市，会涉及预缴增值税的计算。

（8）进口一台厢式货车用于运营，<u>关税完税价格为100万元</u>。

> **审题要点**
> "货车"为非应税消费品，因此无须缴纳消费税。进口环节各税额的计算，涉及下述公式：
> （1）关税=关税完税价格×关税税率
> （2）车辆购置税=（关税完税价格+关税）×10%
> （3）增值税=（关税完税价格+关税）×13%
> 此外，需要注意的是：如果进口业务当月取得海关进口增值税专用缴款书，那么进口环节缴纳的增值税可以作为国内内销环节的进项税额予以抵扣。

（9）当期的其他进项税额如下：购进一批原材料，取得增值税专用发票注明税额180万元；<u>发生其他无法准确划分用途的支出</u>，取得增值税专用发票注明税额19.2万元。

（其他相关资料：销售货物的增值税税率为13%，进口厢式货车的关税税率为15%，进口业务当月取得海关进口增值税专用缴款书，上述业务涉及的相关票据均已申报抵扣。）

> **审题要点**
> 此处涉及"无法划分的进项税额中不得抵扣的进项税额"的计算公式：
> 无法划分的进项税额中不得抵扣的进项税额=当期无法划分的全部进项税额×（当期简易计税方法计税项目销售额+免征增值税项目销售额）÷当期全部销售额
> 本题中，免税和简易计税项目销售额如下：
> （1）免税项目销售额为业务（2）中的30万元。
> （2）简易办法计税中：
> 业务（4）出租不动产的销售额=105÷（1+5%）=100（万元）
> 业务（6）销售自己使用过的不得抵扣且未抵扣进项税的固定资产的销售额=1.03÷（1+3%）=1（万元）
> 业务（7）转让不动产的销售额=（1 040-200）÷（1+5%）=800（万元）

要求：根据上述资料，按照下列顺序计算回答问题，如有计算需计算出合计数。

（1）计算业务（1）的销项税额。

（2）判断业务（2）是否需要缴纳增值税，并说明理由。

（3）计算业务（3）的销项税额。

（4）计算业务（4）应缴纳的增值税额。

（5）判断业务（5）是否需要缴纳增值税，并说明理由。

（6）计算业务（6）应缴纳的增值税额。

（7）计算业务（7）应缴纳的增值税额。

（8）计算业务（8）进口厢式货车应缴纳的关税、车辆购置税和增值税税额。

（9）根据业务（9）计算当期不可抵扣的进项税额。

（10）回答主管税务机关是否有权对企业按月计算得出的不可抵扣进项税额进行调整；如果有权调整，应如何调整。

（11）计算当期应向主管税务机关缴纳的增值税额。

（12）计算当期应缴纳的城市维护建设税额和教育费附加、地方教育附加。

【本题答案】

（1）业务（1）的销项税额=2 260÷（1+13%）×13%=260（万元）

（2）不需要缴纳；向境外客户提供完全在境外消费的咨询服务免增值税。

（3）业务（3）销项税额=424÷（1+6%）×6%=24（万元）

（4）业务（4）应缴纳的增值税额=105÷（1+5%）×5%=5（万元）

（5）不需要缴纳增值税；非保本理财产品的投资收益不征收增值税。

（6）业务（6）应缴纳的增值税额=1.03÷（1+3%）×3%=0.03（万元）

（7）业务（7）应缴纳增值税额=（1 040-200）÷（1+5%）×5%=40（万元）

（8）业务（8）进口厢式货车应缴纳关税额=100×15%=15（万元）

应缴纳车辆购置税额=（100+15）×10%=11.5（万元）

应缴纳增值税额=（100+15）×13%=14.95（万元）

（9）当期不可抵扣的进项税额=19.2×(30+100+1+800)÷(2 000+30+400+100+1+800)=5.37（万元）

（10）有权进行调整；

主管税务机关可依据年度数据对不得抵扣的进项税额进行清算。

（11）当期应向主管税务机关缴纳增值税额=260+24-［180+（19.2-5.37）+14.95］+5+0.03+40=120.25（万元）

（12）当月应缴纳的城市维护建设税额=120.25×7%=8.42（万元）

当月应缴纳的教育费附加=120.25×3%=3.61（万元）

当月应缴纳的地方教育附加=120.25×2%=2.41（万元）

合计=8.42+3.61+2.41=14.44（万元）

历年考情

2023年计算问答题第3题考查过"增值税纳税义务发生时间和进项税额抵扣"、2023年综合题第1题考查过"增值税应纳税额计算"、2022年综合题第1题考查过"增值税应纳税额计算"、2021年计算问答题第1题考查过"增值税应纳税额计算"、2021年综合题第1题考查过"增值税应纳税额计算"、2020年综合题第1题考查过"增值税应纳税额计算"的相关知识点，请考生注意对比联合学习。

2.（本小题16分，已根据最新政策修改）位于市区的医药制造企业上市公司甲为增值税一般纳税人。2022年甲企业实现营业收入100 000万元、投资收益5 100万元；发生营业成本55 000万元、税金及附加4 200万元、管理费用5 600万元、销售费用26 000万元、财务费用2 200万元、营业外支出800万元。甲企业自行计算会计利润为11 300万元。

2019年2月甲企业进行2018年所得税汇算清缴时聘请了某会计师事务所进行审核，发现如下事项：

（1）5月接受母公司捐赠的原材料用于生产应税药品，取得增值税专用发票，注明价款1 000万元、税款160万元，进项税额已抵扣，企业将1 160万元计入资本公积，赠与双方无协议约定。

（2）6月采用支付手续费方式委托乙公司销售药品，不含税价格为3 000

审题要点

"市区"表明城市维护建设税税率为7%。

审题要点

"医药制造"表明有两点需要掌握：
（1）广告和业务宣传费的扣除标准是当年销售收入的30%〔对化妆品制造或销售、医药制造和饮料制造企业，广告费和业务宣传费的扣除标准是当年销售（营业）收入的30%；其他行业扣除比例是15%〕。
（2）制造业企业研发费用加计扣除的比例为100%。

审题要点

对于企业接收股东划入资产，只有在合同、协议约定作为资本金（包括资本公积）且在会计上已做实际处理的，不计入企业的收入总额；否则按公允价值计入收入总额计算缴纳企业所得税。
本题告知"赠与双方无协议约定"，故应按公允价值计入收入总额计算缴纳企业所得税，需要调增应纳税所得额。

审题要点

此处考查委托代销货物情况下，增值税和企业所得税纳税义务发生时间。
对于增值税，委托其他纳税人代销货物的增值税纳税义务发生时间为收到代销单位的代销清单或者收到全部或者部分货款的当天；未收到代销清单及货款的，为发出代销货物满180日的当天。
对于企业所得税，销售商品采用支付手续费方式委托代销的，在收到代销清单时确认收入。
因此，本题需要计算缴纳增值税，无须缴纳企业所得税。

万元，成本为2 500万元，药品已经发出；截至2022年12月31日未收到代销清单，甲企业未对该业务进行增值税和企业所得税相应处理。

（3）投资收益中包含**直接投资居民企业分回的股息4 000万元、转让成本法核算的非上市公司股权的收益1 100万元**。

> 📝 **审题要点**
> 符合条件的居民企业之间的股息、红利等权益性投资收益，免征企业所得税。
> 注意：如果本题改为持有"上市公司股票不足12个月"，该项投资的股息要作为应税收入计算企业所得税。

> 📝 **审题要点**
> 成本法核算的股权转让收益，在会计上确认为投资收益，也应计入应纳税所得额计算企业所得税，因此会计与税法两者的处理一致，无须做纳税调整。

（4）9月份对甲企业50名高管**授予限制性股票**，约定服务期满1年后每人可按6元/股购买1 000股股票，授予日股票公允价格为10元/股。12月31日甲企业按照企业会计准则进行如下会计处理：

  借：管理费用   500 000
    贷：资本公积   500 000

> 📝 **审题要点**
> 此处考查上市公司股权激励的企业所得税处理。根据企业所得税法的规定，对股权激励计划实行后，需待一定服务年限或者达到规定业绩条件方可行权的，上市公司等待期内会计上计算确认的相关成本费用，不得在对应年度计算缴纳企业所得税时扣除。

（5）成本费用中含实际发放员工工资25 000万元；**另根据合同约定支付给劳务派遣公司800万元，由其发放派遣人员工资**。

> 📝 **审题要点**
> 此处考查劳务派遣用工实际发生的费用扣除。工资支付给劳务派遣公司的，不纳入工资、薪金中作为"三项经费"的扣除基数。
> 特别提醒，本题需要仔细审题，判断支付给劳务派遣公司的费用是否已经包含在实际发放的员工工资总额中。由于本题明确告知"另根据合同约定支付给劳务派遣公司800万元"，因此本题支付给劳务派遣公司的费用没有包含在实际发放的员工工资总额中，所以无须从工资总额中扣除。

（6）成本费用中含发生**职工福利费1 000万元、职工教育经费2 200万元、拨缴工会经费400万元，工会经费取得相关收据**。

> 📝 **审题要点**
> 对于三项经费的扣除，职工福利的扣除限额为实际发生的工资总额的14%，职工教育经费的扣除限额为实际发生工资总额的8%（超标部分可以结转以后纳税扣除，在以后纳税年度扣除时要做纳税调减），工会经费的扣除限额为实际发生工资总额的2%。

（7）符合规定的境内自行研发产生的研发费用为1 800万元，委托境外研究机构进行研发，支付给境外机构研发费用1 200万元。

（8）发生广告费和业务宣传费22 000万元，发生违约金360万元，税收滞纳金240万元。

（其他相关资料：2022年各月月末"应交税费——应交增值税"科目均无借方余额。）

要求：根据上述资料，按照下列顺序计算回答问题，如有计算需计算出合计数。

（1）回答业务（1）中计入资本公积的处理是否正确并说明理由。

（2）业务（2）中企业增值税和所得税处理是否正确并说明理由。

（3）计算业务（2）应调整的增值税应纳税额、城市维护建设税额、教育费附加及地方教育附加。

（4）计算业务（3）应调整的企业所得税应纳税所得额。

（5）计算业务（4）应调整的企业所得税应纳税所得额。

（6）回答支付给劳务派遣公司的费用能否计入企业的工资薪金总额基数并说明理由。

（7）计算职工福利费、职工教育经费、工会经费应调整的企业所得税应纳税所得额。

（8）回答委托研发产生的研发费用能否加计扣除，并计算研发费用应调整

审题要点

境内研发费用的加计扣除比例为100%。

审题要点

委托境外进行研发活动所发生的费用计算加计扣除金额时，考虑以下两个标准后取较低者：
（1）委托境外的研发费用按照实际发生额的80%。
（2）境内符合条件的研发费用的2/3。
特别提醒考生，对于委外研发费用，实际发生的符合规定的部分可以作为费用全额扣除，只在计算加计扣除金额时才有扣除限额。

审题要点

此处考查广告费和业务宣传费的扣除标准。特别提醒考生关注企业所在行业，本题中医药制造企业扣除比例是30%，所以本题广告费和业务宣传费的扣除限额=销售（营业）收入×30%。

审题要点

违约金、赔偿金可以税前扣除；税收滞纳金不可以税前扣除。

的企业所得税应纳税所得额。

（9）计算广告和业务宣传费应调整的企业所得税应纳税所得额。

（10）回答业务（8）中支付的违约金及税收滞纳金是否需要纳税调整，如需调整，请计算调整金额。

（11）计算调整后的会计利润（不考虑税收滞纳金）。

（12）计算应缴纳的企业所得税额。

【本题答案】

（1）处理错误，因双方无协议约定，不应计入资本公积，应计入营业外收入。

（2）企业增值税处理错误，所得税处理正确，委托代销货物，未收到代销清单180天应视同销售。

（3）业务（2）应调整的增值税应纳税额=3 000×13%=390（万元）。

业务（2）应调整的城市维护建设税额、教育费附加及地方教育附加=390×（7%+3%+2%）=46.8（万元）。

业务（2）应调整的增值税应纳税额、城市维护建设税额、教育费附加及地方教育附加合计=390+46.8=436.8（万元）。

（4）居民企业分回的投资收益属于免税收入，调减应纳税所得额4 000万元。

（5）未到行权日计入管理费用的股权激励不允许扣除，调增应纳税所得额50万元。

（6）支付给劳务派遣公司的费用不能计入企业的工资薪金总额基数。

理由：企业按照协议（合同）约定

直接支付给劳务派遣公司的费用，应作为劳务费支出，而不能计入工资薪金总额的基数。

（7）职工福利费扣除限额=25 000×14%=3 500（万元），实际发生额未超过限额，不需要调整。

职工教育经费扣除限额=25 000×8%=2 000（万元），实际发生额超过限额，调增应纳税所得额200万元。

工会经费扣除限额=25 000×2%=500（万元），实际发生额未超过限额，不需要调整。

职工福利费、职工教育经费、工会经费合计应调增应纳税所得额=200万元

（8）委托境外的研发费用可以加计扣除。

实际发生额的80%=1 200×80%=960（万元）

境内符合条件的研发费用的2/3=1 800×2/3=1 200（万元）。

两者取孰小，因此，委托境外研发费用允许加计扣除的基数为960万元。

研发费用应调减应纳税所得额=（1 800+960）×100%=2 760（万元）

（9）广告费限额=100 000×30%=30 000（万元），未超过限额，不需要调整。

（10）违约金无需纳税调整。

税收滞纳金需要纳税调整，应调增应纳税所得额240万元。

（11）调整后的利润总额=11 300-46.8=11 253.2（万元）

（12）应纳税所得额=11 253.2+

1 130−4 000+50+200−2 760+240=6 113.2（万元）

应缴纳的企业所得税=6 113.2×25%=1 528.3（万元）

思维拓展

本题涉及企业所得税按照税法规定限额扣除项目的计算这一知识点。为了方便考生更好地掌握该考点，相关知识要点归纳详见2023年综合题第2题【思维拓展】。

抢分秘籍

企业所得税的计算属于《税法》考试中难度大的题目，需要综合考虑会计核算、其他税费的计算、企业所得税纳税调整、企业所得税税收优惠等多个知识要点。详见2023年综合题第2题【抢分秘籍】。

历年考情

2023年综合题第2题考查过"不征税收入、劳务派遣费用、研发费用加计扣除、职工三项经费"、2022年综合题第2题考查过"不征税收入、业务招待费的扣除、广告费和业务宣传费扣除、职工三项经费、公益捐赠的扣除"、2021年综合题第2题考查过"不征税收入、业务招待费的扣除、广告费和业务宣传费扣除、职工三项经费的扣除"、2020年综合题第2题考查过"不征税收入、业务招待费的扣除、广告费和业务宣传费扣除、职工三项经费的扣除、以前年度亏损的弥补"的相关知识点，请考生注意对比联合学习。

第三部分　税法必背考点

【考点1】税法原则

项目	内容	具体规定
基本原则（四项）	税收法定原则（核心）	（1）税收要件法定原则； （2）税务合法性原则（税收程序法定）
	税收公平原则	（1）税负与负担能力相等； （2）税法面前，人人平等
	税收效率原则	经济效率，行政效率
	实质课税原则	根据纳税人的"真实负担能力"决定其税负
适用原则（六项）	法律优位原则	（1）含义：法律的效力高于行政立法的效力； （2）作用：主要处理不同等级税法的关系； （3）效力低的税法与效力高的税法发生冲突，效力低的税法即是无效； 效力等级排序：法律＞行政法规＞行政规章
	法律不溯及既往原则	（1）含义：一部新法实施后，对新法实施之前人们的行为不得适用新法，而只能沿用旧法； （2）目的：维护税法的稳定性和可预测性
	新法优于旧法原则	（1）含义：新法、旧法对同一事项有不同规定时，新法的效力优于旧法； （2）目的：避免因法律修订带来新法、旧法对同一事项有不同的规定而给法律适用带来的混乱
	特别法优于普通法原则	（1）含义：对同一事项两部法律分别订有一般和特别规定时，特别规定效力高于一般规定的效力； （2）应用：居于特别法地位级别较低的税法，其效力可以高于作为普通法的级别较高的税法（看层级不看等级）
	实体从旧、程序从新原则	（1）实体税法不具备溯及力：实体法以纳税义务发生时的税务事实为准； （2）程序性税法在特定条件下具备一定的溯及力
	程序优于实体原则	（1）含义：在诉讼发生时，税收程序法优于税收实体法适用； （2）目的：确保国家课税权的实现，不因争议的发生而影响税款的及时、足额入库

【考点2】税收立法

分类	立法机关	形式	举例
税收法律	全国人大及其常委会正式立法	法律	《企业所得税法》《个人所得税法》《车船税法》《环境保护税法》《烟叶税法》《船舶吨税法》《车辆购置税法》《耕地占用税法》《资源税法》《城市维护建设税法》《契税法》《印花税法》《税收征收管理法》
	全国人大及其常委会授权立法	暂行条例	《增值税暂行条例》《消费税暂行条例》《土地增值税暂行条例》

续表

分类	立法机关	形式	举例
税收法规	国务院——税收行政法规	实施条例、实施细则、暂行条例	《企业所得税法实施条例》《税收征收管理法实施细则》《房产税暂行条例》等
	地方人大（目前只有海南省、民族自治区）——税收地方法规		—
税收规章	财政部、税务总局、海关总署——税收部门规章	办法、规则、规定	《增值税暂行条例实施细则》《税务代理试行办法》等
	省级地方政府——税收地方规章		《房产税暂行条例实施细则》等

【考点3】税收收入的划分

收入的划分	具体包含的税种
中央政府固定收入	消费税（包括进口海关代征的部分）、车辆购置税、关税、船舶吨税、海关代征的进口环节增值税
地方政府固定收入	车船税、房产税、城镇土地使用税、耕地占用税、土地增值税、契税、环境保护税、烟叶税
中央与地方共享收入	（1）增值税（①进口环节由海关代征的增值税：归中央政府；②其余：按照中央50%与地方50%的比例划分）。 （2）企业所得税（①中国国家铁路集团、各银行总行及海洋石油企业缴纳的企业所得税：归中央政府；②其余：按照中央60%与地方40%的比例划分）。 （3）个人所得税（按照中央60%与地方40%的比例划分）。 （4）资源税（①海洋石油企业缴纳的部分：归中央政府；②其余：全部归地方政府）。 （5）城市维护建设税（①中国国家铁路集团、各银行总行、各保险公司总公司集中缴纳的部分：归中央政府；②其余：全部归地方政府）。 （6）印花税（①证券交易印花税：归中央政府；②其余：全部归地方政府）

【考点4】一般纳税人增值税税率

税率	适用范围
13%	销售或进口货物；提供应税劳务；提供有形动产租赁服务
9%	提供交通运输服务、邮政服务、基础电信服务、建筑服务；提供不动产租赁服务、销售不动产、转让土地使用权；销售或进口指定货物
6%	提供增值电信服务、金融服务、现代服务（租赁除外）、生活服务；销售无形资产（转让土地使用权除外）
零税率	纳税人出口货物；列举的跨境销售服务、无形资产

需要注意的是以下货物适用9%的税率：

1. 粮食等农产品、食用植物油、食用盐；

2. 暖气、冷气、热水、煤气、石油液化气、天然气、二甲醚、沼气、居民用煤炭制品；

3. 图书、报纸、杂志、音像制品、电子出版物；

4. 饲料、化肥、农药、农机（不含农机零部件）、农膜；

5. 国务院规定的其他货物。

说明：农产品，是指种植业、养殖业、林业、牧业、水产业生产的各种植物、动物的初级产品。

【考点5】增值税征收率的一般规定

适用范围	征收率	
小规模纳税人缴纳增值税（不动产业务除外）	3%	特殊：减按2%（1%）
一般纳税人采用简易办法缴纳增值税	3%	特殊：减按2%（1%）
一般纳税人销售、出租其2016年4月30日前取得的不动产、土地使用权、房企销售的老项目，选择适用简易计税方法的不动产经营租赁	5%	特殊：减按1.5%
小规模纳税人销售、出租取得的不动产	5%	特殊：减按1.5%

【考点6】增值税征收率、税率的特殊规定

情形	纳税人类型		税务处理
销售自己使用过的固定资产	小规模纳税人		（1）未放弃减税（开具增值税普通发票）： 应纳税额＝含税销售额÷（1+3%）×2% （2）放弃减税（开具增值税专用发票）： 应纳税额＝含税销售额÷（1+3%）×3%
	一般纳税人	不得抵扣且未抵扣过进项税额	（1）未放弃减税（开具增值税普通发票）： 应纳税额＝含税销售额÷（1+3%）×2% （2）放弃减税（开具增值税专用发票）： 应纳税额＝含税销售额÷（1+3%）×3%
		其他	销项税额＝含税销售额÷（1+13%）×13%
固定资产以外的其他物品	小规模纳税人		应纳税额＝含税销售额÷（1+3%）×3%
	一般纳税人		销项税额＝含税销售额÷（1+13%或9%）×13%或9%
销售旧货	小规模纳税人		应纳税额＝含税销售额÷（1+3%）×2% （开具增值税普通发票，不得放弃减税）
	一般纳税人		应纳税额＝含税销售额÷（1+3%）×2% （开具增值税普通发票，不得放弃减税）
二手车经销	二手车经销商		应纳税额＝含税销售额÷（1+0.5%）×0.5%

【考点7】增值税差额计税的情形

销售服务	计税销售额
金融商品转让	卖出价－买入价
融资租赁服务	取得的全部价款和价外费用（含本金）－利息－车辆购置税
融资性售后回租	取得的全部价款和价外费用（不含本金）－利息
客运场站服务	取得的全部价款和价外费用－支付给承运方运费
旅游服务	取得的全部价款和价外费用－向旅游服务购买方收取并支付给其他单位或者个人的住宿费、签证费、门票费－支付给其他接团旅游企业的旅游费用
房企销售自行开发不动产（适用于一般计税）	受让土地时向政府部门支付的土地价款
转让不动产（适用于简易计税）	取得的全部价款和价外费用扣除不动产购置原价或取得不动产时的作价
银行业金融机构、金融资产管理公司处置抵债不动产（适用于一般计税）	取得该抵债不动产时的作价
劳务派遣（5%）（适用于一般计税、简易计税）	取得的全部价款和价外费用－支付给劳务派遣员工的工资、福利和为其办理社会保险及住房公积金
建筑业：（适用于简易计税）	取得的全部价款和价外费用扣除分包额

【考点8】计算抵扣增值税进项税额

取得凭证	抵扣依据	进项税额确定
农产品收购发票或者销售发票	农产品收购发票或者销售发票	进项税额=发票上销售额×9%
道路通行费发票	收费公路通行费增值税电子普通发票	按照收费公路通行费增值税电子普通发票上注明的增值税额抵扣进项税额
桥、闸通行费发票	桥、闸通行费发票	进项税额=桥、闸通行费发票上注明的金额÷（1+5%）×5%
国内旅客运输取得增值税电子普通发票	电子普票	发票上注明的税额
国内旅客运输客运发票	注明旅客身份信息的航空运输电子客票行程单	航空旅客运输进项税额=（票价+燃油附加费）÷（1+9%）×9%
	注明旅客身份信息的铁路车票	铁路旅客运输进项税额=票面金额÷（1+9%）×9%
	注明旅客身份信息的公路、水路等其他客票	公路、水路等其他旅客运输进项税额=票面金额÷（1+3%）×3%

【考点9】增值税纳税义务发生时间

纳税人发生应税销售行为，其纳税义务发生时间为收讫销售款项或者取得索取销售款项凭据的当天；先开具发票的，为开具发票的当天。

根据发生应税销售行为的价款结算方式不同规定如下：

货款结算方式	增值税纳税义务发生时间	备注
直接收款方式销售货物	收到销售额或取得索取销售额的凭据	不论货物是否发出
托收承付和委托银行收款方式销售货物	发出货物并办妥托收手续的当天	不论货款是否收到
赊销和分期收款方式销售货物	书面合同约定的收款日期的当天；无书面合同的或者书面合同没有约定收款日期的，为货物发出的当天	不论款项是否收到
预收货款方式销售货物	货物发出的当天。【特殊】生产销售生产工期超过12个月的大型机械设备、船舶、飞机等货物，为收到预收款或者书面合同约定的收款日期的当天	不是收到预收款时
委托其他纳税人代销货物	收到代销单位销售的代销清单或收到全部（部分）货款，二者中的较早者。【关注】对于发出代销商品超过180天仍未收到代销清单及货款的，视同销售实现，一律征收增值税，其纳税义务发生时间为发出代销商品满180天的当天	不是发出代销商品时，也不是只有收到代销款时
视同销售货物	货物移送当天	—
视同销售服务、无形资产、不动产	服务、无形资产转让完成的当天，或不动产权属变更的当天	—
提供租赁服务	采用预收款，为收到预收款当天	不同于货物的预收款
金融商品转让	金融商品所有权转移的当天	—

【考点10】增值税纳税地点

纳税人	纳税地点
固定业户：机构所在地（注册登记地）	总机构和分支机构不在同一县（市）：①经财政部和国家税务总局批准，可以由总机构汇总向总机构所在地的主管税务机关申报纳税。②其他：分别向各自所在地主管税务机关申报纳税
非固定业户	销售地或者劳务发生地纳税；未在销售地或者劳务发生地纳税的，要在机构所在地或居住地补交

【考点11】消费税征税环节

应税消费品	生产、委托加工、进口环节	批发环节	零售环节
一般应税消费品	征收	不征	不征
卷烟	征收	加征（仅限批发商与零售商之间）注意：批发商之间批发卷烟不征收	不征
电子烟	征收	加征	不征
超豪华小汽车	征收	不征	加征
金银铂钻首饰	不征	不征	征收（仅该环节）

【考点12】包装物押金的增值税和消费税

押金种类	收取时,未逾期	逾期时
一般应税消费品的包装物押金	不缴增值税,不缴消费税	缴纳增值税,缴纳消费税(押金需换算为不含税价)
酒类产品包装物押金(除啤酒、黄酒外)	缴纳增值税、消费税(押金需换算为不含税价)	不再缴纳增值税、消费税
啤酒、黄酒(成品油)包装物押金	不缴增值税,不缴消费税	只缴纳增值税,不缴纳消费税(因为从量征收)

【考点13】消费税组价

纳税环节	从价计征组价公式	注意事项
生产环节	组价=成本×(1+消费税利润率)÷(1−消费税比例税率)	只有在无同类售价时,才可以组价计税
委托加工环节	组价=(材料成本+加工费)÷(1−消费税比例税率)	只有在无同类售价时,才可以组价计税
进口环节	组价=(关税完税价格+关税)÷(1−消费税比例税率)	组价计税

【考点14】委托加工应税消费品收回后的税务处理

情形	具体规定	扣除范围限制
直接出售(不高于受托方的计税价格)	不再缴纳消费税	—
以高于受托方的计税价格出售	需按规定申报缴纳消费税,在计税时准予按"销售比例"扣除受托方已代收代缴的消费税	无限制
用于连续生产应税消费品	需按规定申报缴纳消费税,在计税时准予按"生产领用数量"扣除受托方已代收代缴的消费税	有限制(8类)

【考点15】消费税出口退税政策及适用范围

政策	适用范围
出口免税并退税	(1)有出口经营权的外贸企业购进应税消费品直接出口; (2)外贸企业受其他外贸企业委托代理出口
出口免税但不退税	(1)有出口经营权的生产性企业自营出口; (2)生产企业委托外贸企业代理出口自产的应税消费品
出口不免税也不退税	除生产企业、外贸企业外的其他企业(指一般商贸企业),委托外贸企业代理出口应税消费品

【考点16】消费税纳税义务发生时间

情形	具体方式	纳税义务发生时间
销售	一般规定	收讫销售款或者取得索取销售款凭据的当天
	赊销和分期收款	书面合同规定的收款日期的当天；书面合同没有约定收款日期或者无书面合同的，为发出应税消费品的当天
	预收货款	发出应税消费品的当天
	托收承付和委托银行收款	发出应税消费品并办妥托收手续的当天
自产自用		移送使用的当天
委托加工		纳税人提货的当天
进口		报关进口的当天

【考点17】企业所得税所得来源的确定

所得形式	所得来源地
销售货物所得	交易活动发生地
提供劳务所得	劳务发生地
转让财产所得	（1）不动产转让所得按照不动产所在地确定；（2）动产转让所得按照转让动产的企业或者机构、场所所在地确定；（3）权益性投资资产转让所得，按照被投资企业所在地确定
股息、红利等权益性投资所得	分配所得的企业所在地
利息所得、租金所得、特许权使用费所得	负担、支付所得的企业或者机构、场所所在地
其他所得	国务院财政、税务主管部门确定

【考点18】企业所得税税率

种类	税率	适用范围
基本税率	25%	（1）居民企业；（2）在中国境内设有机构、场所且所得与机构、场所有关联的非居民企业
优惠税率	20%	符合条件的小型微利企业（所得额还有减征）
	15%	（1）国家重点扶持的高新技术企业；（2）西部鼓励类产业企业；技术先进型服务企业
扣缴义务人代扣代缴	10%	（1）在中国境内未设立机构、场所的非居民企业；（2）虽设立机构、场所但取得的所得与其所设机构、场所无实际联系的非居民企业

【考点19】企业所得税特殊销售方式收入的确认

类型		收入的确认
售后回购	一般情况	按售价确认收入，回购的商品作为购进商品处理
	融资性售后回购	收到的款项应确认为负债，回购价格大于原售价的，差额应在回购期间确认为利息费用
折扣、折让、销货退回	商业折扣	价款和折扣额在同一张发票上的金额栏分别注明的，按扣除商业折扣后的金额确定销售商品收入金额
	现金折扣	按扣除现金折扣前的金额确定销售商品收入金额，现金折扣在实际发生时作为财务费用扣除
	销售折让和退回	企业已经确认销售收入的售出商品发生销售折让和销售退回，应在发生当期冲减当期销售商品收入
以旧换新		按照销售商品收入确认条件确认收入，回收的商品作为购进商品处理
买一赠一		不属于捐赠，应将总的销售金额按各项商品的公允价值的比例分摊确认各项商品的销售收入

【考点20】企业所得税限额扣除项目和扣除标准

项目	扣除标准
职工福利费	不超过工资、薪金总额14%的部分准予扣除
工会经费	不超过工资、薪金总额2%的部分准予扣除
职工教育经费	不超过工资、薪金总额8%的部分准予扣除——超标准结转以后年度扣除
利息费用	（1）不超过金融企业同期同类贷款利率计算的利息； （2）向关联方借款本金不得超过其权益性投资的2倍（金融企业不超过5倍）
业务招待费	按照发生额的60%扣除，但最高不得超过当年销售（营业）收入的5‰
广告费和业务宣传费	不超过当年销售（营业）收入15%以内的部分，准予扣除（化妆品制造或销售、医药制造、饮料制造行业30%）——超标准结转以后年度扣除
公益性捐赠支出	不超过年度利润总额12%的部分，准予扣除——超标准结转以后3年内扣除。 注意：全额据实扣除适用于目标脱贫地区的扶贫公益性捐赠支出
手续费及佣金	（1）保险企业：不超过当年全部保费收入扣除退保金等后余额的18%的部分，准予扣除——超标准结转以后年度扣除； （2）其他企业：服务协议或合同确认的收入金额的5%计算限额

【考点21】固定资产的计税基础

固定资产来源	计税基础
外购	买价+相关税费+直接归属于使该资产达到预定用途的其他支出
自行建造	竣工结算前发生的支出
融资租入	（1）约定付款总额的：约定的付款总额+签订租赁合同过程中发生的相关费用； （2）未约定付款总额的：该资产的公允价值+签订租赁合同过程中发生的相关费用

续表

固定资产来源	计税基础
盘盈	同类固定资产的重置完全价值
捐赠、投资、非货币性资产交换、债务重组等	公允价值+支付的相关税费
改扩建（已提足折旧、租入的固定资产除外）	改扩建过程中发生的支出

【考点22】企业重组的一般性税务处理

类型	税务处理
股权资产收购	（1）被收购方应确认股权、资产转让所得或损失。 （2）收购方取得股权或资产的计税基础应以公允价值为基础确定
企业合并	（1）合并企业应按公允价值确定接受被合并企业各项资产和负债的计税基础。 （2）被合并企业及其股东都按清算进行所得税处理。 （3）被合并企业的亏损不得在合并企业结转弥补
企业分立	（1）被分立企业对分立出去资产应按公允价值确认资产转让所得或损失。 （2）分立企业应按公允价值确认接受资产的计税基础。 （3）被分立企业继续存在时，其股东取得的对价视同被分立企业分配进行处理。 （4）被分立企业不再继续存在时，被分立企业及其股东都应按清算进行所得税处理。 （5）企业分立相关企业的亏损不得相互结转弥补

【考点23】企业重组的特殊性税务处理

类型	特殊性税务处理条件	特殊性税务处理
股权资产收购	（1）购买的股权（收购的资产）不低于被收购企业全部股权（转让企业全部资产）的50%； （2）股权支付金额不低于其交易支付总额的85%（同时也满足其他三个定性条件）	（1）一方取得股权支付：暂不确认有关资产的转让所得或损失，不纳所得税；另一方按原计税基础确认新资产或负债的计税基础。 （2）一方取得非股权支付：按比例确认所得或损失，缴纳企业所得税；另一方按公允价值确认资产或负债的计税基础。 非股权支付对应的资产转让所得或损失=（被转让资产的公允价值-被转让资产的计税基础）×（非股权支付金额÷被转让资产的公允价值）
企业合并	（1）股权支付金额不低于其交易支付总额的85%（同时也满足其他定性条件）； （2）同一控制下且不需要支付对价	（3）合并中的亏损弥补： 被合并企业合并前的亏损可由合并企业弥补，补亏限额=被合并企业净资产公允价值×截至合并业务发生当年年末国家发行的最长期限的国债利率
企业分立	（1）股权支付金额不低于其交易支付总额的85%（同时也满足其他定性条件）； （2）被分立企业所有股东按原持股比例取得分立企业的股权，分立企业和被分立企业均不改变原来的实质经营活动	（4）分立中的亏损弥补： 被分立企业未超过法定弥补期限的亏损额，可按分立资产占全部资产的比例进行分配，由分立企业继续弥补

【考点24】小型微利企业优惠

1."小型微利企业"界定。
(1)从事国家非限制和禁止行业;
(2)同时符合以下三个条件的企业:

条件	时段	标准
应纳税所得额	年度	不超过300万元
从业人数(包括与企业建立劳动关系的职工人数和企业接受劳务派遣用工人数)	季度平均值	不超过300人
资产总额	季度平均值	不超过5 000万元

2.税率优惠:20%。

3.应纳税所得额优惠。

年应税所得额	优惠	税额计算
低于100万元(含)	所得额减按12.5%	应纳税额=所得额×12.5%×20%
超过100万元但不超过300万元的部分	所得额减按25%	应纳税额=所得额×25%×20%
注意:分段计算,0—100万元—300万元,各段相加		

【考点25】个人所得税的征税方法(三种)

征税方法	适用税目	
按年计征	居民个人取得的综合所得;经营所得	
按月计征	工资、薪金所得预缴; 财产租赁所得(按月税率20%,但个人出租住房10%)	
按次计征	劳务报酬所得,稿酬所得,特许权使用费所得 (按次预扣率:20%,其中劳务报酬所得按次预扣率20%、30%、40%,加成征收)	居民个人预缴 非居民个人缴纳
	财产转让所得; 利息、股息、红利所得; 偶然所得(税率均为20%)	居民个人 + 非居民个人

【考点26】专项附加扣除标准和时限

项目	扣除标准	扣除时限
3岁以下婴幼儿照护	每个婴幼儿每月2 000元定额扣除	婴幼儿出生的当月至年满3周岁的前一个月
子女教育	每个子女每月2 000元定额扣除	(1)学前教育,为子女年满3周岁当月至小学入学前一月。 (2)学历教育,为子女接受全日制学历教育入学的当月至全日制学历教育结束的当月

续表

项目	扣除标准	扣除时限
继续教育	学历（学位）继续教育：每月400元定额扣除	入学当月至教育结束的当月，同一学历学位）最长不能超过48个月
	职业资格继续教育：3 600元定额扣除	取得相关证书的当年
住房贷款利息	每月1 000元定额扣除	贷款合同约定开始还款当月至贷款全部归还或贷款合同终止的当月（最长不能超过240个月）
住房租金（与住房贷款利息二选一）	（1）直辖市、省会、计划单列市：每月1 500元。 （2）除上述城市外，市辖区户籍人口超过100万的城市：每月1 100元。 （3）市辖区户籍人口不超过100万的城市：每月800元	租赁合同（协议）约定的租赁期开始的当月至结束的当月
赡养老人	（1）独生子女：每月3 000元定额扣除。 （2）非独生子女：分摊每月3 000元的额度（每人每月扣除最多不得超过1 500元）	被赡养人年满60周岁当月至赡养义务终止的年末
大病医疗	个人自付超过15 000元的部分允许扣除，最高限额80 000元	医保系统记录的医药费用实际支出的当年

【考点27】城市维护建设税税率

档次	纳税人所在地	税率
1	市区	7%
2	县城、镇	5%
3	不在市区、县城、镇	1%

【考点28】关税完税价格的确定

应计入关税完税价格的项目	不应计入关税完税价格的项目
（1）由买方负担的除购货佣金以外的佣金和经纪费。 （2）由买方负担的与该货物视为一体的容器费用。 （3）由买方负担的包装材料费用和包装劳务费用。 （4）与该货物的生产和向我国境内销售有关的，由买方以免费或低于成本方式提供的材料、部件、零件、工具、模具等货物，以及在境外进行的设计、研发、制图等服务。 （5）与该货物有关并作为卖方向我国销售该货物的一项条件，应由买方向卖方或者有关方直接或间接支付的特许权使用费。 （6）卖方直接或间接从买方对该货物进口后转售、处置或使用所得中获得的收益。	单独列明的下列项目，不计入该货物的完税价格： （1）厂房、机械或者设备等货物进口后发生的建设、安装、装配、维修或者技术援助费用，但是保修费用除外。 （2）进口货物运抵我国境内输入地点起卸后发生的运输及其相关费用、保险费。 （3）进口关税、进口环节海关代征税及其他国内税。 （4）为在境内复制进口货物而支付的费用。 （5）境内外技术培训及境外考察费用。 （6）符合条件的为购买进口货物而融资所产生的利息费用

【考点29】关税减免税优惠

项目	具体内容
特定减免税	（1）科教用品，免征关税。 （2）残疾人专用品，免征关税。 （3）慈善捐赠物资，免征关税。 （4）重大技术装备：对符合条件的企业及核电项目业主为生产重大技术装备或产品而确有必要进口的部分关键零部件及原材料，免征关税和进口环节增值税
暂时免税	（1）在展览会、交易会、会议及类似活动中展示或者使用的货物。 （2）文化、体育交流活动中使用的表演、比赛用品。 （3）进行新闻报道或者摄制电影、电视节目使用的仪器、设备及用品。 （4）开展科研、教学、医疗活动使用的仪器、设备及用品。 （5）在上述第（1）项至第（4）项所列活动中使用的交通工具及特种车辆。 （6）货样。 （7）供安装、调试、检测设备时使用的仪器、工具。 （8）盛装货物的容器

【考点30】耕地占用税减免税优惠

类型	具体内容
免征	（1）军事设施占用耕地，免征耕地占用税。 （2）学校、幼儿园、社会福利机构、医疗机构占用耕地，免征耕地占用税。 （3）农村烈士遗属、因公牺牲军人遗属、残疾军人以及符合农村最低生活保障条件的农村居民，在规定用地标准以内新建自用住宅，免征耕地占用税。 （4）农村居民经批准搬迁，新建自用住宅占用耕地不超过原宅基地面积的部分，免征耕地占用税
减征	（1）铁路线路、公路线路、飞机场跑道、停机坪、港口、航道、水利工程占用耕地，减按每平方米2元的税额征收耕地占用税。 （2）农村居民在规定用地标准以内占用耕地新建自用住宅，按照当地适用税额减半征收耕地占用税

【考点31】房产税的计征方法

计税方法	计税依据	税率	税额计算公式
从价计征	经营自用的房产计税余值（原值扣除10%—30%）	1.2%	全年应纳税额=应税房产原值×（1-扣除比例）×1.2%
从价计征	工业用途地下独立建筑	原价的50%—60%计算原值	1.2%	全年应纳税额=应税房产原价×（50%-60%）×（1-扣除比例）×1.2%
从价计征	商业和其他用途地下独立建筑	原价的70%—80%计算原值	1.2%	全年应纳税额=应税房产原价×（70%-80%）×（1-扣除比例）×1.2%
从租计征	不含增值税的房屋租金	12%（4%）	全年应纳税额=年租金收入×12%或4%（个人出租住房）

【考点32】房产税的纳税义务发生时间

房产用途	纳税义务发生时间
将原有房产用于生产经营	从生产经营之月起（注意：只有本项时间为"当月"）
自行新建房屋用于生产经营	从建成之次月起
委托施工企业建设的房屋	从办理验收手续之次月起
纳税人购置新建商品房	自房屋交付使用之次月起
购置存量房	自办理房屋权属转移、变更登记手续，房地产权属登记机关签发房屋权属证书之次月起
纳税人出租、出借房产	自交付出租、出借房产之次月起
房地产开发企业自用、出租、出借自建商品房	自房屋使用或交付之次月起
其他	因房产的实物或权利状态发生变化而依法终止房产税纳税义务的，其应纳税款的计算应截止到房产的实物或权利状态发生变化的为当月末

【考点33】土地增值税加计扣除项目的确定

土地增值税扣除项目的确定

转让项目的性质	扣除项目
房企新建房地产转让（扣除5项）	（1）取得土地使用权所支付的金额； （2）房地产开发成本； （3）房地产开发费用； （4）与转让房地产有关的税金； （5）财政部规定的其他扣除项目（加计扣除20%）
存量房地产转让（扣除3项）	（1）房屋及建筑物的评估价格=重置成本价×成新度折扣率； （2）取得土地使用权所支付的地价款和按国家统一规定缴纳的有关费用； （3）转让环节缴纳的税金

【考点34】土地增值税和契税不征税和免税的情形

产权转移方式	土地增值税的情形	契税的情形
赠与	不征：（1）赠与直系亲属或承担直接赡养义务人的；（2）通过中国境内非营利的社会团体、国家机关赠与教育、民政和其他社会福利、公益事业的	免征：婚姻关系存续期间夫妻之间变更土地、房屋权属
互换	免征：个人互换自有住房	无须缴纳：互换价格相等时
继承	不征：均不属于征税范围	不征：法定继承

【考点35】车辆购置税计税依据（车辆购置税税率10%）

车辆取得	计税依据
购买自用（包括国产、进口车辆）	发票电子信息中的不含增值税价款

续表

车辆取得	计税依据
进口自用	组成计税价格＝关税完税价格＋关税＋消费税 注意：如果进口自用的是应缴消费税的小汽车、摩托车，组价也是进口消费税、进口增值税的计税依据
自产自用	（1）生产的同类应税车辆的不含增值税销售价格； （2）无同类价，按组价： 组价＝成本×（1＋成本利润率） 或＝成本×（1＋成本利润率）＋消费税 注意：属于应征消费税的应税车辆，其组成计税价格中应加入消费税税额
受赠、获奖或其他方式取得自用	（1）购置应税车辆时相关凭证载明的价格，不含增值税税款； （2）无法提供相关凭证的，参照同类应税车辆市场平均交易价格确定其计税价格

【考点36】境外所得已纳税额的抵免

项目	内容
境外应纳税所得额	直接抵免：还原为境外税前所得 间接抵免：境外股息、红利税后净所得与该项所得直接缴纳和间接负担的税额之和
境外所得已纳税额的抵免限额	简化公式：抵免限额＝来源于某国（或综合）的应纳税所得额×我国税法税率（25%）
境外所得已纳税额	对应我国纳税年度最后一日的人民币汇率中间价换算
准予抵免的境外所得税额	境外的所得依中国税法规定应当缴纳并已实际缴纳的企业所得税性质的税款

【考点37】关联交易转让定价方法及各自的适用范围

方法	适用范围
可比非受控价格法	所有类型的关联交易
再销售价格法	再销售者未对商品进行改变外形、性能、结构或者更换商标等实质性增值加工的简单加工或纯购销业务
成本加成法	有形资产使用权或所有权的转让、资金融通、劳务交易等
交易净利润法	不拥有重大价值无形资产企业的有形资产使用权或所有权的转让和受让、无形资产使用权受让以及劳务交易等
利润分割法	一般利润分割法和剩余利润分割法	各参与方关联交易高度整合且难以单独评估各方交易结果的情况

【考点38】税收保全措施和税收强制执行措施

	税收保全措施	税收强制执行措施
时间点	规定的纳税期限之前，或责令限期缴纳的限期之内	规定的纳税期限之后，责令限期缴纳的期限届满之后
批准层级	县级以上税务局（分局）局长批准	

续表

	税收保全措施	税收强制执行措施
适用情形和法定程序	（1）在规定的纳税期之前或责令期缴纳的限期之内，有根据认为纳税人有逃避纳税义务的行为。 （2）责令纳税人提前缴纳税款。 （3）在限期内发现纳税人有明显转移、隐匿其应纳税的商品、货物及其他财产迹象的。 （4）责令其提供纳税担保，但纳税人不能提供纳税担保的	（1）纳税人未按照规定期限缴纳税款，经责令限期缴纳，逾期仍未缴纳。 （2）应坚持"告诫在先"原则
具体措施	（1）书面通知纳税人开户银行或其他金融机构冻结纳税人的金额相当于应纳税款的存款。 （2）扣押、查封纳税人的价值相当于应纳税款的商品、货物或者其他财产	（1）书面通知开户银行或者其他金融机构从其存款中扣缴税款。 （2）扣押、查封、依法拍卖或者变卖其价值相当于应纳税款的商品、货物或者其他财产，以拍卖或者变卖所得抵缴税款。 注意：采用强制执行措施时，对未缴纳的滞纳金应同时强制执行